화폐·금융과 전쟁의 세계사

공감이론신서 34

화폐·금융과 전쟁의 세계사

이태훈·이현 외 지음
과천연구실 세미나 36

공감

공감이론신서 34
화폐·금융과 전쟁의 세계사
이태훈·이현 외 지음
과천연구실 세미나 36

인쇄일 2008년 12월 26일
발행일 2008년 12월 31일

도서출판 공감
발행인 이범수
출판등록 22-1006 (1996. 5. 14.)
서울시 마포구 망원2동 436-40 플러스타운 101-1호
전화 323-8124 / 팩스 323-8126
전자우편 alba21@naver.com

ISBN 978-89-86939-40-8 03320
값 13,000원

서문

화폐·금융제도는 정치적·군사적 권력에 의해 지지된다. 이는 20세기 말의 금융세계화와 군사세계화에서도 마찬가지다. 자본주의의 구조적 위기에 대한 대응으로서 초민족자본이 주도하는 금융세계화는 주변부에 대한 선별적 포섭과 배제를 수반한다. 그 결과 이 지역에서는 경제위기에 따른 계급투쟁이 인종적·종교적·문화적 갈등이라는 형태로 나타나는데, 미국은 '새로운 전쟁'(new war)을 통해 그러한 갈등을 관리하고 금융적 축적을 지속할 수 있는 '세계적 통치성'(global governance)을 확보한다.

이 책은 두 부분으로 구성된다. 첫 번째 부분에서는 화폐·금융제도의 역사를 분석한다. 현대 이전의 화폐·금융제도는 통치세력의 정치적·군사적 이익에 종속되어 그 발전이 제약된다. 반면 자본주의가 형성되면서 자본축적의 요구에 따라 화폐·금융제도가 본격적으로 발전한다. 19세기 영국에서 민족적 본위화폐에 기초한 현대적 화폐·금융제도가 출현한다. 영국은 현대적 중앙은행으로서 영국은행을 설립하고 금을 국제적 지불수단으로 확립한다. 20세기 미국은 본위화폐를 불환지폐로 대체하고 금융 억압을 핵심으로 하는 케인즈주의적 경제정책을 실시한다. 반면 1970년대 이후 금융의 반격이 시작되면서 신자유주의적 정책개혁이 출현한다.

두 번째 부분에서는 전쟁의 역사와 동시에 그 이론과 쟁점을 검토한다. 중세 무역혁명의 결과로 '전쟁의 상업화'가 나타나면서 현대적 전쟁의 맹아가 발생한다. 전쟁의 상업화는 중상주의 시대에 조직혁신 같은 '군사혁명'(RMAs)을 이룩한다. 그렇지만 영국의 산업혁명 이후에는 '전쟁의 산업화'가 진행되면서 군사혁명은 조직보다 기술의 혁신을 중심으로 전개된다. 이 같은 추세는 2차 세계전쟁 이후 핵무기를 비롯한 대량살상무기와 군산학복합체의 출현으로 계속 발전한다. 군사혁명의 정점에 위치한 20세기 말의 군사세계화는 핵무기로 인한 인류의 '절멸 가능성'뿐만 아니라 또한 전쟁으로부터 인민의 배제를 특징으로 한다. 이 같은 상황은 평화운동과 평화주의를 재평가할 필요성을 제기한다. 사회운동은 전쟁이 혁명의 수단이 될 수 없음을 인식하고 평화라는 가치를 적극 수용해야 한다.

번역 논문으로 실린 니라 유발-데이비스의 글은 전쟁과 평화운동에서 여성과 관련된 고유한 쟁점을 제시한다. 전쟁과 군사적 갈등은 다양한 형태로 전개되지만, 그 효과는 항상 성별화되는 경향이 있기 때문이다. 남성과 여성의 차별적 권력관계는 기술혁신에 따른 여성의 군대로의 통합에도 불구하고 온존한다. 그러한 불평등을 제거하고 여성이 완전한 시민권을 획득하기 위한 조건은 남성과 평등한 여성의 군복무가 아니라 오히려 전쟁에 대한 평화주의적 비판을 통해 모색되어야 한다.

*　　*　　*

금융세계화와 이에 평행하는 군사세계화에 관한 분석은 한·미자유무역협정과 한반도에서의 전쟁가능성이라는 현재적 쟁점을 비판적으로 인식할 수 있는 단초를 제공한다.

1990년대 이후 금융세계화는 지역화를 매개로 구체화된다. 금융과 무역의 자유화를 추구하는 세계화는 지역적 조건에 따라 상이하게 실현되는데, 유럽연합(EU)에서는 공동시장과 화폐동맹이 출현하는 반면, 동아시아에서는 자유무역협정(FTA)이 추진된다. 자유무역협정은 대미 수출의존도가 높고 지역 헤게모니가 존재하지 않는 동아시아의 특수한 상황을 반영한다. 또한 동아시아는 수출달러환류와 자본도피를 통해 미국경제의 이중적자를 지지하기 때문에 자유무역협정은 미국에게도 이익이 된다.

2006년부터 노무현 정부가 추진한 한·미자유무역협정은 무역과 농업·서비스부문을 비롯한 17개 분야를 포괄한다. 이를 둘러싼 협상은 관세장벽을 철폐하고 비관세장벽을 완화하는 것을 목표로 하며, 농업·서비스부문에 대한 전면적 개방을 추진한다. 그러나 자유무역협정에서 핵심적인 것은 무역이 아니라 금융의 자유화다. 한·미자유무역협정의 투자·금융서비스조항은 투자의 범위와 대상을 대폭 확대하고 투자에 대한 규제를 철폐한다. 이를 위해 이행의무의 부과에 대한 금지, 투자자산의 몰수·수용(expropriation)에 대한 엄격한 제한 및 신속한 보상, 투자자의 국가제소권 도입 등이 논의된다. 노무현 정부는 이를 통해 투자와 생산·고용 증대를 예상하며 전자·자동차산업 등 재벌이 지배하는 주요산업의 수출 증대와 경쟁력 강화를 기대한다.

그러나 한·미자유무역협정은 초민족자본의 증권투자로 인한 평가절상 압력을 가중시킴으로써 재벌이 경쟁력을 확보하는 데 제한적일 수밖에 없다. 또한 일시적으로 국내총생산이 증가하더라도 그것은 대부분 초민족자본과 재벌에게 귀속될 가능성이 높다. 그리고 궁극적으로 평가절상 압력에 따른 무역흑자 감소로 인해 국내총생산도 감소하게 될 것이다. 나아가 한·미자유무역협정을 통한 금융의 전면적 개방은 남한경제를 국제금융시장의 불안정성에 종속시킴으로써 금융위기의 가능성을 제고할 것이다.

금융세계화가 지역화로 구체화되는 것처럼, 군사세계화 또한 지역적으로 구체화된다. 군사세계화는 미국이 군사력의 우위를 유지하기 위해 군사혁명을 가속화하는 한편 자신의 영향력을 지리적으로 확대하고 위기 지역에 대한 개입력을 높이기 위해 군사동맹을 재정비하고 해외주둔기지를 재편하는 형태로 전개된다. 유럽에서 이러한 변화가 북대서양조약기구(NATO)의 동유럽으로의 확대와 군사적 상호운용성 강화를 위한 협력프로그램으로 진행된다면, 동아시아에서는 주일·주한미군의 재편과 자위대·한국군의 군비현대화로 전개된다.

이런 배경에서 추진되고 있는 주한미군재배치계획은 부시 정부의 신군사전략에 입각한 해외주둔미군재배치계획(GPR)의 일환이다. 이 계획은 일본과 영국 등 해외군사중추(HUB)에만 영구적 군사기지를 설치하고 다른 해외주둔미군기지를 소규모 지원병력만 상주하고 전투병력이 순환·배치되는 전진작전기지(FOB)로 전환함으로써 이른바 '전략적 신축성'을 실현한다는 목표를 갖는다. 전략적 신축성이란 정보·통신기술과 결합된 군사혁명에 기초하여 해·공군력 및 미사일방어체제(MD) 중심의 신무기체계 도입을 추구하는 것이다. 미군의 이러한 경량화·기동화·신속화는 빈발하는 테러와 내전, 그리고 '불량국가'의 도전 등에 대응하는 이른바 '새로운 전쟁'을 수행하기 위한 것이다.

2006년부터 노무현 정부는 한미간 '동맹파트너십을 위한 전략대화'를 통해 주한미군의 전략적 신축성을 수용한다. 이렇게 해서 미국이 군사적 필요에 따라 주한미군을 자유롭게 이동·배치할 수 있는 근거가 마련된다. 주한미군을 신속기동군으로 개편하는 방안이 검토되고 공군기지와 항구가 인접한 오산·평택으로 미군기지를 이전·확장하는 계획이 실행된다. 이와 함께 한국군의 군비현대화가 추진되어 한국군은 이지스함과 패트리어트미사일을 도입함으로써 미국의 미사일방어체제에 동참한다. 또한 한미연합사령부의 해체 및 작전통제권의 이양이 계획되는데, 이는 궁극적으로 육군 중심의 주한미군을 해·공군 중심의 주일미군의 새로운 광역연합지휘·통제체계로 편입시키는 것을 지향한다.

클린턴 정부의 포용정책을 수용한 김대중 정부의 햇볕정책은 한편으로는 북한의 개혁·개방을 유도하면서, 다른 한편으로는 한미군사동맹과 남한의 군비현대화를 통해 북한에 대한 봉쇄와 군사적 우위를 추구하는 모순을 내포한다. 부시 정부와 노무현 정부 이후 포용정책과 햇볕정책이 수정되면서 이러한 모순은 더욱 심화되었다. 그 결과 2006년 10월에 북한이 핵실험을 감행함으로써 한반도의 전쟁가능성은 증폭된다. 비대칭적 군사력의 위협이 결국 김정일 위원장으로 하여금 핵무장을 통해 체제 안전을 도모하는 '벼랑끝 전술'을 채택하게 만든 것이다.

2007년 2월과 10월에 열린 두 차례의 6자회담에서 도출된 영변핵시설의 폐쇄(shutdown)와 불능화(disablement)에 대한 합의는 핵위기를 일시적으로 유예할 뿐인데, 포용정책과 햇볕정책에 내재된 모순이 아직 해소되지 않았기 때문이다. 실제로 완전한 핵폐기를 위한 핵검증 이행방안을 둘러싼 미국과의 이견으로 인해 북한은 2008년 8-9월에 영변핵시설 불능화작업을 중단하고 원상복구작업을 개시하면서 재가동을 예고하고 있다. 부시 정부보다 더 엄격한 핵검증을 요구하는 것으로 알려진 오바마 정부의 출범은 핵위기가 고조되던 2006년의 군사정세가 당분간 지속될 것임을 예고하고 있다.

한반도의 핵위기를 야기한 근본적인 원인은 미국과 남한의 모순적인 대북정책이지만, 핵무장이라는 북한의 대응방식도 비판을 모면하기는 어렵다. 핵무장을 통한 민족해방투쟁이라는 '선군정치'는 혁명과 전쟁을 동일시하는 과거의 오류를 되풀이하기 때문이다. 자동화된 지휘·통제체계 하에서 직업군인이 수행하는 오늘의 전쟁은 더 이상 인민의 전쟁이 아니라 인민을 배제하는 전쟁일 뿐이다. 또 무장을 통해 제국주의에 대항한다는 관념은 '절멸전'으로서 핵전쟁을 부인하는 '상호확증파괴'(MAD)라는 구소련의 냉전적 전략일 뿐이다. 핵무장이라는 시대착오가 한반도에서 '새로운 전쟁'의 가능성을 제고하고 있는 것이다.

그러나 한·미자유무역협정과 한반도 핵위기에 대한 사회운동의 대응은 근시안적인 인식과 코퍼러티즘적인 실천을 넘어서지 못하고 있다. 범국민운동본부는 시장개방에 의해 공적 서비스가 사유화·영리화된다는 점을 강조하면서 이에 반대하여 공공성과 접근권을 전면에 내세운다. 그러나 이처럼 국가의 규제를 중심으로 하는 요구투쟁은 금융화에 대한 사회운동적 대응을 강화하기보다 코퍼러티즘적 경향을 강화할 뿐이다. 또 농업·서비스부문 개방과 관련하여 제기되는 이해당사자들의 반대투쟁도 자유무역협정에서 핵심적인 금융의 자유화에 대한 인식을 가로막는 협소한 방어투쟁이다. 게다가 일각에서는 북한의 핵무장이 제국주의에 대항하는 민족해방투쟁의 의미를 갖는다고 주장한다. 이러한 인식은 핵무장 자체가 전쟁유발요인이 될 수 있다는 점을 간과하는 것이며 평화운동의 대중적 토대를 상실하게 만들 위험이 있다.

더욱 근본적인 문제는 한·미자유무역협정과 한반도 전쟁위기가 금융세계화와 군사세계화의 결과라는 점에 대한 인식의 부재다. 한·미자유무역협정과 한반도 전쟁위기는 분리된 투쟁의 대상이 아니며, 더구나 코퍼러티즘이나 민족해방투쟁이라는 관점으로는 인식하기 곤란하다. 화폐·금융의 역사와 전쟁의 역사 속에서 금융세계화와 군사세계화를 이해할 필요가 있는 것은 바로 이 때문이다.

2008. 12.

이태훈·이현

차례

서문 · 5

화폐·금융제도의 역사 / 윤종희·박상현·송인주·정인경 · 13

서론 ········· 13

현대 이전의 화폐제도 ········· 15
고대와 중세의 화폐 · 15
중세 무역혁명과 신용화폐의 발전 · 23
화폐자본의 본원적 축적 · 27

현대적 화폐·금융제도의 형성 ········· 32
은행제도의 형성 · 32
중앙은행제도의 발전 · 35
민족적 화폐제도의 확립 · 40
국제금본위제의 발전 · 44

20세기 미국화폐·금융제도의 형성과 변모 ········· 47
케인즈주의와 금융억압 · 47
전후 '부채경제'의 성장 · 50
스태그플레이션과 전후 화폐제도의 해체 · 52
신자유주의와 가공자본의 지배 · 54

20세기 세계화폐·금융제도와 금융세계화 ········· 60
브레튼우즈체제의 형성 · 60
브레튼우즈체제의 붕괴 · 64
초민족은행 중심의 금융세계화 · 67
증권시장 중심의 금융세계화 · 70

전쟁의 역사·이론·쟁점 / 이태훈·이현 · 81

서기 1000년 이후 전쟁의 역사 83
중세 무역혁명과 전쟁의 상업화 · 84
전기 중상주의 전쟁과 군사기술의 발전 · 88
후기 중상주의 전쟁과 군사혁명 · 92
영국의 헤게모니와 전쟁의 산업화 · 96
1·2차 세계전쟁과 군산학복합체의 등장 · 99
미국의 헤게모니와 자동화된 대량살상전쟁 · 102

세계전쟁의 이론과 쟁점 105
장기파동 연구 · 105
전쟁-헤게모니순환 연구 · 108
국제정치경제론 · 111
세계체계론 · 114
역사적 자본주의 분석 · 117

냉전과 탈냉전의 이론과 쟁점 120
냉전과 군비경쟁의 경제학 · 121
미국 헤게모니의 위기와 세계전쟁의 가능성 · 123
세계적 통치성과 '새로운 전쟁' · 126

평화운동과 평화주의 128
19세기 평화운동 · 129
2차 세계전쟁 이후 평화운동의 부활 · 132
평화주의와 평화연구 · 137
대안세계화운동과 평화운동 · 141

성별화된 군대, 성별화된 전쟁 / 니라 유발-데이비스 · 151

병역과 시민권 154
현대 전쟁과 여성의 군대로의 통합 158
병사로서 여성 163
병역과 여성권 169
성별화된 구성으로서 전쟁 172
여성의 정치와 반전운동 178
결론 183

'과천연구실 세미나' 개관 · 190

화폐·금융제도의 역사

윤종희·박상현·송인주·정인경

서론

1970년대부터 전개되는 금융세계화는 1980년대의 외채위기와 1990년대 이후의 외환위기처럼 세계경제의 구조적 불안정성을 심화시키고 있다. 경제위기에 수반되는 금융위기가 이윤율의 하락과 무관할 수 없다. 그렇지만 화폐·금융제도는 실물경제에 의해 결정되는 동시에 상대적 자율성을 갖고 있기 때문에 경제위기로부터 금융위기를 직접 도출할 수는 없다. 금융세계화에 고유한 모순을 인식하기 위해서는 20세기 미국의 헤게모니 아래 확립된 화폐·금융제도의 메커니즘을 이해해야 한다.

현대적 화폐·금융제도는 본위화폐, 대부자본(은행신용), 가공자본(증권) 같은 다양한 요소들로 구성된다. 그런데 이 요소들은 역사적 기원과 기능에서 서로 다르다. 이들은 자본주의적 생산양식이 발전하면서 헤게모니적 축적체계에 적합한 형태로 결합되고, 그 결합 형태에 따라 다양한 방식으로 기능한다. 19세기 후반 금본위제가 영국 중심의 '고도금융'(*haute finance*)을 지지했다면, 20세기 중반 브레튼우즈체제는 초민족적 법인자본의 실물적 축적을 지지했다. 그리고 브레튼우즈체제의 붕괴가 오늘의 금융세계화가 출현하는 계기가 되는 것이다.

이 글은 금융세계화의 내재적 모순을 이해하기 위한 하나의 우회로서 화폐·금융제도의 역사를 살펴본다. 화폐·금융제도를 구성하는 요소들이 어떤 역사를 가지며 어떤 조건에서 서로 결합하여 어떤 새로운 기능을 수행하게 되었는가를 분석한다. 특히 자본주의적 생산양식의 역사적 진화에 수반되는 화폐·금융제도의 변화를 살펴봄으로써 현재의 금융세계화가 화폐·금융제도의 역사에서 어떤 위치를 차지하는가를 분석할 수 있다.

먼저 현대 이전의 역사를 간략히 살펴본다. 메소포타미아, 이집트, 그리스, 중국의 고대 도시국가들에서 초보적인 형태의 화폐가 발생했다. 나아가 진·한과 로마 같은 고대 제국은 일종의 통치수단으로서 본위화폐를 발행했다. 서기 1000년 이후 송에서 시작된 중세의 '무역혁명'은 원의 지배 아래 '세계화'되었다. 원의 붕괴 이후 중국에서는 명이라는 새로운 세계제국이 확립되었던 반면, 유럽에서는 중국과의 교역을 주도했던 북부이탈리아 도시국가를 중심으로 상업이 발전하면서 현대적 화폐·금융제도의 맹아가 형성되었다.

현대적 화폐·금융제도는 17세기 네덜란드를 거쳐 18-19세기 영국에서 완성되었다. 네덜란드는 중계무역을 위해 다양한 상업신용을 발전시키고 환전·출납 같은 화폐취급기능을 중심으로 은행제도를 혁신했다. 영국은 현대적 중앙은행으로서 영국은행을 설립하고 민족적 화폐·금융제도를 확립했다. 이러한 새로운 체계 속에서 은행은 신용·대부활동을 통해 산업자본의 축적을 뒷받침하는 금융중개기관으로 기능했다. 또한 영국의 헤게모니 하에서 금은 국제적인 지불수단으로서 세계화폐가 되었다.

1·2차 세계전쟁을 거치면서 미국은 새로운 헤게모니 국가로 성장하는데, 이 과정에서 현대적 화폐·금융제도는 새롭게 변모했다. 미국은 1929년 대공황을 계기로 금으로 태환되지 않는 국가화폐를 확

립하고 이에 기초해서 금융을 억압하는 케인즈주의적 경제정책을 실행했다. 케인즈주의적 경제정책은 전후 미국 자본주의의 성장을 뒷받침했지만 국가화폐의 과잉팽창은 인플레이션을 자극하여 '부채경제'를 초래했다. 1970년대에는 이윤율의 하락과 함께 스태그플레이션이라는 형태로 구조적 위기가 발생하면서 초민족은행을 중심으로 '금융의 반격'이 시작되었다. 1990년대에는 증권시장을 중심으로 금융적 축적이 심화되면서 케인즈주의가 가공자본의 지배를 지지하는 신자유주의로 대체되었다.

금융세계화의 배경은 전후 세계화폐·금융제도를 특징짓던 브레튼우즈체제의 해체였다. 금융세계화는 1970년대 초민족은행을 중심으로 시작되었다. 그러나 은행 중심의 금융세계화는 1980년대 제3세계의 외채위기로 좌초되었고, 1990년대부터 증권시장 중심의 금융세계화가 전개되었다. 초민족자본과 기관투자가는 주가와 환율의 변동을 활용하여 금융적 축적을 가속화했다. 이 과정에서 미국은 달러 발권이익(seigniorage)을 활용함으로써 이중적자를 자신에게 유리한 방향으로 관리했다.

현대 이전의 화폐제도

고대와 중세의 화폐

보편적 등가물로서 화폐는 자신의 사용가치로 다른 상품의 가치를 표현하는 특수한 상품이다. 보편적 등가물이라는 화폐의 본질은 항상 가치척도라는 기능으로 표현된다.[1] 화폐에 관한 가장 오래된 기록이 발견된 서아시아, 특히 메소포타미아와 이집트의 고대 도시국가들에서는 은과 구리의 무게에 따라 중요한 상품들의 가치를 측

1) 화폐의 본질과 기능에 대한 설명은 윤소영 (2001)을 참조하시오.

정했다. 또 고액의 세금납부, 채무청산, 대외무역 등에는 은괴를 사용했다. 중국의 상나라에서도 조개, 뼈, 옥, 구리 등을 사용했다. 그러나 일상적인 소액거래에서는 주로 소금, 곡물, 옷감 같은 현물을 사용했는데, 물물교환도 일반적이었다(Williams et al., 1997; 翦伯贊 엮음, 1983; 徐連達·吳浩坤·趙克堯, 1986).

기원전 7세기 경 중국과 지중해 연안 지역에서 특정한 표식이 찍힌 주화 형태의 금속화폐가 출현했다. 중국의 춘추시대 말기에 등장한 청동주화는 원, 칼 등 그 모양과 단위가 다양했고 주로 세금납부에 사용되었다.[2] 서양에서는 리디아의 금·은을 합금한 주화를 시작으로 에게해 연안의 도시들에서 원시적 형태의 금·은화가, 그리고 흑해 연안에서 화살 모양의 청동주화가 등장했다. 그러나 주화의 용도는 분명치 않으며 주로 신에 대한 공물이나 통치를 위한 선물로 사용되었을 것으로 추정된다(Williams et al., 1997).

금속주화가 가격표준(standard of price)으로 기능하기 위해서는 그 명칭과 시세가 결정되어 시금(試金)이나 칭량(稱量) 등의 별다른 조치 없이도 보편적으로 유통되어야 한다. 역사적으로 이러한 작업은 특정 지역을 지배하는 통치집단 또는 국가에 의해 이루어졌다. 이들이 결정한 명칭과 시세에 따라 가격표준으로 기능하는 화폐가 본위화폐(standard money)다. 현대 이전의 본위화폐는 그것을 발행한 통치집단의 직접적 관할 아래 있는 영토에서 사용되었을 뿐만 아니라 해당 국가와 정치적·경제적으로 연관된 주변 지역에서도 수입·모방·복제되어 유통되었다(Cohen, 1998).

본위화폐의 확립은 화폐표장과 신용화폐가 출현하는 기초가 되었다. 현대 이전의 본위화폐는 그 재료가 되는 금속의 생산량이나 운송조건 등에 의해 공급량이 제한될 수밖에 없었다. 따라서 유통수단의 부족을 해소하기 위해 화폐표장이 등장했다.[3] 나아가 원거

2) 청동주화의 사용은 전국시대에 들어서 보편화되었다. 그에 따라 고리대금업도 출현했는데, 주로 대상인과 지주가 담당했다(翦伯贊 엮음, 1983).

3) 본위화폐나 대부분의 화폐표장은 모두 금속화폐이지만, 화폐표장은 금속의 내재적 가치가 액면가에 미달하기 때문에 촌락공동체 외부에서 유통

리 상업이 발전한 지역에서는 금속화폐의 운송과 관련된 비용을 절약하기 위해 환어음 같은 신용화폐가 출현하기 시작했다.[4)]

중국에서 본위화폐로서 청동주화는 기원전 3세기 최초의 통일제국 진에서 등장했다. 진은 문자 및 도량형의 통일과 함께 화폐의 통일도 단행했다. 중심 부분에 사각형 구멍을 뚫은 원형의 반량전(半兩錢)을 발행하고 이를 중국 전역에서 일률적으로 사용하게 한 것이다. '반량'은 말 그대로 주화의 무게가 1/2냥(12수)이라는 뜻이지만,[5)] 당시 화폐주조술의 기술적 한계로 인해 실제 유통된 반량전은 그 크기나 무게가 다양했다. 진은 소액화폐인 반량전 외에 고액화폐로서 금괴도 사용했는데, 그 단위는 일(鎰)로서 20냥 또는 24냥에 해당한다. 반량전은 기원전 2세기에 한의 오수전(五銖錢)으로 대체되었고, 오수전은 7세기에 당의 개원통보(開元通寶)로 대체되었다.[6)] 또 상업신용도 발전하여 9세기에는 상인이 지방정부가 설치한 기관이나 상점에 주화를 예치하고 받은 일종의 예금증서인 비전(飛錢) 또는 편환(便換)이 원거리 상업에서 사용되었다. 또한 예치된 주화에 기초하여 상품대금의 지불을 대행하고 수수료를 받는 거방(柜坊)이 등장했다(翦伯贊 엮음, 1983; 徐連達·吳浩坤·趙克堯, 1986).

되기 위해서는 본위화폐와의 태환이 보장되어야 했다. 본위화폐 중에서도 금화나 은화—중국의 경우에는 칭량화폐로 사용되는 금괴나 은괴를 포함—처럼 시대와 장소에 무관하게 그 가치가 보편적으로 인정되는 화폐를 정화(正貨, specie)라고 한다. 따라서 정화는 주로 대외무역의 지불수단으로 사용되었고 부를 축장하는 보편적인 수단이었다.

4) 신용화폐는 진정한 의미의 화폐가 아니며, 유통수단으로서 본위화폐와 화폐표장을 절약하는 기능을 수행한다. 그것은 외상거래로 인한 채권·채무관계를 표시하는 차용증서로서 결국에는 화폐로 지불되어야 한다. 신용화폐가 출현하면서 화폐는 지불수단이라는 또 하나의 기능을 갖게 된다.

5) 수(銖)와 냥(兩)은 진에서 쓰인 무게 단위로 1냥이 24수이며, 1수는 수수 낱알 1개의 무게인 0.65g에 해당한다. 중국에서는 이후에도 냥이 은괴의 단위로 계속 사용되었다.

6) 개원통보부터 주화의 무게는 표시되지 않았고 발행시기와 이름만 표시되었다. 이러한 단순함은 중국와 동아시아 주화의 고유한 특색이다. 개원통보는 이후 송의 함평원보(咸平元寶), 명의 만력통보(萬曆通寶), 청의 건륭통보(乾隆通寶) 등으로 계승되었다(Williams et al., 1997; 黑田明伸, 2003).

중국의 통일제국들은 대체로 그 형성 초기 또는 부흥기에 화폐제도를 개혁했다. 과거의 주화를 회수·재주조하여 새로운 주화를 발행하고 그에 대한 관리체계를 확립했다. 무게와 순도가 보장된 양화(良貨)였던 새로운 화폐들은 기존에 유통되던 다양한 화폐들을 구축하고 새로운 가격표준과 유통·지불수단으로 기능했다. 그러나 대부분의 경우 정부의 화폐공급은 화폐수요를 충족시키지 못했다. 게다가 화폐주조가 분산되었을 때는 주화의 가치가 지역·지방별로 천차만별이었다. 그 결과 중국에서는 사적으로 주조된 많은 화폐표장들이 유통되었을 뿐만 아니라 비단이나 쌀 같은 현물화폐도 오랜 기간 지속되었다. 또한 고액거래에서는 주화보다는 은괴가 사용되었고, 외국에서 들어온 은화도 사용되었다(黑田明伸, 2003).

서양에서는 기원전 6세기 중엽 상업이 발달한 그리스와 에게해 연안의 도시국가들에서 최초의 본위화폐가 출현했다. 서양의 본위화폐는 중국과 달리 금화와 은화 같은 정화였다는 것이 특징이다.[7] 가장 유명한 아테네의 드라크마(*drachma*) 은화는 기원전 5세기에 지중해와 북아프리카에서 본위화폐로 기능했을 뿐만 아니라 알렉산드로스 대왕의 정복 이후에는 북유럽과 인도에서도 사용되었다.[8] 또 비슷한 시기의 아테네에서는 환전·출납 같은 화폐취급업무를 담당하는 상인들도 등장했다. 아테네 외에도 상업이 발전했던 그리스 도시국가들은 귀금속의 공급과 금속화폐의 주조를 통제하면서 과대평가된 금속화폐를 강제로 통용시켜 상당한 주조이익(seigniorage)을 얻었다(Vilar, 1974; Williams et al., 1997).

---

7) 중국에서도 금화와 은화가 발행된 적이 있지만 그것은 유통이 아니라 제국의 관리들에 대한 선물을 목적으로 했다(Williams et al., 1997).

8) 드라크마는 기원전 1000년 경 그리스의 무게 단위—금속막대(*oboloi*) 6개 분량—에서 연원한 용어로 이후 그리스 도시국가들에서 제조된 다양한 무게의 은화들을 지칭하는 보편적 명칭이 되었다. 그 중 대외무역에서 표준이 되었던 것이 아테네의 4드라크마(*tetradrachmon*) 은화인데, 이는 은 무게가 4.3g을 약간 상회하며 아테네 여신의 두상과 올빼미 도안이 새겨져 있었다. 드라크마는 헬레니즘 시대에도 계속 본위화폐로 사용되었고 이후 이슬람제국의 디르함(*dirham*) 은화로 계승되었다.

로마에서는 그리스 문명이 도입되기 시작한 기원전 3세기 초에 주화 형태의 본위화폐가 등장했다. 로마는 기원전 212년경 카르타고와의 전쟁에서 승리한 후에 화폐개혁을 단행하여 청동 아스(*as*)와 10아스에 해당하는 데나리우스(*denarius*) 은화—무게와 순도에서 드라크마 은화와 거의 동일하다—를 본위화폐로 확립했다.[9] 그러나 로마는 카르타고처럼 기존의 지배질서를 완전히 파괴한 지역을 제외하면 정복 이후에도 기존의 지역 주화들을 그대로 사용했다. 복수의 화폐제도가 환전을 통해 로마에 추가적인 수익을 제공했기 때문이다. 그 결과 제국이 지중해 전역으로 확장된 기원전 2-1세기부터 다양한 주화의 사용은 로마에서 매우 일상적인 것이 되었다. 그것은 또한 제국의 형성 및 통치와 직접적으로 연관되었다. 군대의 봉급과 공공사업은 주화로 지불되었고, 특정 지배가문으로 집중된 귀금속과 주화는 군대의 장악과 세력의 규합, 그리고 정적의 제거에 사용되었다.[10]

그러나 중앙집권적 통치체계가 확립되고 제국 각지에 로마의 본위화폐로 봉급을 지급받는 군대가 주둔하면서 복수의 화폐제도는 쇠퇴하기 시작했다. 이와 함께 새로운 문제가 출현했다. 조세와 약탈을 통해 귀금속이 로마로 집중되면서 지방에는 기존의 본위화폐를 지탱할 만큼의 귀금속이 남지 않았기 때문이다. 로마에서는 고액의 정화가 유통된 반면, 지방에서는 저질의 화폐표장이 사용되면서 화폐제도가 이원화되었다. 게다가 3세기 중엽 은의 공급이 제한되자 은화의 질과 가치가 하락하고 물가가 상승했다. 은본위제의

9) 로마제국 시대에 데나리우스 은화는 가치변동이 심하여 대외무역에서 그다지 환영받지 못했다. 그래서 지중해를 넘어선 아시아, 특히 인도와의 교역에 사용하기 위해 황제의 후견 하에 드라크마 은화가 계속 주조되었다(Cohen, 1998).

10) 카이사르는 자신의 수중에 집중된 제국적 규모의 귀금속과 주화를 사용해서 권력을 장악했고, 또 그의 후계자인 아우구스투스는 공화국을 제국으로 전환시킬 수 있었다. 그리고 이 때부터 제국의 권위를 상징하는 것으로서 주화에 살아 있는 통치권자의 초상을 새기는 관습이 확산되었다(Williams et al., 1997).

붕괴와 전쟁의 지속은 인플레이션을 심화시켰다. 화폐제도의 붕괴는 결국 서로마제국의 몰락으로 귀결되었다.

서로마제국의 멸망 이후 서아시아 지역의 동로마제국은 비잔티움제국으로 발전했다. 서로마제국이 화폐위기를 겪었던 것과 달리 비잔티움제국은 적어도 13세기까지 금속화폐의 안정성을 유지하며, 다른 국가에게 화폐제도의 모범이 되었다. '중세의 달러'로 불리는 비잔티움제국의 솔리두스(*solidus*) 금화, 즉 노미스마(*nomisma*)는 500년 이상 지중해 지역에서 안정적인 본위화폐로 군림했다.[11] 그러나 비잔티움제국의 화폐제도는 상업적 필요보다는 국가재정의 필요에 부응한 것이었다. 비잔티움제국은 당시 서유럽에 비해 엄청난 규모의 세금을 거두어 상비군과 관료제의 유지, 나아가 건축·행사·외교 등에 사용했다. 제국의 세금은 대체로 금화로 징수된 반면, 지출은 금화뿐만 아니라 청동주화로도 지불되었다. 이는 국가재정을 최대한 확보하는 방편이었던 동시에 경제적 안정기에는 고액의 주화체제와 소액의 주화체제를 연결시켜 도시경제의 발전을 촉진하는 효과를 낳았다(Williams et al., 1997).

중세 유럽에서는 도시 중심의 화폐경제가 몰락하고 농촌 중심의 자급자족경제가 부상하면서 화폐에 대한 수요와 공급이 급격히 감소했다. 그러나 사치품 무역이나 교회 헌납 등에서 영주와 사제 등 지배계급은 여전히 비잔티움제국의 솔리두스—유럽에서는 베잔트(*bezant*)로 불렸다—를 사용했다. 카롤링거 왕조의 시조인 샤를마뉴는 9세기 초 화폐개혁을 통해 본위화폐로 페니(*pfennig*) 은화를 발행하고 화폐제도의 중앙집중화를 시도했다. 그러나 은광의 부족과

11) 일반적으로 솔리두스는 기존의 금화였던 아우레우스(*aureus*)를 대체하기 위해 4세기 초에 콘스탄티누스 대제가 발행한 본위화폐를 의미한다. 순금 4.5g으로 주조된 솔리두스는 그 무게와 순도가 안정적이어서 명망이 높았다. 동로마제국을 계승한 비잔티움제국이 공식적으로 그리스어를 채택한 7-8세기 이후에 솔리두스의 명칭은 노미스마—그리스어로 주화를 뜻하며, 법이라는 뜻을 갖는 노모스(*nomos*)와 어원이 같다—로 대체되었다. 노미스마는 11세기 중반부터 가치가 하락하여 12세기부터 서서히 히페르페론(*hyperperon*) 금화로 대체되었다가 13세기 중반에 완전히 사라졌다.

바이킹의 침략 등으로 인해 본위화폐의 가치는 유지될 수 없었다.[12] 10세기 초 독일의 작센 지방에서 새로운 은광이 발견되어 페니 은화가 동유럽과 북유럽으로도 확산되었고, 10세기 중엽 이후 화폐발행은 신성로마제국의 독점적 권한으로 인정받았다. 그러나 11세기 중엽 은광이 고갈되면서 화폐제도의 무정부적 성격은 더욱 심화되었고, 12세기에 들어서는 국왕과 영주뿐만 아니라 부와 권력을 쌓은 부호들도 귀금속 화폐를 주조했다. 그 결과 제노바를 필두로 북부이탈리아 도시국가들이 페니 은화로부터 벗어나기 시작했다.[13]

중세 유럽이 세계경제의 주변부에 머물렀던 반면, 스페인(코르도바)에서 북아프리카, 아라비아, 이란, 북인도에 이르는 광범위한 지역은 7-11세기 이슬람제국의 지배 아래 세계경제의 중심으로 성장했다. 6세기 말 아라비아에서 부상하기 시작한 이슬람제국은 고대 실크로드의 중개무역에서 기원한 오랜 상업적 전통에 힘입어 유럽, 아시아, 아프리카를 포괄한 상업 순환을 연결했다. 칼리파, 술탄, 샤 같은 이슬람제국의 지배자들은 주권과 법통의 상징으로서 귀금속주화를 발행했다. 특히 이집트와 시리아의 이슬람 왕조가 비잔티움제

12) 서로마제국 이후 유럽을 지배한 게르만 사회에서는 일상적 거래에 사용되는 소액 주화는 급격히 줄었지만 게르만족의 전통인 법적 배상과 선물에, 그리고 기부금 납부, 군대 급료, 사치품 및 부동산 구입 등에 화폐가 계속 사용되면서 고액단위 화폐, 특히 금화에 대한 수요는 지속되었다. 그러나 사치품 교역에서의 만성적인 적자, 지배계급의 귀금속 축장 등으로 인해 유럽 전역에서 금 보유량은 계속해서 줄어들었다. 이에 따라 중세부터 동·북유럽에서는 은화를 본위화폐로 하는 화폐제도가 수립되었다(Williams et al., 1997; Vilar, 1974).

13) 12세기 말부터 개발된 보헤미아와 알프스의 은광에 힘입어 13-14세기 초부터 동·북유럽에서 은화제도가 다시 한번 혁신되었다. 각각의 지방에서 새로 발행된 은화의 단위가치는 대체로 페니의 12배였기 때문에 은 1.36g을 함유한 작고 가벼운 샤를마뉴의 페니보다 크고 무거워서 이탈리아에서는 그로소 데나로(*grosso denaro*)나 그로소(*grosso*)로, 영국에서는 그로트(groat) 등으로 불렸다. 그리고 이 때부터 12페니(데나리우스·펜스)를 1솔리두스(솔도수·실링), 20솔리두스를 1리브룸(리브르·파운드)으로 계산하는 관행이 확산되었다. 그것은 19세기 민족적 본위화폐제도가 확립되기 전까지 유럽에서 통용되던 다양한 화폐들의 가치를 비교하는 척도로 기능했다(Williams et al., 1997; Cohen, 1998).

국의 금본위제도를 계승하여 발행한 디나르(*dinar*) 금화는 지중해 지역에서 본위화폐로 기능했다.[14] 이슬람 지역에서는 상업의 발전과 함께 신용거래도 발전했다. 11세기 무렵 제국내 주요 도시들에서는 상인뿐만 아니라 정부 관리들도 환어음과 약속어음 같은 상업신용을 사용했고 환전·출납 같은 화폐취급업무를 담당하는 별도 기관이 특정 상업지구에 설립되기도 했다(Williams et al., 1997).

지금까지 살펴본 바와 같이 고대와 중세의 본위화폐제도는 대부분 통치체제의 일부로서 경제적 목적보다는 정치적 목적을 위해 확립되었다. 통치자들은 군인에 대한 급료나 공공사업의 지출수단으로 금속주화를 발행했고 조세제도를 통해 그것을 회수했다. 이 과정에서 그들은 표준적인 금속함유량에 미달하는 화폐를 발행함으로써 주조이익을 누렸다. 전쟁과 같은 위기의 시기에 종종 화폐발행이 이루어진 것도 이 때문이다. 반면 번영기에 발행된 귀금속 화폐는 제국의 위세를 과시하는 상징적 통치수단이자 관료들의 충성심을 확보하는 정치적 선물로 사용되었다.

그러나 일단 발행된 화폐는 경제적 기능을 수행했다. 주화의 대부분을 이루는 화폐표장이 제한된 지역에서 소액 거래에 이용되었던 반면, 본위화폐는 고액 거래, 특히 대외무역에서 중요한 역할을 했다. 화폐의 유출입은 상업의 성장을 촉진하고 상업의 부흥은 국가의 경제적 토대를 강화했다. 그 결과 상업의 힘을 사용할 수 있는 국가들에서만 본위화폐를 발행·유통시킬 수 있었다. 그러나 역으로 상업과 상인자본의 성장은 제국적 질서를 위협하지 않는 수준으로 억제되었고 화폐의 발행·유통은 제국의 통치질서에 종속되었다. 그 결과 정치적·군사적 이유로 질 낮은 화폐가 과잉 발행될 때마다 상업활동은 교란되었고 동시에 제국의 통치력도 약화되었다.

---

14) 디나르 금화는 서방에서는 만쿠스(*mancus*)라고 불렸다. 만쿠스 금화는 과거 비잔티움제국의 솔리두스 금화와 경쟁하면서 기독교 지역에서도 10~11세기까지 헤게모니를 누렸다.

중세 무역혁명과 신용화폐의 발전

서기 1000년 이후 세계적인 상업의 성장에 따라 화폐·금융제도도 발전하기 시작했다. 그 결정적인 계기는 중국에서의 상업의 발전에 힘입은 '무역혁명'이었다. 세계제국으로서 송(960-1279)은 북방 유목세력과 안정적인 외교관계를 수립하고 남·북중국을 경제적으로 통합했다. 비옥한 남중국을 중심으로 농업생산력이 비약적으로 발전하면서 경제는 급속하게 성장했다. 특히 도시의 지정된 구역과 시간대에서만 시장이 열렸던 이전 시대와 달리 '자유시장'이 허용되면서 시장이 보편화되었고 그 결과 상업이 비약적으로 발전했다(翦伯贊 엮음, 1983).

송의 상업혁명은 화폐수요를 급격히 팽창시켰다. 정부는 매년 엄청난 양의 주화를 발행하여 이 같은 상황에 대처했는데 그 총량은 당의 20배에 달했다. 그러나 주화는 여전히 부족했다. 이에 따라 관료들은 주화 대신 일종의 수표—지불지시서—를 발행하여 거래 잔고를 결제했고 민간에서는 자체적으로 화폐표장을 발행했다. 특히 사천지방의 화폐표장이었던 철전(鐵錢)은 지나치게 크고 무거웠는데, 이 때문에 몇몇 대상인들이 점포에 철전을 비축해두고 그 보관 전표(錢票)를 약속어음으로 유통시켰다. 이것이 보통 세계 최초의 '지폐'로 평가받는 교자(交子)였다. 교자의 유통이 확산되자 11세기 송 정부는 교자무(交子務)라는 관청을 두어 어음의 발행을 독점하였다. 그 후 교자는 세금납부의 수단으로도 사용되었는데, 이로써 처음으로 '지폐'가 제국의 본위화폐가 되었다.

물론 교자는 진정한 의미의 본위화폐가 아니다. 교자는 국가가 발행하고 수령인이 불특정 다수라는 점에서 소수의 상인들이 사용했던 상업신용과 구분되지만, 원칙적으로 3년 또는 6년의 만기를 두고 주화로 태환되는 신용화폐였다는 점에서 경화(hard currency)로서 지폐와도 구분된다.[15] 정부는 교자 유통을 일반화한 초기에 29

퍼센트의 태환준비금을 보유했고 이후에도 교자의 회수를 위해 이따금 주화를 발행했다. 그러나 북방 유목세력과의 조공무역이 증가하면서 정부는 재정위기에 직면했고 교자발행에 과도하게 의존했다. 그 결과 인플레이션이 심화되면서 민간에서 교자 사용을 기피했고 결국 정부도 교자를 통한 세금납부를 금지하게 되었다(黑田明伸, 2003; Hansen, 2000).[16]

중앙아시아의 사막과 초원을 오가는 카라반 상인들을 보호함으로써 상업혁명을 '세계화'하고자 했던 원(1206-1367)도 주조와 운송에 비용이 많이 드는 금속주화 대신 지폐를 사용했다. 정부가 발행한 교초(交鈔)는 중국 내부의 대규모 상거래와 세금납부에서 은괴와 비단을 대체했을 뿐만 아니라 동아시아와 동남아시아 그리고 서아시아까지 진출했다. 정부는 교초의 유통을 원활케 하고자 금화·은화·동전의 유통을 금지하기도 했다. 정치적 장벽의 제거로 신용화폐의 유통이 확대되면서 상업은 더욱 번창했고 정부의 후원 아래 주로 이슬람 상인이 담당했던 고리대금업도 크게 발전했다(龔伯贊 엮음, 1983; 黑田明伸, 2003).

몽골의 세계지배는 실크로드를 통한 동·서양간 세계무역을 확대·안정화함으로써 세계 전역에서 화폐경제가 발전할 수 있는 기회를 제공했다. 북서유럽의 영국에서부터 동아시아의 일본에 이르기까지 13세기 후반에는 세계 모든 곳에서 화폐발행이 증가했고 금속화폐

---

15) 20세기에 '경화'의 의미는 변화하여 태환준비 없이도 민족영토 내부에서 통용되는 지폐를 포괄하게 된다. 따라서 엄밀히 말하면 20세기 이전의 지폐는 경화가 아닌, 종이로 제작된 화폐표장이거나 신용화폐의 일종일 뿐이다. 최초의 지폐라는 교자에 대한 일반적 평가는 18세기의 영국은행권을 둘러싸고 이루어진 화폐에 관한 개념상의 혼동—은행어음으로서 신용화폐인가 아니면 불환지폐인가—을 재현하고 있다.

16) '지폐'의 사용은 남송(1127-1279)에서 더 일반화되었다. 해외 유출과 민간 축장으로 13세기에 '화폐기근'이 심각해지자 정부는 별도의 관청을 두어 교자뿐만 아니라 회자(會子)라는 '지폐'도 발행했다. 지역에서도 각종 '지폐'의 사용이 확산되었는데, 특히 차와 소금의 거래가 활성화되면서 상인이 납부한 주화에 대해 정부가 발행한 물품인수증(도매증서)인 초인(鈔引)이 활발하게 유통되었다(龔伯贊 엮음, 1983).

의 사용이 확대되었다(黑田明伸, 2003). 그러나 원이 붕괴한 이후 명이 쇄국정책으로 전환하면서 화폐·금융제도의 중심이 점차 서양으로 이동했다. 변화는 13세기 실크로드 무역에서 유럽의 관문이었던 북부이탈리아에서 시작되었다.

베네치아, 밀라노, 피렌체, 제노바 같은 도시국가들에서는 원거리 중개무역이 발전하면서 대규모 무역에 필요한 고액 화폐에 대한 수요가 증가했고, 이에 따라 아프리카의 금을 수입하여 금화를 주조하기 시작했다. 특히 1251-52년에 피렌체가 발행한 플로린(*florin*) 금화는 은화에만 익숙해 있던 유럽 전역에 다시 한번 금화를 확산시켰고, 그보다 늦은 1284년에 베네치아가 발행한 두카트(*ducat*) 금화는 곧 동부 지중해 무역권에서 본위화폐가 되었다.17)

안정적인 본위화폐를 토대로 상업이 발전하자 화폐의 유통을 절약하기 위한 신용화폐도 발전했다. 이탈리아의 상인들은 귀금속주화 대신에 일종의 자금보관증으로서 환어음을 발행하여 원거리·대규모 거래에 사용했다. 자금의 출납을 효과적으로 관리하기 위해 13세기 제노바에서 이자가 붙는 예금계좌와 계좌이체가 고안되었고, 14세기 초 베네치아에서는 복식부기가 도입되었다. 뿐만 아니라 자금보관, 신용거래의 결제 대행 등 다양한 업무가 발전했다. 이 모든 변화가 이탈리아 도시국가들에서 금융업이 부상하는 배경이 되었다(Braudel, 1986a; Micklethwait and Wooldridge, 2004).

금융업의 출현과 함께 이탈리아 도시국가들의 가장 중요한 혁신, 즉 금융제도의 혁신이 이루어졌다. 이 시기 동양과 서양을 잇는 이탈리아 상인자본의 독점적 중개무역은 장거리·장시간 항해에 필요한 대규모의 자금을 조달할 새로운 방식을 요구했다. 이에 따라 이탈리아의 금융업자들은 처음으로 신용대부를 시작했다. 상업신용이

17) 플로린과 두카트는 모두 금 3.5g에 상당한다. 네덜란드에서 13세기 중반부터 주조되기 시작하여 이후 라인 지역의 본위화폐가 된 굴덴(*gulden*, 영어로는 guilder)은 플로린을 모방한 것이다. 17세기에 두카트는 제키노(*zecchino*) 또는 세퀸(*sequin*)이라 불렸으며 네덜란드의 다알더(*daalder*, 영어로는 dollar)와 함께 북·중유럽에서 본위화폐로 기능했다.

전통적으로 상인자본의 역할이었던 것과 달리, 신용대부는 고리대자본의 역할이었다. 그러나 화폐에 대한 중세 기독교의 공식적 입장은 고리대를 엄격히 금지했는데, 금융업자들은 이를 회피하는 수단을 고안했다. 대부와 상환을 서로 다른 화폐로 처리하고 이자를 환전수수료라는 형태로 은폐했던 것이다. 동시에 그들은 개별 상인의 예금총액을 넘는 신용거래의 결제를 대리하는 방식, 즉 당좌대월 같은 새로운 기법을 개발했다. 이로써 신용업무와 대부업무를 병행하는 초기 은행이 등장했다.

은행의 출현은 또한 맹아적인 형태의 증권제도를 낳았다. 교황, 국왕, 영주 등은 계속 증가하는 전쟁·외교비용을 충당하기 위해 이탈리아의 금융업자들로부터 미래의 재정수입을 담보로 차입을 시작했다. 즉 공채라는 새로운 현상이 등장한 것이다.[18] 베네치아에서 공채는 양도가 가능했고 시장에서 매매되었다. 또한 정부는 공채 관리를 위한 별도의 기관을 설립해서 정기적으로 이자를 지급했다. 이탈리아의 금융업자들은 공채의 인수 외에 상인자본에 대한 투자자를 알선하는 중개업무도 수행했다(Braudel, 1986a; Micklethwait and Wooldridge, 2004).

북부이탈리아에서 시작된 변화는 약 1세기를 거쳐 다른 국가들로 확산되었다. 14세기 유럽에서는 농업생산성 정체와 페스트로 인한 인구감소와 농민·도시민의 반란으로 봉건제의 전통적 지배질서가 붕괴하기 시작했다. 반면 십자군 전쟁 이후 정기시장의 연결망이 유럽 전역으로 확대되면서 화폐의 사용이 증가했다. 게다가 100년 전쟁(1337-1453)으로 대표되는 왕조전쟁이 동맹국들간의 보조금과 거액의 배상금 및 지참금을 부추기면서 북부 유럽에서도 은행업이

18) 물론 이 시기의 공채는 봉건적 통치체제에 종속되어 있었다는 점에서 여전히 전현대적인 것이었다. 많은 경우 대부는 강제적으로 이루어졌고 교황이나 왕실에게 은행가는 일종의 사금고관리자이자 가계관리자로 인식되었다. 따라서 이들이 변덕을 부리며 채무불이행을 선언하면 은행가는 파산할 수밖에 없었다. 예를 들어 은행업이 가장 발달했던 피렌체에서 가장 큰 은행가였던 바르디와 페루치는 14세기 영국 왕실에 대한 대부로 파산했고 그 후 메디치도 교황에 대한 과도한 대부로 쇠퇴했다.

성장했다. 그 결과 14-15세기에는 프랑스, 영국, 스페인(아라곤) 등에서도 플로린과 두카트를 모방하여 정화를 제조하기 시작했다. 또한 북부이탈리아 출신의 상인과 금융업자가 유럽 전역으로 활동무대를 넓히면서 이탈리아에서 개발된 다양한 금융기법도 유럽 전역으로 확산되기 시작했다.

화폐자본의 본원적 축적

15세기에 들어서도 유럽에서는 화폐사용이 지속적으로 확대되었다. 동시에 세계무역의 증가로 인해 유럽의 귀금속은 계속해서 외부로 유출되었다. 그러나 14세기 후반부터 귀금속의 추가적 공급은 이루어지지 않았다. 그 결과 금과 은으로 표시된 물가는 하락했고 상업활동이 위축되었다. 이 때문에 금과 은의 함유량을 표준 이하로 줄여서 화폐량을 늘리는 화폐조작이 빈번하게 발생했다. 화폐조작은 일시적으로 경기를 활성화시켰지만 결국에는 화폐가치의 불안정을 심화시켰다. 그 결과 14-15세기 중반 유럽의 경제위기는 항상 화폐위기를 동반했다(Vilar, 1974).

1460년대 티롤과 작센에서 새로운 은광이 발견되면서 '화폐기근'이 얼마간 완화되고 유럽경제도 조금씩 활력을 되찾았다. 10여 년 뒤에 독일 은의 주요 시장이었던 북부이탈리아에서 베네치아와 밀라노가 리라(*lira*)라는 새 주화를 발행했다.[19] 또한 플로린이나 두카트 같은 금화도 보통 무게 30g 정도의 같은 액면가 은화로 대체되기 시작했다. 그 중 성 요아힘스탈 광산·조폐소에서 발행되던 요아힘스탈러 굴덴그로셴(*Joachimsthaler Guldengroschen*)은 새로운 주화 형태의 총칭이 되었다.[20] 이것이 네덜란드의 다알더(*daalder*)

19) 리라의 어원은 라틴어 리브라(*Libra*)인데 그 의미는 무게 단위인 파운드(pound)와 같다. 리라 은화의 무게는 9-10g 정도였다.

20) 요아힘스탈은 현재 체코 서부의 보헤미아 지방인 요아힘의 계곡을 뜻한다. 굴덴그로셴은 본래 금화였던 굴덴과 등가인 큰 굴덴이라는 의미인데, 굴디너(*guldiner*)라고 불리기도 했다.

와 영국의 달러(dollar)라는 명칭의 기원이 되는 탈러(*Thaler*)였다. 탈러는 이후 북부와 중부 유럽의 여러 나라에서도 무게와 크기를 달리하며 계속 발행되었고 신성로마제국의 본위화폐로도 기능했다(Williams et al., 1997).21)

또한 이 시기부터 1530년대에 걸쳐 서아프리카('황금해안')의 식민화에 성공한 포르투갈인들이 두카트와 액면가가 동일한 크루자도(*cruzados*) 금화를 생산·수출하면서 고액화폐의 기근은 좀 더 완화되었다. 서아프리카는 (동아프리카의 수단 등과 함께) 고대부터 주요한 금 생산지였고 그것의 가공·유통은 중세 이후 주로 이슬람 상인들이 관할했다. 포르투갈은 15세기 초부터 아프리카의 서부 해안으로 진출하기 시작하여 16세기에 주요한 금 생산지를 장악했고 이후 직접 금을 채굴·운송·유통시켰다. 그러나 은에 비해 금은 여전히 부족했고, 따라서 새로운 금광의 발견은 여전히 막대한 수입을 제공했다. 새로운 금 생산지를 찾는 탐험이 폭발적으로 증가했는데, 제노바가 가장 열성적이었다. 실크로드를 통한 동방무역에서 막대한 부를 축적했던 제노바는 몽골제국 붕괴 이후 동지중해 제해권을 둘러싼 베네치아와의 경쟁—이탈리아 100년전쟁(1381-1454)—에서 패배했고 뒤이어 서아프리카의 금을 둘러싼 포르투갈과의 경쟁에서도 패배했다. 그 결과 그들은 새로운 무역로와 금 생산지를 찾는 데 박차를 가했고, 이 과정에서 포르투갈의 경쟁자인 스페인과 동맹을 체결했다(Arrighi, 1994).

1469년의 아라곤과 카스티야의 왕조통합으로 시작된 스페인제국은 1492년에 그라나다를 정복하고 이슬람교도들을 강제로 개종시키면서 국가적 통합성을 확립했다. 그 후 스페인은 가톨릭에 기초한

---

21) 탈러와 탈러 크기의 여러 주화들—크라운(crown), 크로나(*krona*) 등—은 이후 영국과 스페인 등으로 확산되었고, 독일과 오스트리아-헝가리 지역에서는 19세기까지도 본위화폐로 군림했다. 탈러는 대외무역에서도 널리 사용되었다. 이 중에서 가장 유명한 마리아테레지아탈러(*Maria Theresa thaler*)는 20세기에도 서아시아와 에티오피아에서 사용되었는데, 스위스, 이탈리아, 심지어 영국도 그 화폐(복제품)를 발행했다(Cohen, 1998).

세계제국을 지향하면서 대외적 팽창을 시작했다.[22] 자본을 제공한 제노바와 무장력을 제공한 스페인의 동맹은 '신대륙' 아메리카의 발견으로 귀결되었다. 안틸레스 제도(서인도 제도)에 상륙한 콜럼버스는 처음에는 인디오들이 축장하고 있던 금을 수탈함으로써, 나중에는 원주민을 착취하여 사금을 채취함으로써 상당한 양의 금을 스페인에 공급했다. 이후 페루 지역에서도 금이 발견되면서 1530년경 스페인으로의 금 유입은 절정에 이르렀다.

그러나 신대륙의 진짜 보물은 금이 아니라 은이었다. 1540년대 요아힘스탈을 비롯한 독일의 은 생산이 감소할 때, 마침 멕시코와 볼리비아에서 은광이 발견되었다. 특히 볼리비아의 포토시는 산 전체가 그대로 은이었다. 은광 채굴이 지속되면서 1600년경 그 산중 마을의 주민은 15만 명을 넘어설 정도로 증가했다. 이처럼 광산과 그 운반경로를 중심으로 초기 남아메리카의 도시들이 발전했다. 동시에 이 지역에서의 인구 증가로 인해 유럽의 농·공산물 수출이 증가했다. 유럽은 아메리카 식민지와의 무역을 통해 은을 안정적으로 확보하는 동시에 산업을 발전시키기 시작했던 것이다.

아메리카에서 스페인으로 유입된 은의 상당 부분은 신성로마제국이 벌였던 전쟁의 비용을 감당하는 데 사용되었다. 스페인의 귀금속은 용병에 대한 급료의 형태로, 그리고 제노바, 안트베르펜, 아우구스부르크, 포르투갈의 은행과 채권자에 대한 채무상환의 형태로 유럽 전역에 흘러나갔다. 그 결과 중유럽의 은 생산을 장악하여 스페

---

22) 1516년에 즉위한 카를로스 1세는 카스티야의 이사벨라와 아라곤의 페르난도 2세의 손자인 동시에, 합스부르크 가문을 부흥시킨 신성로마제국의 황제인 막시밀리안 1세의 손자다. 그는 오스트리아대공국도 계승받아 1519년에 신성로마제국의 황제 칼 5세로 선출되었다. 칼 5세는 아들 펠리페 2세에게 스페인을, 동생 페르디난트 1세에게 오스트리아를 물려주어 스페인 합스부르크와 오스트리아 합스부르크가 나뉘지만, 그 후에도 친인척 관계를 통해 스페인제국과 신성로마제국의 관계는 지속되었다. 그러나 스페인 합스부르크는 후사 없이 사망한 카를로스 2세를 끝으로 1700년에 종결된다. 1701년에 발발한 스페인왕위계승전쟁으로 스페인의 왕위가 프랑스의 부르봉 왕가로 넘어가면서 스페인제국과 신성로마제국의 관계는 완전히 단절된다(Elliott, 1963; Carr, 2000).

인 왕실과 북유럽의 금융을 지배했던 독일 상인들, 특히 푸거 가문의 영향력이 쇠퇴했다. 그 후 스페인의 금융과 왕실의 재정은 제노바의 수중으로 넘어갔다. 제노바 금융업자들은 대중으로부터 예금을 동원하고 피아첸차 정기시장에서 상업자금을 모금함으로써 스페인 왕실에 대규모의 대부를 제공했다. 또 그들은 채무지불로 받은 레알(*real*) 은화나 은괴로 다른 지역에서 발행된 환어음을 매입·유통시킴으로써 유럽 내 금의 유통도 지배했다. 그 중개지가 되었던 제노바는 '어음의 공장'으로서 1620년대 초까지 유럽의 금융중심지로 기능했다(Vilar, 1974; Braudel, 1986a). 또한 귀금속은 스페인과 아메리카에서 소비될 상품의 구매를 통해서도 유럽 전체로 유출되었다. 밀수와 사략(pirating)으로 인해 포르투갈, 네덜란드, 영국 등으로 유출되는 은도 많았다.

스페인을 경유한 아메리카 은의 확산은 유럽에서 화폐·금융제도의 개혁으로 이어졌다. 이 시기에 유럽에서는 지역별·지방별로 다양한 주화들이 유통되었지만, 대략 탈러를 기준으로 정화들의 무게와 순도가 유지되었기 때문에 큰 혼란은 없었다. 16세기에는 기존의 화폐단위보다 더 크거나 더 작은 여러 단위의 주화들이 새로 만들어졌고, 그 결과 유통되는 화폐의 종류가 더욱 많아졌다. 16세기 말 스페인의 페소(*peso*) 은화나 에스쿠도(*escudo*) 금화는 처음으로 국제적 지불수단이 되었다.[23] 새로운 화폐제도에도 불구하고 계속 유통되던 과거의 주화들은 심각한 재정문제를 겪고 있던 각국 왕실에 의해 재평가·재주조되었다. 이에 따른 인플레이션은 16-17세기 내내 실질임금이 하락하는 데 영향을 미쳤다.

---

23) 14세기 중엽 카스티야에서 스페인의 본위화폐로 쓰이기 시작한 레알—왕실을 뜻함—은 단위가치가 다른 여덟 가지 주화로 구성되었다. 그 중 8레알 은화가 페소—중량을 뜻하는데, 93% 순도의 은 27.5g을 함유한다—은화였고, 스페인제국의 성립기에 이루어진 화폐개혁에서 두카트를 대체하기 위해 발행되었던 에스쿠도 금화는 16레알에 해당했다. 페소는 주로 멕시코에서 주조되어 유럽과 아메리카는 물론, 동아시아와 필리핀에서도 널리 사용되었으며 19세기 중반까지 세계무역의 본위화폐로 군림했다. 그래서 스페인 달러 또는 멕시코 달러로도 불렸다.

유럽에서 대량의 귀금속이 유통되기 시작하자 1540-1640년에 물가가 6배나 오르는 인플레이션, 이른바 '가격혁명'이 일어났다.[24] 가격혁명은 스페인에서 시작되어 상업적 연결망을 통해 유럽 전체로 확산되었다. 1500년의 전반적 물가가 1300년의 물가와 거의 다를 바가 없었고 1650-1750년에도 상대적으로 물가가 안정되었던 시기임을 고려할 때, 이러한 가격상승은 놀라운 일이었다. 임금상승률이 물가상승률에 미치지 못함에 따라 물가상승에 따른 대중의 빈곤도 더욱 심화되었다. 영국의 경우 15세기 후반부터 17세기 중반까지 실질임금이 사실상 절반으로 하락했다. 물가와 임금의 동요는 이 시기 유럽 곳곳에서 빈민과 부랑자를 크게 증가시켰다. 그 결과 '자유로운 임금노동자'가 출현하기 시작했다.

아메리카의 은은 무역을 통해 유럽을 넘어 서아시아로, 결국 인도와 중국으로 유출되었다.[25] 이는 일차적으로는 유럽의 무역적자에 기인한 것이었다. 유럽은 지속적으로 아시아의 상품을 수입했지만 수출할 만한 상품은 거의 없었기 때문에 그 차액을 은으로 지불했다. 또한 전통적으로 유럽에 비해 낮았던 아시아의 금·은의 상대가격도 작용했다. 아시아에서는 금으로 표시되는 은의 가격이 유럽보다 더 높았기 때문에 은으로 더 많은 물건을 구매할 수 있었던 것이다. 따라서 유럽 상인들은 이 시기 상류층 수요의 주요 대상이었던 중국의 견직물, 도자기, 차를 은과 교환함으로써 더 큰 수익을 얻었다. 16세기 중반부터는 아메리카 은이 스페인의 '마닐라 갈레온

---

24) 당시 사람들은 엄청난 귀금속의 유입에 따른 인플레이션을 설명하기 위해 화폐수량설을 발명했다. 그러나 이 시기의 물가상승률은 전반적으로 귀금속 유입량의 증가율보다 낮았고 또 귀금속이 유입되던 초기에는 물가상승률이 임금상승율보다도 낮았다. 이는 가격혁명에 앞서 발생한 실물경제의 변화와 관련된다. 유럽에서는 15세기의 저물가에 힘입어 15세기 말 이미 인구가 상당히 증가했다. 또 식량생산도 인구증가율을 상회할 정도로 증가했다. 그 외에도 제철·유리·제지 등 산업기술의 발명, 은 채굴에서 새로운 공법의 도입, 환어음·부기 같은 상업상의 혁신과 정기시장의 발전 등이 가격혁명 이전에 이루어졌다(Vilar, 1974).

25) 아메리카에서 생산된 은의 최소 30-40%가 인도와 중국으로 귀착된 것으로 추정된다(Frank, 1998; Braudel, 1986a).

선'에 실려 태평양을 건너 스페인령 필리핀으로 이동했고, 거기서 중국 및 동남아시아의 상품들과 교역되었다. 결국 아메리카의 은은 세계적 수준에서 충분한 유동성을 공급함으로써 자본주의 세계경제가 발전하는 데 결정적인 기여를 했다(Vilar, 1974; Braudel, 1986a; Frank, 1998).

현대적 화폐·금융제도의 형성

은행제도의 형성

아메리카 은에 대한 독점적 통제권을 확보하고 있던 스페인은 네덜란드에게 패퇴하기 시작했다. 스페인은 16세기에 축적된 엄청난 양의 귀금속이 국내 물가와 임금을 상승시키자 값싼 외국산 물품을 수입했는데, 이것이 산업기반을 침식했다. 그 후 스페인은 귀금속 유입의 감소, 지역 반란, 흑사병 등의 혼란에 더해 왕실의 연이은 채무 불이행, 화폐의 평가절하, 막대한 재정지출 등으로 인해 쇠퇴했다(Vilar, 1974). 네덜란드는 발트해 지역에서 생산된 곡물의 무역을 독점했을 뿐만 아니라 어업·해운업·조선업 등에서도 경제적 우위를 차지했고, 급기야 16세기 중반에는 포르투갈과 스페인의 금·은을 북유럽과 연결시킴으로써 북대서양 무역망을 장악했다. 이후 30년전쟁의 종결과 함께 베스트팔렌 조약의 최대 수혜자가 된 네덜란드는 유럽 내 무역망은 물론 포르투갈과 스페인의 상업망을 계승·확대하면서 명실상부한 세계무역의 지배자가 되었다. 그 결과 17세기 중엽 이후 네덜란드의 자본은 유럽 지역의 다른 자본을 합친 것과 맞먹을 정도였다(Vilar, 1974; Braudel, 1986b).

네덜란드는 생산과 상업상의 우위, 해운 및 보험에서의 지위를 이용하여 덩어리나 막대 형태의 귀금속 또는 온갖 종류의 주화 형태, 특히 스페인령 아메리카의 레알 은화 형태의 귀금속을 수입했다. 그리고 귀금속의 대부분을 국제적으로 통용가능한 주화로 재주조하여 다시 세계 각지로 수출했다. 뢰벤달더(사자 모습이 새겨진 탈러), 레이크스달더(제국 탈러), 두카트(두카톤) 등이 그것이었다. 여전히 국제적으로 통용되던 스페인 식민지의 피아스트 은화 역시 유입되는 양의 대부분을 수출했다. 플로린과 두카트가 '중세의 달러' 역할을 했던 것과 마찬가지로 17세기에는 네덜란드의 화폐가 그 시대의 달러가 되었다.[26]

귀금속을 부의 원천으로 간주하던 스페인과 비교할 때 이러한 화폐의 자유무역은 독특한 것이었다.[27] 네덜란드인는 귀금속 화폐들을 다른 상품들과 똑같이 자유롭게 수출하고 수입했다. 화폐의 자유무역이 네덜란드의 부에 기여할 수 있었던 것은 상업적 우위 덕분이었다.

네덜란드의 상업적 성공은 은행업의 발전을 가져왔다. 17세기 초 여러 도시들에서 상인들을 위해 출납과 환전을 담당하는 시립은행들이 설립되었는데, 특히 1609년에 설립된 암스테르담은행(Bank of Amsterdam)에는 유럽 상인들이 수입하는 모든 귀금속이 집중되었다. 이에 따라 암스테르담은행이 화폐의 국제적 유통을 매개·촉진함으로써 17세기 중·후반 60-70년 동안 국제금융의 중심으로 기능했다(Vilar, 1974; Braudel, 1986b).

암스테르담은행의 기본 목적은 예금과 환전의 편의를 도모하는 것이었다. 또한 이 은행은 환업무를 독점했다. 암스테르담은 600플로린이 넘는 환어음의 지불은 반드시 암스테르담은행을 통하도록

26) 물론 이러한 고품질의 금속화폐들은 국제무역에 사용되었으며 국내 유통을 위한 화폐는 별도로 존재했다. 이 시기에 네덜란드에는 400여종의 주화가 유통되었다.

27) 16세기의 스페인이 대표하던 전기 중상주의는 생산과정이 아니라 유통과정을 이윤의 원천으로 간주하고 대외무역에서의 흑자를 통한 귀금속의 축적을 중요한 경제적 목표로 삼았다. 이러한 전기 중상주의는 네덜란드 헤게모니를 거치면서 점차 자본주의적 성격을 띠게 되었고 이후 영국, 프랑스 같은 민족경제가 부상하면서 산업발전과 정주식민지에 대한 착취를 토대로 하는 후기 중상주의로 변모되었다.

명령했는데, 이 때문에 암스테르담은행은 교환은행(*Wisselbank*)으로 알려졌다. 이 은행은 개인 고객들간의 이체 서비스도 수행했는데, 이는 16세기에 정기시장에서 이루어지던 청산결제와 유사한 것이었다(Kindleberger, 1996; Vilar, 1974).

그러나 암스테르담은행은 환어음할인과 대부 같은 신용업무를 수행하지 않았다. 모든 개인 고객의 예금은 그 고객과 관련된 출납업무에만 사용되었다. 동인도회사와 시정부에 제공한 대부는 예외였지만, 이것이 은행에 큰 수익을 가져오지는 못했다. 암스테르담은행의 영업비용은 환전 수수료와 조폐창에 대한 귀금속의 판매, 그리고 국제적인 화폐유통에서 얻는 이익으로 충당되었다(Vilar, 1974).

17세기 왕조전쟁의 빈발로 유럽의 국가들이 장기국채를 발행하고, 식민지에서의 전쟁과 무역을 담당하는 특권회사들이 공개적으로 주식을 발행하면서 증권시장 또한 발전했다. 암스테르담은 국채와 주식을 자유롭게 거래하기 위한 증권거래소와 그 업무를 보조하는 기관을 설립했다. 이에 따라 유럽의 유휴자금이 암스테르담으로 집중되면서 증권 거래와 그 범위는 더욱 확대되었다(Arrighi, 1994; Braudel, 1986b).[28)]

세계무역이 성장하던 17세기 말부터 암스테르담은행은 더욱 현대화되었다. 1683년에 은행은 영업방침을 변경했다. 첫째, 결제·이체 업무에 대해 약간의 수수료를 징수하기 시작했다. 둘째, 개인에게 대부를 시작했는데, 이자는 은으로 대부하는 경우에 월 0.25%, 금의 경우에는 월 0.5%로 책정되었다. 마지막으로 은행권이 화폐처럼 유통되고 거래되기 시작했다(Vilar, 1974).[29)] 이 같은 변화는 신용업무의 발전을 예고했다. 그러나 현대적 은행제도와 신용업무는

---

28) 네덜란드의 해상장악 및 상업에서의 우위가 침식된 이후에도 암스테르담은 금융적 축적을 통해 18세기 중엽까지 유럽의 '현금 창고'의 지위를 유지했다. 그러나 4차 영란전쟁(1780-84) 당시 동인도회사를 지원하기 위한 과도한 대부로 인해 암스테르담의 금융적 우위는 최종적으로 소멸했다(Arrighi, 1994).

29) 암스테르담은행이 발행한 은행권은 사실상 예금증서여서 그 액면 금액이 귀금속 예치량과 일치했다(Kindleberger, 1998).

네덜란드가 아니라 영국에서 본격적으로 발전했다.

중앙은행제도의 발전

세계무역과 금융의 중심지로서 네덜란드가 보여준 성공은 유럽의 다른 국가들로 확산되었다. 특히 영국은 네덜란드의 상업적 성공을 민족경제에 기초한 산업의 발전과 결합하기 시작했다. 이 과정에서 1694년에 설립된 영국은행(Bank of England)[30]은 현대적 은행제도의 확립에서 핵심적 역할을 담당했다.[31]

영국은행은 네덜란드, 독일, 스웨덴의 주요 은행들에 비해 뒤늦게 설립되었다. 17세기 말까지 런던에는 공식 환전상이 없는 대신에 모든 종류의 주화와 금·은괴를 거래하는 금장(金匠, goldsmith)이 예금증서를 발행했다. 이것이 금속 준비금에 의해 보장되는 은행권의 기원이었다. 금장은 환어음할인, 당좌예금개설 등의 현대적인 은행업무를 수행했을 뿐만 아니라 준비금을 초과하는 액수를 대부함으로써 신용을 창조했다(Vilar, 1974; Bowen, 1995).

금장을 대체하는 영국은행은 명예혁명 이후 정부의 필요에 부응하여 설립되었다. 1689년에 프랑스와 전쟁이 발발하자 세금만으로 자금을 조달할 수 없었던 정부는 런던의 대상인들과 결탁했다. 즉 정부는 런던의 대상인들이 합자회사 형태의 은행을 설립할 수 있도록 인가해주었고, 상인들은 그 대가로 은행의 초기 자본금 120만 파운드 스털링을 모두 정부에 대부했다.[32] 이렇게 탄생한 영국은행은

---

30) 사실 19세기 전까지 영국은행은 잉글랜드(및 웨일즈) 지역의 은행이었고 스코틀랜드와 아일랜드도 각각 독자적인 지역은행을 발전시켰다.

31) 은행에 대한 설명은 윤소영 (2001)을 참조하시오.

32) 명예혁명 이전에 영국 왕실은 금장으로부터 자금을 조달했는데, 왕이 채무불이행을 선언하거나 금장의 금준비를 몰수하는 사태가 벌어지기도 했다. 그러나 명예혁명을 통해 왕실의 자금과 부채는 국가의 예산과 부채로 대체되었다. 정부가 소유의 억압자가 아니라 보호자가 되면서 영국은행이 발전할 수 있는 조건이 마련되었다. 은행의 투자자와 예금자가 국가의 자의적인 수탈로부터 벗어나게 되었기 때문이다(Bowen, 1995).

12년의 시한부특권회사였지만, 이후 한편으로는 정부의 은행으로서, 다른 한편으로는 상업은행으로서 이중적 역할을 지속하면서 발전을 거듭했다.

우선 영국은행은 '정부를 위한 은행'(government bank)이었다. 1689년부터 1812년까지 숱한 전쟁을 치르는 동안 영국은행은 정부의 부채를 인수했고 그 대가로 특권을 연장할 수 있었다. 이처럼 영국은행은 정부의 전쟁수행에 따른 재정적 필요에 따라 존립할 수 있었지만, 그 과정에서 매번 은행의 특권과 자본금이 확대되면서 결과적으로 그 지위는 강화되었다.[33] 특히 영국은행은 다양한 조세에 의해 보증되는 국채를 할인·유통시켰는데, 1750년경에는 정부에 대한 단기신용의 제공을 사실상 독점했다.

또한 영국은행이 1760년대에는 국채의 약 70%를 관리함에 따라 18세기 후반에 이르면 행정의 중심이 재무부에서 영국은행으로 이동했다고 언급될 정도였다. 영국은행은 정부의 연금과 부채뿐만 아니라 예산도 직접 관장했다(Bowen, 1995).

그러나 국제무역과 해외식민지 건설에서 영국의 우위가 확고해짐에 따라 정부의 은행보다는 상업은행으로서 영국은행의 지위와 역할이 더 중요해졌다. 상업의 팽창과 더불어 상인들은 신뢰할 만한 발권·신용기관을 필요로 했고, 영국은행이 이러한 필요에 부응했던 것이다.

단순히 예금출납업무와 환전업무만 수행하던 대륙의 은행들과 달리 영국은행은 처음부터 은행권을 발행·유통시켰다. 영국은행을 신뢰한 런던의 상인들은 이 은행권을 금속주화와 동등한 가치를 갖는 유통수단으로 간주했다. 은행은 또한 환어음을 할인해주고 개인

---

33) 이미 1697년법에서 정부와의 모든 금전 거래는 영국은행을 통하도록 규정되었다. 또한 1708년법으로 잉글랜드와 웨일즈에서 6인 이상의 합자회사 형태의 은행 설립을 금지함으로써 영국은행은 사실상 이 지역에서도 은행권 발행을 독점했다. 1780년 무렵에는 지방은행(country bank)을 제외한 거의 모든 은행이 은행권 발행을 포기하고 영국은행권을 준비금으로 사용했다(Andréadès, 1966).

에게 대부하는 현대적인 은행업무를 체계적으로 수행했다. 이에 따라 영국은행을 매개로 다양한 신용화폐들이 유통되었는데, 이는 화폐의 유통비용을 절감시킴으로써 경제발전을 촉진했다.[34)]

역으로 경제발전은 신용업무의 발전을 가져왔고 다양한 은행의 설립을 촉진했다. 잉글랜드에는 영국은행 외에 두 가지 유형의 은행이 존재했다. 하나는 런던의 대규모 금융수요에 부응하는 종합금융회사(merchant bank)인데, 이들은 발권업무를 포기하고 주로 당좌예금과 환어음할인의 업무를 담당한 비공개은행(private bank)이었다. 런던의 비공개은행은 1725년 24개, 1770년 42개, 1786년 52개로 증가했다. 다른 하나는 소규모 금융수요에 부응하는 지방은행이었다. 이 은행은 환어음할인, 송금 같은 업무도 담당했지만, 지방에서 유통되는 소액주화와 은행권을 발행하는 것이 주요 업무였다. 이는 지방의 화폐 부족을 해소하기 위한 것으로 특히 노동자들에게 임금을 지급할 때 사용되었다. 1755년에 12개였던 지방은행은 1776년 150여개, 1793년 400여개로 증가했다(Andréadès, 1966).[35)]

18세기 말에 산업혁명과 해외시장의 확대로 인해 금융활동이 더욱 중요해졌다. 영국은행은 어음할인을 통해 동인도회사, 남해회사 같은 특권무역회사들에게 단기신용을 제공했다. 또한 이 시기부터 어음이 영국뿐만 아니라 해외에서도 주요한 유통수단으로 기능하게 되었다.[36)] 그 결과 어음의 할인과 양도 및 유통을 위한 조직된 시장이 등장했는데, 런던의 화폐시장은 그 중 가장 발달한 곳이었다. 런던에 다양한 금융중개기관들이 성장하고 국채시장과 어음할인시장

34) 그런데 영국은행이 사적 신용의 창조와 정부를 위한 지폐의 발행이라는 이중적 발권기능을 수행함에 따라 은행권과 화폐의 혼동이 초래되었다. 19세기 전반의 일련의 논쟁은 '화폐'의 정의를 둘러싼 것이기도 했다.

35) 영국은행이 설립된 이후 경쟁력을 상실한 금장이 런던의 비공개은행의 기원이었다. 런던의 비공개은행은 지방은행의 '코레스은행'(correspondent bank)으로서 기능하기도 했다. 코레스은행은 금융 중심지에 점포를 갖고 있지 못한 지방은행과 계약을 맺고 환어음결제의 대행 같은 서비스를 제공했다(Marcuzzo and Rosselli, 1991; Goodhart, 1988).

36) 또한 상품 판매와 어음 발행 사이의 연결도 단절되어 다양한 융통어음(accomodation/finanace bill)이 발전했다(Kindleberger, 1998).

이 발달하면서 현대적인 금융제도가 출현·발전하기 시작했다.[37]

신용의 팽창으로 인해 신용위기가 발생할 가능성이 높아졌다.[38] 이에 따라 영국은행은 상인이나 지방은행의 과도한 발권을 제약하기 위해서 임의로 할인을 제한하는 등 위기대처 능력을 발전시켰다. 이는 1783년의 위기에 대한 영국은행의 대응에서 최초로 분명하게 나타났다. 당시 금이 유출되면서 위기의 조짐이 나타나자 영국은행은 신용을 제한하고 국가에 대한 모든 대부를 거부했다. 이후 금이 다시 유입되기 시작하면서 환율이 유리한 방향으로 움직이자 은행권 발행과 국가에 대한 대부를 재개했다. 이처럼 영국은행이 체계적으로 신용을 관리하고 또한 지방은행도 영국은행권을 준비금으로 사용하면서 영국은행은 중앙은행의 면모를 갖춰나가기 시작했다.

그러나 영국은행은 18세기 말까지 신용의 관리가 민족경제에 미치는 영향과 그에 대한 책임을 충분히 인식하지 못했기 때문에 지방은행의 구제를 거부하거나 미시적 금융안정에 집중함으로써 신용경색을 가져오기도 했다(Wood, 2005). 영국은행이 구제금융을 제공함으로써 '은행의 은행'(bankers' bank), 즉 최종대부자(lender of last resort)로 기능하기 시작한 것은 19세기 중반부터였다.

나폴레옹 전쟁은 영국의 화폐·금융제도의 발전에서 중요한 전환점이 되었다. 이 전쟁은 영국의 화폐·금융위기를 초래했고 영국은행은 금태환을 중지했다. '제한의 시기'(1797-1821)동안 영국은행권은 일종의 불환지폐로 유통되었다.[39] 영국은행의 부채가 이렇게 '금처럼'(as good as gold) 유통될 수 있었던 배경에는 공적 신뢰가 존재했는데, 이는 또한 대서양과 세계무역을 지배하고 있었던 영국의

---

37) 이러한 금융중개기관들은 어음·증권의 구매자와 판매자를 중개하는 브로커에서 유래한 것이었다. 1773년에 창설된 런던의 어음결제소(clearing house)는 어음브로커들의 연합이었다(Marcuzzo and Rosselli, 1991).

38) 앙시앵 레짐에서 경제위기는 주로 곡물수확의 부족으로 인한 농업위기였다. 그러나 이제는 시장의 공급과잉과 과도한 신용으로 인해 주기적으로 촉발되는 상업 및 신용위기가 문제가 되었다. 약 10년 주기의 1763년, 1772년, 1783년의 위기가 그 사례였다(Vilar, 1974).

39) 영국은행권이 법정화폐로 지정된 것은 1833년 은행법을 통해서였다.

예외적인 지위에 기초한 것이었다(Bowen, 1995).

전쟁 중에 영국 정부는 해외의 자국 군대를 유지하는 한편, 동맹국들에게도 보조금과 금융원조를 제공했다. 이러한 전시 자금조달을 계기로 전쟁이 끝날 무렵 런던은 국제대부의 중심이 되었다. 1815년 비엔나회의 이후 더욱 본격화된 해외투자는 유럽의 전쟁 채무국들뿐만 아니라 라틴 아메리카의 신생독립국들을 대상으로 이루어졌다. 베어링, 로스차일드 같은 시티(the City)의 주요 은행들이 이를 주도했다(Marcuzzo and Rosselli, 1991).

그러나 신용의 확대가 금융불안정을 수반하자 체계적인 신용관리의 필요성은 더욱 커졌다. 환율(금평가)의 하락, 물가의 상승, 금의 유출로 나타나는 19세기 초 화폐·금융위기는 그 원인과 처방을 둘러싼 일련의 논쟁을 촉발했다. 핵심적인 쟁점은 영국은행의 역할과 관련된 것이었다. 특히 영국은행이 정부를 위한 은행이자 영리를 추구하는 상업은행의 역할을 동시에 수행했기 때문에 논쟁은 더욱 복잡해졌는데, 논쟁의 두 주역은 통화학파(Currency School)와 은행학파(Banking School)였다.[40]

---

40) 1825년의 화폐·금융위기의 원인을 둘러싸고 벌어진 통화학파, 은행학파, 자유은행학파(Free Banking School)의 논쟁은 1810년대의 지금주의 논쟁에서 기원했다. 1809년부터 지금(금괴) 가격과 물가가 상승하고 환율이 하락하자 의회의 지금위원회는 지금보고서(Bullion Report)를 발간했다. 보고서는 물가 수준이 통화량에 의존한다는 가정에 기초하여 영국은행의 과도한 발권을 물가상승의 원인으로 지목했다. 특히 지금주의를 대표하는 리카도는 화폐수량설에 입각하여 통화량을 은행의 금준비 수준으로 조절해야 한다고 주장함으로써 이후 통화학파의 기본적인 입장이 되는 원리를 제시했다. 리카도를 계승하여 금의 유출입에 따른 통화량의 자동적 조절을 주장한 통화학파와 달리 은행학파는 발권량이 물가 수준이나 금 보유에 영향을 미치지 않는다고 주장했다. 발권은 이에 대한 수요를 반영하는 것이므로 상환만 보장된다면 과도한 발권은 불가능하다는 것이었다. 따라서 이들은 발권에 관한 은행의 재량을 옹호했다. 나아가 이 두 입장이 모두 영국은행의 독점적 발권을 지지한 반면, 자유은행학파는 독점적 발권제도로 인해 과도한 발권이나 인플레이션이 야기된다고 주장하면서 영국은행의 특권을 공격했다. 특히 이들은 경쟁적이고 무제한적인 발권을 허용했던 스코틀랜드의 자유은행제도를 신봉했다(Vilar, 1974; Schwartz, 1991).

1844년 은행법의 제정은 통화학파의 입장에 따라 중앙은행으로서 영국은행의 위상을 확립하는 중요한 계기였다. 이 법을 통해 영국은행은 발권을 독점하고 금준비를 집중하는 '은행의 은행' 또는 '최종대부자'로 변모했다. 그 결과 영국에서는 영국은행을 정점으로 하는 민족적 은행제도가 확립되었다.41) 이는 화폐·금융위기에 더욱 효과적으로 대처하는 것을 가능하게 했을 뿐만 아니라 본위화폐제도의 확립을 통한 민족적 화폐제도의 완성을 가져왔다.

민족적 화폐제도의 확립

19세기 철도와 전신의 발달은 민족시장과 세계시장을 형성했다. 산업 생산의 증대와 더불어 시장을 매개로 한 경제활동이 활발해지고 국제무역 또한 급증하자 화폐의 유통비용의 절감을 위한 제도적 혁신들이 모색되었다. 민족적 화폐제도의 확립은 그 중에서도 가장 중요한 것이었다.

19세기 이전에는 공식적인 화폐제도에 통합되지 않았던 소액화폐가 지방마다 존재했다. 소액화폐는 주로 구리, 청동 등으로 만들어진 화폐표장이었다. 지방 상인이 발행한 화폐표장은 그 가치가 불확실했기 때문에 고액주화와 쉽게 태환되지 않았고 소규모 지방 단위에서만 유통되었다. 국가는 이러한 지방화폐를 금지하거나 정부가 발행한 화폐로 일원화하려고 시도하지 않았다.

또한 국가가 발행한 화폐도 표준화되어 있지 않았다. 금화 또는 은화의 질이 천차만별이었고 다양한 주조 표준이 존재했다. 더 큰

41) 또한 영국은행의 발권부(Issue Department)와 영업부(Banking Department)가 분리됨으로써 초기의 이중적 발권기능, 즉 정부의 은행으로서의 역할과 상업은행으로서의 역할이 분리·정착되었다. 이제 영국은행권은 법화의 지위를 획득했고 통화량은 통화학파의 주장에 따라 금준비에 따른 자동조정이라는 엄격한 준칙을 따르게 되었다. 그러나 화폐·금융위기가 발생할 때마다 1844년 은행법이 정지됨으로써 영국은행은 금준비에 구애받지 않고 은행권을 발행하여 최종대부자의 기능을 수행할 수 있었다.

문제는 다양한 종류의 화폐들의 상대적 가치가 불안정하게 변동했다는 점이다(Helleiner, 2003).

그러나 민족시장이 발전하면서 국가가 이러한 문제들에 대처하기 시작했다. 그 결과 영토 내에서 배타적으로 유통되는 일원화된 민족화폐가 출현하기 시작했다. 국가는 일원화된 양질의 주화와 지폐를 대량으로 생산했는데, 이는 주화와 지폐의 생산에 새로운 산업적 기술을 도입함으로써 가능해졌다.[42)]

영국은 1816년에 공식적으로 금본위제를 채택하면서 최초로 산업기술에 기초한 대량주조제도를 확립했다. 이에 따라 영국 정부는 새로운 은화를 주조하고 금태환을 보장함으로써 화폐가치를 안정화시켰다. 영국이 선도한 이러한 현대적인 형태의 주조제도는 곧 다른 나라들로 확산되어 유사한 화폐제도가 형성되었다. 1914년 무렵에는 정량의 금화나 은화가 유통에서 완전히 사라졌다.[43)]

이러한 주조제도의 확립은 소액화폐의 표준화를 통해 지방경제를 민족경제로 통합하는 과정을 동반했다. 19세기 이전에 지방에서

---

42) 1787년에 볼튼은 철제 압축기를 증기기관과 연결하여 경화를 제작하는 새로운 경화주조술을 개발했다. 그 결과, 완벽하게 둥글고 쉽게 마모되지 않는 주화를 대량으로 생산할 수 있었다. 지폐 생산에서도 과거의 구리 복사판과 압축기를 대신해 증기기관과 연결된 철제 도판프린팅이 도입되었다. 이처럼 표준화된 생산방식이 과거의 수공업적 생산방식을 대체하자 화폐위조는 불가능하게 되었고 유통되는 화폐의 통일성이 향상되었다(Helleiner, 2003).

43) 1816년 은행법은 금을 유일한 가치척도이며 무제한 결제할 수 있는 법화로 규정하고 은으로 결제할 수 있는 금액을 2파운드로 제한했다. 그러나 금본위제는 18세기에 이미 예비되었다. 1717년 조폐국장 뉴튼이 금에 대한 은의 상대가격을 낮게 책정한 이후로 이미 은화는 보조화폐로 전락했고 유통중인 은화는 용해되어 수출되었다. 1774년에 은의 변제력이 25파운드로 제한되자 금의 지위는 더욱 확실해졌다. 그러나 영국의 금본위제는 사실 18세기 초부터 포르투갈과 브라질의 금이 꾸준히 영국으로 유입되었기 때문에 가능했다. 이후 브라질의 금의 소진되면서 금의 가치가 상승하자 통화당국은 금화의 명목가치를 유지하기 위해 이를 정량의 주화로 재주조하면서 마모의 한계를 엄격히 규정했다. 반면 은화는 중량검사도 실시하지 않았고 이에 따라 점차 화폐표장의 성격을 띠게 되었다(Vilar, 1974; Eichengreen and Flandreau, 1997).

유통되던 소액화폐는 해외무역에서 사용되는 고액화폐와 분리되어 있었다. 그러나 민족시장의 형성과 더불어 두 경제가 연결되면서 양자 사이의 가변적인 교환비율과 불확실한 태환성이 문제가 되었다. 영국은 1821년에 양질의 동화를 대량생산함으로써 주로 노동자들에게 임금으로 지불되는 소액화폐를 개선하기 시작했다. 새 주화의 등장으로 인해 다양한 화폐표장들이 더 이상 유통되지 않았다.

지폐 역시 19세기에 표준화되었다. 영국이 1844년 은행법을 통해 지폐의 발행을 독점한 것은 하나의 모델이 되었다. 대부분의 국가들 역시 지폐발행을 독점했고, 금 또는 은으로 설정된 본위화폐와의 태환을 보장함으로써 지폐를 관리하기 시작했다. 이렇게 금본위제 또는 은본위제를 확립하고 상이한 회계단위를 민족화폐로 채택함으로써 19세기 이전까지 국내에서 자유롭게 유통되던 외국화폐는 자연스럽게 사라지기 시작했다(Helleiner, 2003).

또한 19세기 동안 신용화폐가 화폐 공급에서 점차 중요한 부분을 차지하게 되었다. 신용화폐는 그 자체로는 미래의 지불에 대한 약속일 뿐이기 때문에 이것이 유통수단으로 기능하기 위해서는 본위화폐로의 지불이 확립되어야 했다. 이는 중앙은행을 정점으로 하는 민족적 화폐제도의 확립을 필요로 했다.

이 같은 민족적 화폐제도의 확립은 민족국가의 발전을 위한 토대를 제공했다. 민족국가는 영토 내에서 유통되는 화폐의 명칭과 시세를 결정함으로써 민족화폐를 창설하고 화폐주권을 확립했다.[44)]영국이 선도한 민족국가와 민족적 화폐제도 사이의 상호 발전·강화는 세계적으로 확산되었다.[45)]

---

44) 물론 민족국가가 형성되기 이전에도 화폐의 발행은 오랫동안 지배계급의 특권이자 권력의 상징이었다. 그러나 과거에는 어떤 국가도 그들의 발권의 독점을 자신의 영토 내부로 제한하지 않았다(Cohen, 1998).

45) 대표적으로 일본은 영국을 모델로 하여 주권적인 민족국가를 건설하고 1871년 주조개혁을 단행하여 지방 영주들의 화폐발행을 금지하고 지방의 주조표준 또한 제거했다. 이 같은 개혁의 목표는 '세계 민족들과 공명할 수 있는 주조제도'를 채택하는 것이었다. 또한 1870-71년에 유럽의 조폐국을 수입했고, 1880년대 초에 발권을 독점한 일본은행을 창설했다.

민족국가의 발전과 더불어 주권은 군주가 아니라 민족으로서 인민에게 귀속되는 것으로 이해되기 시작했다. 인민주권의 시대에 민족적 화폐제도는 민족경제의 부를 관리하고 인민의 복리를 증진하는 주요 도구가 되었다. 또 민족이 주권적인 정치공동체로 가상되면서 민족화폐가 민족적 동일성을 강화하는 수단이 되었다(Helleiner, 2003).46)

또한 민족적 화폐제도의 확립은 재정적 필요를 만족시킴으로써 민족국가를 강화했다. 이는 우선 발권이익(seigniorage)의 극대화로 나타났다. 19세기의 화폐개혁을 통해 국가는 자신의 영토 내에서 화폐의 발행을 독점했을 뿐만 아니라 주화와 지폐의 사용이 증대했기 때문에 발권이익도 증대했다. 또한 국가는 중앙은행으로부터의 대부를 통해 간접적으로 발권이익을 확보할 수 있었다.

나아가 민족적 화폐제도의 창설은 발권이익 외에도 예산·회계제도를 운영하는 공적 부문의 유통비용을 절감시킴으로써 국가의 재정을 공고히 했다. 19세기에 각국 정부는 최초로 중앙집권화된 조세징수제도를 확립했다. 이는 합리적이고 집중화된 재정기구의 정비를 통해 이루어졌다. 이에 따라 국가는 대규모의 자원을 더욱 효과적이고 예측 가능한 방식으로 동원하고 배분할 수 있었다. 그러나 이러한 집중화된 재정기구가 원활하게 작동하기 위해서는 자원을 동원하고 배분하는 데 드는 유통비용이 절감될 필요가 있었다. 민족적 화폐제도는 이를 가능하게 함으로써 재정기구의 발전을 촉진했다.

46) 프랑스의 혁명정부는 주화에 새겨진 라틴어를 프랑스어로 바꾸고 군주가 아니라 프랑스 인민, 인간의 권리, 자유, 평등, 형제애의 이미지를 새겨 넣었다. 신생독립국 미국에서도 워싱턴 대통령 대신에 자유의 형상을 새겨 넣었다. 주화의 명칭 또한 민족의 기원적 동일성을 강화하는 방향으로 개칭되었다. 예를 들어 1795년 프랑스의 혁명정부는 리브르 대신에 프랑이라는 이름을 채택했고, 영국 역시 1816년 주조 개혁에서 새 금화의 명칭을 소버린으로 정했다.

국제금본위제의 발전

국제금본위제가 작동했던 시기는 대략 1880년부터 1914년까지였다. 1870년대 초까지는 은본위제나 복본위제를 채택한 국가들이 많았고 금본위제를 채택한 영국이 오히려 예외적인 사례에 속했다. 그러나 1870년대부터 미국과 독일을 비롯한 주요 국가들이 금본위제를 채택하기 시작했고 1900년대 초에는 비유럽 국가들도 금본위제로 이행했다. 특히 독일의 금본위제로의 이행이 국제금본위제의 등장에 중요한 계기가 되었다. 독일은 1871년의 보불전쟁에서 승리하면서 프랑스로부터 받은 50억 프랑의 전쟁배상금으로 화폐개혁에 착수하여 금본위제에 기초한 화폐단위인 마르크를 확립했다. 이 과정에서 독일이 금을 매입하고 은을 매도하자 금과 은의 상대가격이 불안정해지면서 복본위제 또는 은본위제의 유지가 곤란하게 되었던 것이다.[47] 그 결과 금본위제는 세계화폐제도의 위상을 갖게 되었고 세계화폐로서 금이 국제무역의 차액을 결제하는 국제적 지불수단이 되었다.

이처럼 19세기 말에 이르러 은과 비교하여 약 15배의 가치를 갖는 금이 세계화폐로서 은을 대체하게 된 것은 국제무역의 확대로 인해 거래규모가 증대했기 때문이었다. 그러나 더욱 중요한 이유는 세계경제의 중심인 영국과의 무역이 점차 중요해졌다는 데에 있었다. 산업혁명과 교통·통신혁명을 결합하는 데 성공한 영국은 '세계의 공장'으로서 일방적 자유무역정책을 통해 세계의 원료와 식량을 흡수했다. 이렇게 해서 세계 수출상품의 80%가 영국으로 유입된 반면, 대부분의 해외자본은 영국의 소유였다(Arrighi, 1994).

영국이 세계 최대의 무역국일 뿐만 아니라 가장 많은 자본을 해외로 수출하는 '세계의 은행'이었기 때문에 파운드가 다른 화폐보다

---

47) 국제금본위제도의 주요한 예외로는 중국(은본위제)과 라틴 아메리카(은본위제 또는 복본위제), 그리고 이란(복본위제)이 있었다(Eichengreen and Flandreau, 1997).

훨씬 중요한 국제적 지불수단이 되었다. 항상 금으로 태환할 수 있는 파운드가 사실상 금과 동일시되었기 때문에 국제무역의 결제를 위한 보편적 수단으로 사용되었던 것이다.48) 이처럼 금본위제는 산업적 우위에 기초한 영국의 일방적 자유무역정책을 금융적으로 지지했으며 이를 통해 영국을 중심으로 한 세계시장의 팽창이 가속화되었다.

그러나 19세기 말 영국의 국내산업은 점진적으로 쇠퇴했다. 또한 대불황을 거치면서 미국과 유럽의 주요 국가들에서 보호주의가 강화되고 제국주의가 확산되었다. 이제 영국은 더 이상 세계의 공장도 아니었고 해외제국을 모색하는 유일한 권력도 아니었다(Arrighi, 1994).

그러나 영국의 산업적 지위가 쇠퇴한 후에도 세계금융의 중심지로서 런던의 지위는 오히려 강화되었다. 영국의 자본은 이윤율이 하락하면서 더 이상 국내산업에 투자하지 않고 해외의 국채시장과 철도건설에 투자했다. 1875년부터 1914년 사이에 영국의 해외투자는 20-30억 파운드에 달했다. 특히 1904부터 1913년까지는 국채시장의 호황으로 인해 저축의 절반 정도이자 국민소득의 5퍼센트에 달하는 자본이 수출되었다(Dintenfass, 1992; Kindleberger, 1996). 그러나 고도금융의 중심지였던 런던은 1차 세계전쟁을 거치면서 천문학적인 전쟁비용으로 인해 몰락했고 이로써 영국 헤게모니의 기초였던 금본위제도 붕괴되었다.

반면 19세기에는 금본위제에 기초한 민족적 화폐제도에 대한 도전이 출현하기도 했다. 국제금본위제가 확립되기 이전이자 자유무역이 정점에 도달한 시기인 1850-60년대에 국제적인 화폐동맹에 대한 제안이 활발하게 제기되었던 것이다. 이는 1867년 파리에서 개최된 세계화폐회의(International Monetary Conference)로 가시화되었다.49)

---

48) 외국 정부와 기업은 런던 금융시장에서 파운드로 표시된 증권을 발행함으로써 자금을 조달했다.

민족의 화폐를 폐지하고 공동의 화폐를 확립하고자 한 이 회의에서는 프랑스 화폐의 대부분이 금이었고 영국 또한 금본위제였기 때문에 자연스럽게 협상의 중심이 금이 되었다. 그러나 이 시기에는 여전히 복본위제가 강력했기 때문에 이에 대한 반대가 상당했고 따라서 일치된 국제적 행동을 이끌어내지는 못했다(Eichengreen and Flandreau, 1997).

대신에 1860-70년대에 유럽에서는 두 개의 제한적인 지역적 화폐동맹이 형성되었다. 그 하나는 라틴화폐동맹(LMU)인데, 이것은 1865년에 복본위제를 채택하고 있던 프랑스, 벨기에, 이탈리아, 스위스에 의해 창설되었다.[50] 4개국은 프랑스 주화를 기준으로 무게와 순도를 표준화한 주화제도를 확립하고 회원국의 주화가 상호 유통되는 것에 합의했다.

라틴화폐동맹의 회원국들은 프랑스와 연계된 안정적인 화폐의 창설이 파리 금융시장으로부터의 대부를 촉진할 것이라고 기대했다. 또한 프랑스의 입장에서도 라틴화폐동맹은 유럽에서 프랑스의 영향력을 확장하는 도구로 간주되었다. 그러나 독일의 금본위제 채

---

49) 회의 참가국은 단일한 세계화폐를 창설하는 대신 두 가지 조치를 채택하는 동맹에 관해 논의했다. 모든 국가가 프랑스의 금화 5프랑을 공동의 회계단위로 하는 금본위제를 채택하는 동시에 자국의 금화를 프랑스의 금화 25프랑과 동일한 양의 금으로 주조하자는 것이었다. 이 제안을 실행하려면 여러 국가들이 화폐의 금평가를 조정할 필요가 있었다. 예를 들어 영국은 0.9%, 미국은 3.8%만큼 금의 함량을 줄여야 했다. 또 새로운 금화는 각국의 명칭을 유지하고 민족적인 장식도 유지하지만 '동맹의 주화'라는 것을 부기하고 그 가치와 프랑스 5프랑 사이의 관계를 표시하도록 했다. 이 같은 제안의 지지자들은 이것이 세계적인 상업을 장려할 것이라고 주장했다. 한편 자유무역의 진전과 더불어 각국의 화폐단위도 폐지하고 단일한 화폐단위를 창설해야 한다는 주장도 있었다(Helleiner, 2003).

50) 동맹이 창설되기 이전에도 이 국가들은 경제적으로 밀접한 연계를 맺고 있었기 때문에 각국의 은화가 상호 유통되고 있었다. 벨기에와 스위스는 1850년대에 캘리포니아와 오스트레일리아에서 금광이 발견되면서 금의 가치가 하락할 것을 우려하여 금화의 주조를 유보했었다. 그러다가 이들 국가가 1860년에 복본위제를 재개하면서 은화를 새롭게 주조한 것이 동맹 창설의 직접적 계기가 되었다.

택으로 은 가격이 하락하면서 금과 은의 상대가격이 불안정해지자 이 국가들은 은화의 주조를 중단했고 서서히 금본위제로 이행했다.

또 다른 화폐동맹의 시도는 스칸디나비아화폐동맹(SMU)이었다. 1873년에 스웨덴과 덴마크가 창설한 이 동맹은 1875년에 노르웨이도 가입했다. 동맹은 모든 국가들이 동일한 순도의 주화를 만들어 이를 법화로 채택하기로 합의했다. 회원국은 또한 공동의 회계단위(크로나)를 갖는 금본위제를 채택하고 회원국들 간에 은행권이 상호 유통되도록 장려했다(Helleiner, 2003).

이 같은 지역적 화폐동맹의 결성은 민족적 화폐제도 대신에 지역적 수준에서 공동의 화폐를 채택하려는 시도였다. 그러나 이러한 시도는 1차 세계전쟁 이전까지 부분적으로 유지되었음에도 불구하고 민족적 화폐제도를 대체하는 강력한 도전이 되지는 못했다.

20세기 미국화폐·금융제도의 형성과 변모

케인즈주의와 금융억압

19세기 미국의 화폐·금융제도는 불안정했다. 남북전쟁 이전까지 금본위제는 금준비의 부족 및 지역적 불균등성으로 인해 정상적으로 작동하지 않았다. 남북전쟁 발발 이후 1879년까지 금태환은 유예되었고 '그린백'(Greenback)이라는 불환지폐가 사용되었다. 1879년 이후 금태환이 재개되면서 미국 자본주의의 급속한 팽창을 뒷받침했지만, 화폐를 탄력적으로 공급하지 못한 은행제도의 취약성으로 인해 신용위기가 주기적으로 발생했다. 이러한 신용위기에 대처하기 위해 1913년에 12개의 지역준비은행들로 구성된 연방준비제도(Federal Reserve System)가 확립되었다.[51]

---

51) 미국 자본주의의 역사는 윤소영 (2006)을 참조하시오.

1890년대부터 1914년까지 미국에서는 '법인혁명'을 통해 법인자본이라는 새로운 자본형태가 출현했다. 법인자본은 소유와 관리를 분리했는데, 이에 따라 은행이 아니라 주식시장을 중심으로 한 새로운 금융제도가 발전했다. 법인자본의 소유자들은 산업자본에 대한 지분증서로서 주식을 보유했고 이윤의 일부를 배당금 형태로 지불받았다. 가공자본으로서 주식은 20세기 금융자본의 주요한 축이 되었다. 전통적인 대부자본이 이자처럼 현금흐름을 미리 결정하는 계약에 기초했던 반면, 주식으로 대표되는 가공자본은 기계·설비 같은 실물자본에서 상대적으로 독립하여 미래의 수입에 대한 평가에 따라 그 가치가 변화했다.[52)]

1920년대에는 법인자본이라는 사적 영역에서 금융의 이익에 조응하는 첫 번째 관리자혁명이 추진되었다. 슬론주의로 대표되는 관리자혁명은 생산과정의 수직통합을 유통과정으로 확장·완성하고 생산(라인)과 관리(스탭)의 분업을 확립했다. 또한 대륙 각지에 산재한 기업조직을 효과적으로 관리하기 위해 다사업부제가 고안되었다. 관리자들은 거대기업조직을 효율적으로 관리했던 반면 소유자들은 금융에 집중했다.

특히 이 시기에 모건(Morgan) 같은 투자은행(investment bank)과 경쟁하는 상업은행(commercial bank)도 인수합병을 통해 집중·거대화되었고 자회사로 증권회사를 설립하여 증권시장에도 적극 참여했다.[53)] 그러나 규제되지 않은 금융활동은 거시적 불안정성을 낳

---

52) 금융자본은 대부자본과 가공자본으로 구분된다. 대부자본의 대표적 형태는 '화폐시장'에서 은행에 의해 제공되는 신용이며 가공자본의 대표적 형태는 '자본시장'에서 거래되는 증권(securities)이다. 증권시장의 주요 행위자는 투자은행 또는 증권회사다. 금융자본에 대한 설명은 윤소영(2001, 2008)을 참조하시오.

53) 은행은 그 주요업무에 따라 상업은행과 투자은행으로 나뉜다. 상업은행은 다양한 예금을 통해 자금을 조달하여 그것을 대부하는 신용업무를 수행한다. 투자은행은 법인자본의 공개·증자·인수합병을 지원하는 업무를 수행한다. 반면 독일에서 발전한 겸업은행(universal bank)은 두 업무를 모두 수행한다.

왔고, 그러한 불안정성은 금융자본의 국제적 이동과 결합되어 결국 1929년 뉴욕 증권시장의 붕괴를 야기했다. 1930년에서 1933년까지 전체 은행의 40%에 달하는 9,000여 개의 은행이 파산했고 기존의 화폐제도 자체가 사실상 붕괴했다.

이에 따라 로즈벨트는 1933-35년에 긴급은행법, 글래스-스티걸 은행법, 금준비법 등을 통해 화폐·금융제도의 개혁을 단행했다. 여기서 가장 큰 변화는 금본위제를 폐기하고 중앙은행이 발행하는 불환지폐제도를 확립한 것이다. 불환지폐는 민족적 경계 내에서 강제로 통용되는 보편적 등가물로서 국가화폐다. 국가화폐의 발행이 더 이상 금준비에 의해 제약되지 않았기 때문에 자본축적의 조건을 반영하는 탄력적인 화폐공급이 가능해졌다. 또한 은행제도의 개혁과 연방준비제도의 강화는 화폐·금융제도를 안정화시켰다. 상업은행과 투자은행이 분리되었고, 상업은행의 안전성을 강화하기 위한 법적·제도적 장치들이 마련되었다. 특히 상업은행의 신용창조는 최종대부자로서 연방준비제도이사회(Federal Reserve Board, 연준)에 의해 관리되었다.

1937년부터 2차 세계전쟁까지 공적 영역에서 두 번째 관리자혁명, 즉 케인즈주의적 경제정책이 확립되었다. 케인즈주의에 따르면, 국가는 사적 기업활동에 개입하지 않지만 그 활동이 야기할 수 있는 거시적 불안정성에 대처해야 했다. 정부는 재정적자 형태의 추가적 화폐지출을 통해 거시경제적 활동수준을 관리했다('투자의 사회화'). 거시경제적 관리의 핵심적 전제조건은 금융에 대한 억압('금리생활자의 안락사')이었다. 경기순환의 불안정한 파동에 책임이 있는 금융, 특히 증권시장에서의 투기적 활동과 국제적 자본이동은 규제되어야 했다. 금융의 안정성을 유지하기 위한 법적·제도적 규제가 추진되었고, 동시에 브레튼우즈체제를 통해 국제적 자본이동이 규제되었다(Duménil and Lévy, 1999).

1944년에 합의되고 2차 세계전쟁 이후에 현실화된 브레튼우즈체제는 국가화폐에 내재된 특수한 문제를 해결하기 위한 것이었다.

모든 국가들이 금을 본위화폐로 사용했던 19세기에는 국제적 지불수단으로서 세계화폐라는 문제가 제기되지 않았던 반면, 각국이 자신의 국가화폐를 발행하는 20세기에는 어떤 화폐를 세계화폐로 사용할 것인가라는 문제가 제기되었기 때문이다. 이에 대한 해법은 금태환을 전제로 해서 달러를 세계화폐로 확립하고 국가화폐들 사이의 환율을 고정하는 것이었다. 나아가 미국은 전후 복구 프로그램에 대한 지원, '냉전'에 따른 해외 군사개입, 그리고 미국 법인자본의 해외직접투자 등을 통해 유럽을 비롯한 다른 지역에 달러 유동성을 공급했다.

전후 '부채경제'의 성장

2차 세계전쟁 후 미국 자본주의는 지속적으로 성장했는데, 이 시기 동안 경제활동의 가속화는 산업자본의 헤게모니 아래 이루어진 산업과 금융의 결합에 상당 부분 의존했다. 케인즈주의는 완만한 인플레이션을 동반하는 탄력적 화폐공급과 마이너스 실질이자율을 통해 법인자본이 손쉽게 자금을 확보하여 실물적 축적을 추진할 수 있게 했다. 또한 정부의 적자재정은 재무부 증권에 의해 충당되었고, 주택과 자동차 같은 대규모 가계지출은 모기지론(주택담보대출)과 소비자신용에 의해 이루어졌다. 그 결과 '부채경제'가 출현했다. 이는 소득을 초과하여 신용에 의해 충당되는 지출과 그것에 의해 자극된 성장의 가속화로 특징지어졌다.

이 시기에 중앙은행인 연준은 상업은행들에 의해 탄력적으로 제공된 신용화폐를 규제함으로써 경제활동의 전반적인 수준을 관리했다. 상업은행들은 생산된 상품이 적절한 수익을 거두면서 판매될 것을 가정하고 신용창조를 통해 대부자본을 제공했다. 그 결과 은행과 대부를 받은 기업은 '화폐제약'의 위험을 공유했다. 즉 생산된 상품의 가치가 실현되지 않는다면 기업뿐만 아니라 은행도 위험에 직면했다. 이 때문에 경제위기는 기업의 채무불이행과 은행의 파산이라는 금융적 불안정성을 동반했다. 이제 중앙은행의 일차적 목표는 은행신용과 화폐발행을 연계함으로써 은행의 안전성을 확보하는 동시에 민족적인 화폐의 흐름을 관리하는 것이 되었다. 중앙은행의 화폐발행과 신용창조를 통한 '부채의 사회화'는 현재의 과잉생산의 가능성을 회피하기 위한 '미래로의 도피'(fuite en avant)를 허용했다. 화폐의 과잉에 따른 인플레이션이 불가피했지만 그것은 첨예하고 파괴적인 위기를 방지·완화했다(Guttmann, 1994; Brunhoff, 1976).

이를 배경으로 법인자본은 내부적으로 생산된 이윤을 초과하는 수준으로 투자를 확대할 수 있는 외부의 자금을 획득했다. 상업신용, 은행신용, 기업어음(단기부채), 회사채(장기부채), 신주발행 등은 그러한 추가적 자금의 원천이 되었다. 특히 주식의 수익은 고정되는 것이 아니라 기업의 수익에 연동되는 장점이 있었다. 게다가 신주발행은 기업에게 손실을 탕감하고 파산의 위험을 감소시키는 추가적인 안전장치를 제공했다. 그러나 주식의 유용성에도 불구하고 법인자본의 재무구조는 부채로 편향되었다. 일반적으로 기업에 대한 부채비용은 주식비용보다 낮았고 이자지불은 법인세에서 차감되었다. 게다가 기업에 대해 상대적으로 낮은 이자율의 신용자금이 대규모로 공급되었다. 그 결과 기업은 주식보다 부채를 선호했다.

은행을 비롯한 금융기관의 발전은 부채경제의 형성과 발전에서 결정적인 역할을 했다. 1960년대 이후 은행을 비롯한 금융중개기관에 기초한 자금조달은 전체 자금조달의 90%를 넘어섰다. 은행은 예금 같은 '부채수단'(debt instrument)을 통해 유휴자본을 대규모로 집중시켜서 차입비용을 낮추었다. 또한 그들은 만기, 액면가, 위험 등을 둘러싼 채권자와 채무자 사이의 잠재적 갈등을 조정했다. 게다가 은행들 사이의 신용이 발전하면서 다양한 은행들이 대부활동을 증가시킬 수 있는 역량이 강화되었다. 은행들은 상호지불체계를 통해 서로에게 자금을 공급했던 것이다.

특히 1960년대 중반부터 상업은행들은 '금융혁신'을 통해서 예금이 아닌 새로운 부채수단을 고안했다. 인플레이션이 가속화되면서 상업은행들은 대출수요가 감소하는 대신 예금수요가 증가하는 추세에 대처해야만 했다. 이에 따라 상업은행들은 연방기금, 유로대부, 양도성예금증서(CD), 환매조건부채권(RP), 은행인수어음(BA) 같은 고수익의 부채수단을 통해 더 많은 자금을 조달할 수 있었다. 산업에서의 기술혁신과 달리 금융에서의 혁신에는 대규모의 초기자본이 지출될 필요가 없었기 때문에 금융혁신은 신속하게 확산되었다.

또한 미국의 부채경제는 브레튼우즈체제에 의해 국제적 수준에서 지지되었다. 1950년대 중반에 미국은 이미 세계적으로 유통되는 달러를 금으로 태환할 수 있는 능력을 상실했지만 달러는 여전히 세계화폐로 수용되었다. 미국은 달러 발권이익 덕택으로 외환보유액의 제약 없이 국제수지적자를 운용할 수 있었다. 그 결과 미국은 다른 나라들보다 훨씬 오랫동안 경기를 부양하는 정책을 실시하고 불황기 정책조정을 회피할 수 있었다(Guttmann, 1994).[54]

스태그플레이션과 전후 화폐제도의 해체

미국경제의 이윤율은 1965년에 정점에 도달하고 그 후 점차 하락하기 시작했다. 법인자본의 산업적 투자활동은 압박을 받았지만 그것이 곧바로 경제위기를 촉발하지는 않았다. 실물적 축적이 둔화되기 시작했지만, 신축적 화폐제도와 낮은 이자율 덕택으로 법인자본은 더 많은 부채를 통해 지불의무의 최종적 이행을 지연시킬 수 있었다. 이러한 신용의 완충으로 인해 이윤율 하락에 따른 자본축적의 구조적 위기는 자본의 대규모 파괴를 동반했던 19세기 말의 위기보다 더 완만한 형태, 즉 스태그플레이션(stagflation)이라는 형태를 취했다.

54) 1955년 이후 해외 국가의 달러보유와 미국의 금준비의 격차가 확대되었는데, 이는 세계화폐로서 달러의 국제적 유통이 더 이상 적절한 양의 금에 의해 지지되지 않음을 의미했다. 그 때부터 브레튼우즈체제는 해외 달러보유자들이 그들의 달러를 금으로 태환하지 않고 지급준비금으로 보유한다는 의사를 가질 때에만 생존할 수 있었다(Guttmann, 1994).

스태그플레이션 속에서 인플레이션과 경기침체는 서로 연계되고 서로 강화하는 동시적인 과정이었다. 부채에 대한 의존도의 증가는 고정비용을 상승시켰고 법인자본은 생산규모의 축소와 상품가격의 인상으로 대응했다. 따라서 경기침체가 인플레이션을 유발하는 경향이 있었다. 이러한 상관관계는 역으로도 작용했다. 인플레이션의 격화는 미래의 비용과 수입에 대한 불확실성을 증가시켜서 투자를 위축시켰고, 이에 대응해서 기업은 투자계획을 단기화했다. 스태그플레이션이 지속되면서 부채-성장의 선순환은 부채-인플레이션의 악순환으로 대체되었다.

기업의 수익성 하락을 표현하는 스태그플레이션은 또한 주식에 대한 부채의 선호를 강화했다. 1968년 이후 증권시장은 지속적으로 쇠퇴했다. 신주의 발행은 점차 어려워졌고 그 비용도 상승했다. 게다가 기업은 현재의 부채를 미래에 가치가 하락할 것으로 예상되는 화폐로 지불할 수 있었기 때문에 대부자본을 더욱 선호했다. 그러나 부채가 무한정 증가할 수는 없었다. 기업의 부채비율이 상승하면서 금융자본과 산업자본의 세력관계는 변화했다. 1970년대 중반부터 기업의 부채비용이 이윤보다 더 빨리 증가해서 그 지불을 위해 추가적인 차입이 요구되었을 때 기업은 점점 더 높은 이자율로 단기부채를 조달하게 되었다.

한편 물가상승률이 계속해서 이자율을 초과하자 채권자들의 불만이 커졌고 대부자본을 제공하는 은행의 수익성도 악화되었다. 은행을 비롯한 금융기관들은 이에 대응하기 위해 규제의 허점을 이용해서 위험이 높은 고수익 부채수단들의 비중을 높였다. 그러나 이는 이자율의 불안정성을 증가시켰고 높은 이자율로 단기부채를 조달하는 기업의 채무불이행 위험을 증가시켰다(Duménil and Lévy, 1999; Guttmann, 1994).

결국 1970년대의 스태그플레이션은 이윤율의 하락과 신용의 과잉팽창에 따른 사적인 손실을 화폐 가치의 하락이라는 형태로 사회화했다. 이러한 '손실의 사회화'로 인해 보편적 등가물로서 화폐의 주된 기능들이 약화되었다. 인플레이션이 채무자의 부담을 감소시킴으로써 지불수단으로서 화폐의 기능이 약화되었다. 가격의 급속한 상승과 미래의 가격에 대한 불확실성은 각각 축장수단으로서 화폐의 기능과 가격표준으로서 화폐의 기능을 약화시켰다. 급속한 인플레이션의 상황에서는 심지어 화폐의 가장 기본적인 기능, 즉 유통수단이라는 기능도 약화되고 상품의 축장이 확산되었다. 그 결과 전후 화폐제도의 기초가 흔들렸다.

화폐제도의 위기와 함께 자금융통의 불안정성도 심화되었다. 은행들은 증가하는 채무불이행 위험에 대응하기 위해 상환기간을 더 엄격하게 규정했고 추가적인 대부를 거부했다. 동시에 그들은 초민족적 수준에서 컨소시움을 형성하고 석유, 원료, 신흥공업국의 국채 등 단기적인 가격상승으로 자본이득을 도모할 수 있는 상품에 투자했다. 신용의 엄격화와 상품에 대한 투기는 '금융의 반격'의 첫 번째 징후였고 만성적인 신용경색을 촉발했다.

이러한 위기는 브레튼우즈체제의 위기와 해체를 배경으로 했다. 1960년대 말과 1970년대 초에 유로달러시장에서 막대한 양의 달러가 축적되면서 미국의 인플레이션은 세계적으로 확산되었다. 과대평가된 달러가 누적되면서 프랑스와 영국이 금태환을 요구했고 이에 대응하여 1971년에 닉슨 정부는 금태환 중지를 선언했다. 또한 달러의 과대평가 문제를 해결하기 위한 국제적 환율조정이 실패로 돌아가면서 1973년에 고정환율제도가 해체되었다. 또한 세계화된 인플레이션에 자극을 받아 산유국들이 유가를 대폭 인상함으로써 1973년에 1차 석유위기가 발발했다. 산유국들은 막대한 액수의 석유달러를 유로달러시장으로 환류시켰고(recycle) 이는 세계화폐·금융제도를 더욱 불안정하게 만들었다(Guttmann, 1994).

신자유주의와 가공자본의 지배

부채-인플레이션의 악순환이 폭발한 1979-82년의 경제위기는 역사적 전환점이 되었다. 1979년에 전후 화폐·금융제도의 해체는 절정에 이르렀다. 2차 석유위기로 석유가격이 다시 폭등했고 달러의 가치는 사상 최저로 하락했으며 외환투기와 상품투기가 확산되었다. 이에 따라 세계화폐로서의 달러의 지위에 대한 의문이 제기되었다. 볼커(P. Volker)를 수장으로 하는 연준은 이에 대응해서 전후의 케인즈주의적 경제정책을 포기하고 심각하게 훼손된 달러의 지위를 재확립하기 위한 '신보수주의적' 정책을 추진했다.[55]

연준은 달러의 쇠퇴를 막고 부채-인플레이션 순환을 단절시키기 위해 미국의 이자율을 급속하게 인상했다. 그 결과 적자재정을 중심으로 하는 재정정책은 약화되었고, 통화량에 대한 엄격한 통제와 이자율의 탈규제(고금리), 신축적인 환율변동(강한 달러) 같은 화폐정책이 전면에 부상했다. 동시에 금융규제가 폐기되고 반독점법에 입각한 기업규제가 약화되면서 금융과 기업에 대한 탈규제가 일반화되었다(Guttmann, 1994).

이에 따라 케인즈주의 하에서 억압되었던 금융이 해방되었고 화폐·금융제도는 급속하게 변화했다. 이자율에 대한 규제의 철폐로 채권자들은 자신의 가격위험을 상당 부분 채무자들에게 전가할 수 있었다. 불확실성에 대한 대응으로 더 높은 리스크 프리미엄을 요구했던 것이다. 이러한 요구에 부응해서 상업은행을 비롯한 금융중개기관들은 전례 없는 금융혁신을 추진했다. 역환매조건부채권, 계좌중개, 주택담보부증권(MBS) 같은 새로운 부채수단들이 등장했다. 규제장벽이 점차 약화되면서 이전에는 분리되어 있던 금융기관들은 통합을 추진하거나 각각의 금융기관의 전통적 시장을 공격하면서 다양한 금융상품을 개발했다.

그러나 이러한 금융자유화의 효과는 모순적이었다. 그것은 금융의 권력을 확대했지만 동시에 금융의 불안정성을 심화시켰다. 연준

55) 볼커는 케인즈주의의 인플레이션 편향에 대한 비판을 통해 당시에 세력을 확장하고 있던 화폐주의를 원용해서 이러한 정책전환을 정당화했다 (Guttmann, 1994).

은 규제를 벗어난 은행의 새로운 신용화폐들을 관리할 수 없었다. 또한 연준의 통제를 벗어난 새로운 금융상품은 수익성이 높은 대신 위험도 높았다. 금융의 불안정성은 단기금융투기의 가능성과 장기 산업투자의 불확실성을 증가시켰다.

이러한 금융의 불안정성은 이자율상승과 부채증가를 일반화했다. 채무자들의 부채비용이 대폭 증가하면서 채무불이행의 상황이 빈발했다. 특히 인플레이션이 만연했던 1970년대에 낮은 이자로 달러를 대부받았던 신흥공업국은 부채상환에 어려움을 겪었고, 투기의 대상이 되었던 상품, 즉 석유, 원료, 부동산에 투자했던 채무자들도 디플레이션 압력으로 인해 마찬가지로 어려움을 겪었다. 결국 1980년대에 라틴 아메리카 전역에서 외채위기와 채무불이행 사태가 폭발했다. 또한 미국에서도 1980년대 말 모기지론을 제공했던 1500여 개의 저축대부조합(S&L)이 대부금을 회수하지 못하여 파산위기에 직면했다(Guttmann, 1994).[56]

채무불이행으로 폭발한 부채위기는 은행들의 채무상환시기의 재조정을 강제했고 은행들로 하여금 추가적인 손실을 회피하기 위해 대부의 팽창을 자제하게 만들었다. 전통적인 대부업무를 좀 더 위험한 영역으로 확대했던 전략은 악성채무의 증가 때문에 더 이상 유지될 수 없었다. 대신 은행들은 과거의 대부업무에서 벗어나서 새로운 전략, 즉 '부채의 증권화'와 증권 관련 업무를 확대·심화했다. 이에 따라 모기지론, 자동차할부금융, 신용카드매출채권 등 은행의 전통적인 금융자산이 자본시장에서 거래될 수 있는 증권으로 변화했다. 또한 은행은 자회사 설립 같은 형태로 규제를 회피하면서 증권시장에 참여했다. 그 결과 1980년대를 거치면서 전통적인 상업은행과 그것에 기초한 은행제도는 쇠퇴했고, 대부자본은 미래의 수익에 대한 증권시장의 예상에 따라 가격이 결정되는 가공자본

---

56) 저축대부조합의 대규모 부실은 미국경제에 지속적인 부담으로 작용했다. 이 문제는 결국 1989년 연방예금보험공사(FDIC)가 막대한 액수의 공적 자금을 투입해서 저축대부조합의 사적 손실을 사회화하는 방식으로 봉합되었다(Guttmann, 1994; Henwood, 1997).

으로 전환되었다(Guttmann, 1994; Mishikin, 2004).

1980년대 중반부터 시작된 가공자본의 급속한 성장의 주요 동력은 증권시장이었다. 1970년대 내내 수익성 악화와 인플레이션으로 인해 침체되었던 증권시장은 인수·합병(M&A)의 물결 속에서 금융적 축적의 주요 무대가 되었다. 특히 1980년대의 인수·합병에서는 고위험·고수익의 회사채, 즉 정크본드(junk bond)를 통한 차입매수(LBO)가 두드러졌다. 차입매수는 인수·합병전문회사, 주식지분을 많이 보유한 고위관리자, 그리고 자금을 대는 기관투자가의 합작품이었다. 이른바 기업사냥꾼은 인수·합병전문회사와 고위관리자의 도움으로 정크본드를 발행해서 기업을 인수한 후 상승된 가격으로 주식을 매각하여 그 차액으로 부채를 결제하고 막대한 수익을 올렸다(Guttmann, 1994).

그러나 인수·합병의 결과가 언제나 예상했던 수익을 낳는 것은 아니었기 때문에 정크본드는 악성부채로 전락할 위험이 있었다. 결국 1980년대 말에 벌어진 일련의 채무불이행으로 인해 정크본드시장은 붕괴했다. 그러나 역설적으로 이러한 사태는 금융의 쇠퇴가 아니라 오히려 금융의 지배력이 강화되는 계기가 되었다. '금리생활자'는 '주주행동주의'라는 형태로 새로운 요구들을 제기했다. 기업의 명목적 소유자로서 주주들은 1980년대 중반 이후의 주식시장 호황에 만족하지 못했고 더 많은 '주주의 가치'를 해방시켜야 한다고 주장했다. 이들은 차입매수가 여전히 관리자들에 의해 주도되며 높은 위험으로 인해 주주의 가치를 위협할 수 있다고 판단했다. 따라서 이들은 인민주의적 방식으로 소액주주들을 동원하고 연합주주협회(United Shareholder Association) 같은 압력집단을 조직해서 기업경영에 직접적인 압력을 행사했다(Henwood, 1997).

1990년대에 주주행동주의를 표방하는 조직들은 법인기업의 경영실적을 추적하고 실적이 저조한 기업의 명단을 발표함으로써 관리자를 압박했다. 이 과정에서 주주행동주의를 표방하는 기금이 형성되기도 했다.[57] 이들은 자금을 모집한 후에 실적이 좋지 않은 기업들에 투자하여 주주들의 기업지배력을 강화시키는 변화의 촉매제로 활동했다. 그러나 주주행동주의의 이면에는 거대한 기관투자가들이 존재했다. 대부자본의 팽창이 은행에 의해 주도되었다면 가공자본의 팽창은 증권시장의 활성화와 함께 급성장한 기관투자가에 의해 주도되었던 것이다. 연금기금(pension fund)과 투자신탁기금(mutual fund)은 기관투자가를 대표했다. 1952년에 연금기금과 투자신탁기금의 보유자금은 비금융법인기업의 10%에 불과했지만 1999년에는 170%에 이르렀다.[58] 이들은 수입의 주요원천이 주가변동에 따른 단기자본이득과 배당수익이었기에 주주가치의 극대화를 지지했다(Henwood, 1997; Duménil and Lévy, 2004a).[59]

기존의 은행과 법인기업도 증권시장의 행위자로 변화했다. 1990년대에는 씨티은행, 모건체이스 같은 대규모 상업은행들이 증권업무를 중심으로 재편되었다. 상업은행과 투자은행을 분리시켰던 글래스-스티걸은행법은 유명무실해졌고 결국 1999년에 양자의 결합을 허용하는 금융서비스현대화법으로 대체되었다. 동시에 골드만삭스, 모건스탠리, 메릴린치 같은 투자은행은 주로 기관투자가를 상대로 증권을 대규모로 인수하거나 거래했다. 또한 비금융법인기업도

57) 연합주주협회 회장을 역임한 금융계의 명망가 휘트워스(R. Whitworth)가 설립한 '관계투자자'(Relational Investor)라는 명칭의 기금이 그 대표적인 사례였다. 그는 소액주주들의 행동을 통일한다는 구상이 실현되기 어렵다는 것을 깨달은 후에 새로운 대안으로 투자자들을 모아서 기금을 설립했다(Henwood, 1997).

58) 금융기관 중 연금기금과 투자신탁기금의 자산 점유율은 각각 1960년의 9.7%와 2.9%에서 2002년의 22.6%와 19.4%로 상승했다. 반면 같은 기간에 생명보험과 상업은행의 자산 점유율은 19.6%와 38.6%에서 13.6%와 29.8%로 하락했다(Mishkin, 2004).

59) 계약저축기관으로서 연금기금은 노동자와 고용주로부터 매월 일정 금액을 기여금으로 납입받고 그 기금을 증권 등에 투자하여 그 수익금으로 퇴직노동자들에게 연금을 제공한다. 그리고 투자중개기관으로서 투자신탁기금은 개인 투자가들에게 주식지분을 판매함으로써 자금을 획득하고 그 자금을 다양한 종류의 증권에 투자한다. 자본소유자는 언제라도 지분을 환매할 수 있는데, 이 때 자본의 가치는 투자신탁기금이 보유한 증권의 가치에 의해 결정된다(Mishkin, 2004).

금융활동을 다각화했다. 기업에 의한 증권의 구매와 보유가 크게 늘어났고 기업의 수입에서 금융수입의 비중도 크게 증가했다. 1990년대 말 미국의 비금융법인기업은 실물자산 90% 이상의 금융자산을 보유했다(Guttmann, 1996; Duménil and Lévy, 2004a).

이러한 변화와 함께 1990년대에는 증권시장을 중심으로 금융적 축적이 심화되었다.60) 1990년대 초의 소강상태를 거친 후 1990년대 중반부터 인수·합병이 다시 급증했다. 그러나 그 지배적 형태는 비공개기업의 차입매수가 아니라 대규모 공개기업의 합병 또는 일부 사업부문의 흡수였다. 이러한 인수·합병이 항상 수익성이 높은 것은 아니었지만, 자본의 집중을 통해 이윤량을 증대시킬 수 있었다. 동시에 인수·합병은 부진한 부문으로부터 자본을 철수시키고 구조조정을 추진하는 방법이기도 했다(Henwood, 1997).

이 과정에서 기관투자가를 비롯한 주주들은 더 많은 배당을 위해 수익성 표준을 부과하고 관리자들의 성과에 지속적인 압박을 가했다. 관리자들은 이에 대응해서 대규모 구조조정을 단행함으로써 기업의 실적과 재무구조를 개선했다. 화폐적 토대와 괴리된 가공자본의 지배 속에서 관리의 기본적 기능은 유지되었지만 이제 그 기능은 사회적 비용과는 상관없이 주주의 배타적 이익을 위해 이윤율을 극대화하는 활동에 종속되었다. 이렇게 금융의 형태를 띠는 소유자의 권력이 다시 긍정되었다(Guttmann, 1994; Duménil and Lévy, 2004a).

1990년대에 가공자본의 지배 속에서 본격화된 자본의 금융화는 신자유주의의 이념과 정책에 의해 뒷받침되었다. 신자유주의는 중앙은행과 화폐정책 같은 케인즈주의적 제도와 정책수단을 보존했지

60) 외채위기를 겪은 신흥공업국은 부채의 증권화를 핵심으로 하는 1989년의 '브래디 플랜'에 따라 신흥시장(emerging market)으로 변모하기 시작했다. 신흥시장에 대한 투자는 1989-1994년에 무려 1029%나 폭증했다. 또 1990년대 말에는 정보통신과 관련된 주식들이 주가의 상승을 주도하는 이른바 '신경제'가 나타났다. 뉴욕 증권거래소에 비해 상장요건이 느슨한 나스닥은 신경제와 관련된 주식이 거래되는 주요한 무대가 되었다(Henwood, 1997).

만 동시에 그것들을 금융의 이익에 유리한 방향으로 전환시켰다. 중앙은행은 금리생활자의 구매력을 보호하고 증권시장에 대한 신뢰를 강화하기 위해 인플레이션을 적극적으로 억제하는 활동을 펼쳤다. 마찬가지로 화폐정책은 금융의 이익에 호의적인 정책을 강제하기 위한 결정적 수단이 되었다. 화폐정책의 중간목표(target)는 통화량에서 이자율로 수정되었고 저금리정책이 추진되었는데, 이는 주가와 반비례 관계를 갖는 이자율을 낮게 유지해서 증권시장을 부양하기 위한 것이었다(Duménil and Lévy, 2004a).

그러나 자본의 금융화와 신자유주의적 정책개혁은 이윤율 하락과 그에 따른 구조적 위기의 결과일 뿐이며 대안적인 축적체계와 제도가 될 수 없었다. 오히려 그것은 기존의 화폐·금융제도를 역전·해체함으로써 금융위기의 가능성을 증가시켰다. 1980년대에 은행 중심의 금융화는 제3세계 외채위기를 야기했고 이는 은행위기로 이어졌다. 1990년대에 증권시장 중심의 금융화도 금융위기의 형태를 변화시켰을 뿐이었다. 대부자본의 팽창이 채무불이행과 은행파산을 야기했던 반면, 가공자본의 팽창은 투기와 거품으로 인한 증권시장 붕괴를 야기했던 것이다. 그 대표적인 사례가 바로 2000년 신경제 거품의 붕괴로 인한 증권시장의 위기였다.[61] 이 위기는 결국 '연착륙'(soft landing)으로 귀결되었지만 증권시장붕괴의 가능성은 결코 사라지지 않았다.[62]

20세기 세계화폐·금융제도와 금융세계화

브레튼우즈체제의 형성

국제금본위제는 1914년 금융위기와 그에 후속한 1차 세계전쟁에

61) 증권시장의 거품을 측정할 수 있는 대표적인 지표로서 토빈의 q는 1999년에 미국의 장기평균치 0.63의 두 배 이상인 1.43까지 상승했다.
62) 2007-08년 금융위기에 대해서는 윤소영(2008)을 참조하시오.

의해 사실상 해체되었다. 국제금본위제는 1924년 도즈플랜(Daws Plan)을 통해 달러 유동성이 유럽에 유입되면서 일시적으로 부활했지만, 1929년 뉴욕 증권시장의 붕괴에서 시작된 대공황에서 시작된 세계적 금융위기로 인해 최종적으로 폐지되었다. 이와 함께 금융을 비롯한 경제 전반에 대한 국가의 통제가 미국과 유럽에서 일반화되었다.

2차 세계전쟁 이후 금본위제를 대체하는 새로운 세계화폐·금융제도는 1930년대에 일반화된 금융억압을 자유주의적 형태로 수용한 케인즈주의에 기초하여 재건되었다. 1944년에 미국 뉴햄프셔의 브레튼우즈에 모인 44개국 정상들은 영국의 케인즈와 미국의 화이트(H. D. White)의 초안에 기초하여 전후 세계화폐·금융제도에 관한 협정을 체결했다.

케인즈는 완전고용을 목표로 하는 경제정책을 위해 민족국가별 화폐관리의 자율성을 강조했다. 이는 브레튼우즈체제의 핵심인 국제통화기금(IMF)의 협정 제1조, "높은 수준의 고용과 실질임금의 촉진 및 유지, 그리고 모든 회원국의 생산자원 개발을 경제정책의 일차적 목표로 삼는다"에 반영되었다(Held et al., 1999). 이를 위해 케인즈와 화이트의 초안은 각국 정부에게 금융자본의 국제적 이동을 통제할 권리를 부여했고, 이를 실현할 수 있는 방법으로 경상계정에 은폐된 자본이동에 대한 검색 및 국제적 협력과 규제 등을 제안했다(Helleiner, 1994).

브레튼우즈체제는 세계화폐로서 금의 중요성을 상대화하고 대신 미국의 달러를 세계화폐로 채택했다.[63] 이를 위한 조건으로서 외국

63) 케인즈는 국제통화기금을 통해 새로운 세계화폐로서 방코르(bancor)를 발행할 것을 제안했다. 그러나 케인즈의 제안은 국제통화기금을 모든 민족국가가 동등한 자격으로 참여하는 세계정부의 중앙은행으로 이상화한 것으로 현실의 국제정치에서 실현될 수 없었다. 종전 직후 미국이 금의 약 70%를 보유했기 때문에, 브레튼우즈협정은 미국에게 발권이익을 부여했다. 이에 따라 세계시장에 대한 달러 유동성의 공급은 사실상 미국의 대외정책에 의해 결정되었다.

정부가 요청할 때 미국 정부가 달러를 금과 태환할 것을 의무화했다. 또 전간기 동안에 발생한 경쟁적인 평가절하로 인한 폐해를 방지하기 위해 고정환율제를 실시했다. 달러의 가치를 금 1온스당 35달러로 결정하고 회원국의 경제력을 반영하여 민족화폐의 중심환율을 미국의 달러에 대해 고정시켰다. 무역수지적자에 의해 시장환율과 중심환율의 괴리가 발생할 경우, 중심환율의 상하 1% 내에서의 조정만 허용했다. 또 무역수지적자가 발생한 국가는 국제통화기금 출연금에 해당하는 대여금을 자동적으로 인출할 수 있었다. 출연금을 초과하면 국제통화기금이 제시하는 구조조정정책을 수용하는 한에서 구제금융을 받을 수 있었다.

브레튼우즈체제는 케인즈주의에 기초하여 민족경제를 발전시킬 수 있는 조건을 제공했다. 금융자본의 국제적 이동을 금지하고 고정환율제를 유지함으로써 민족국가에게 경제정책의 상대적 자율성을 부여했다. 이제 각국 정부는 무역수지의 상태와 얼마간 독립적으로 재정정책과 화폐정책을 실시함으로써 완전고용을 추진할 수 있게 되었다. 금본위제에서 무역수지적자가 발생한 민족경제는 금이 유출되어 통화량이 감소함에 따라 이자율이 상승하고 자본수입(외채)이 발생했다. 반면 브레튼우즈체제는 원리상 국민소득의 변동을 통한 무역수지의 조정을 가정했다. 즉 무역적자가 발생하면 국민소득의 감소와 수입의 감소를 통해 무역적자가 감소한다는 것이다. 국민소득의 감소가 수입의 감소로 이어지지 않는 경우에는 국제통화기금의 구제금융을 통해 고정환율을 유지하면서 무역수지를 조정했다.[64] 그리고 자본의 수입은 외채가 아니라 직접투자로 나타났다. 무역수지흑자국의 기업이 무역수지적자국에 진출하면 무역수

64) 브레튼우즈 회담에서는 국제통화기금을 보완하는 국제무역기구(ITO)의 창설이 제안되었다. 그러나 이 제안은 관세와무역에관한일반협정(GATT)에 대한 합의를 도출한 이후 미국에 의해 부결되었다. 그 후 국제무역의 불균형은 다자간 협력이 아닌 양자간 협정에 의해 해결되었는데, 이는 미국이 개별 민족국가에 대해 정치적 영향력을 행사할 수 있는 주요한 수단으로 기능했다.

지가 균형에 도달할 수 있었다. 브레튼우즈체제는 금융자본의 국제적 이동을 통제하지만 산업자본의 이동은 장려했다.[65]

전후 서유럽의 국가들이 민족경제의 재건을 위해 보호무역을 실시하는 상황에서 미국의 법인자본은 무역장벽을 우회하기 위해 해외직접투자를 확대했다. 이를 통해 법인자본은 초민족적 법인자본으로 성장·전화했다. 마셜플랜과 해외직접투자에 의해 달러가 세계시장에 공급되면서 브레튼우즈체제는 본격적으로 작동했다.

브레튼우즈체제에서 자본주의 세계경제는 상품의 이동이 아니라 기업의 이동, 즉 자유무역(free trade)이 아니라 자유기업(free enterprise)에 의해 통합되었다(Arrighi, 1994). 초민족적 법인자본은 크게 세 단계를 거치면서 세계경제를 재조직했다. 초기에 초민족적 법인자본은 보호무역장벽에 의해 차단된 해외시장에 진출하기 위해 해외자회사를 설립한 후, 현지생산을 통해 시장을 장악했다. 그리고 자회사에서 생산된 상품을 무역장벽이 낮은 다른 국가, 주로 미국으로 수출했다. 마지막으로 법인자본은 민족경제의 경계를 초월한 수직적 통합을 단행함으로써 세계적 분업을 기업내 분업으로 재조직했다(Chesnais, 1998). 이 같은 자본의 초민족화는 1950-60년대에 주로 미국과 영국의 자본에 의해서 주도되었지만, 그 후 서유럽과 일본, 그리고 신흥공업국의 자본이 가세하면서 가속되었다.[66]

자본의 초민족화는 자본과 상품의 국제적 흐름을 19세기와 다른 형태로 변형시켰다. '장기 19세기'에도 주로 원료와 시장을 확보하기 위해 해외자회사를 운영하는 다국적(multinational)자본이 존재했다. 이들은 해외에서 획득한 이윤을 본국으로 송금함으로써 민족경제의 무역수지와 환율의 안정에 기여했다. 그리고 무역은 주로 원료와 완제품의 이동으로 이루어졌다. 그렇지만 20세기의 초민족(transnational)자본은 더 이상 해외에 진출한 민족자본이 아니라,

65) 더 자세한 설명은 윤소영 (2001)을 참조하시오.

66) 이에 따라 전후 세계경제에서 민족경제의 성장률보다 국제무역의 성장율은 1.5배 높았고 해외직접투자의 증가율은 3배 높았다(Chesnais, 1998; Julius, 1990).

모국의 민족경제와 운명을 공유하지 않는 자본, 민족경제를 초월한 자본이다. 초민족자본이 해외에서 획득한 이윤은 더 이상 모국의 무역수지와 환율의 안정에 기여하지 않고, 심지어 그것에 위협적일 수도 있기 때문이다.[67)]

브레튼우즈체제의 붕괴

자본의 초민족화는 고정환율제를 붕괴시키는 중요한 요인이 되었다. 브레튼우즈협정을 체결할 당시 민족화폐의 환율은 무역수지로 표현되는 생산력의 격차에 기초하여 결정되었다. 그러나 1950-60년대에 초민족자본이 급속히 성장하면서 무역수지는 민족경제의 생산력을 반영하는 데 적합성을 상실했다. 전통적인 무역수지는 노동과 자본의 비이동성을 전제한 상태에서 특정한 민족국가의 생산력을 반영하는 것으로 간주되었다. 이러한 무역수지는 산업자본의 국제적 이동이 상대적으로 제한되었던 19세기에는 적합했지만, 자본의 초민족화로 특징지어지는 20세기에는 더 이상 유효하지 않다.

미국은 법인자본의 초민족화로 인해 1970년대 초반부터 무역수지적자가 누적되기 시작했다.[68)] 그리고 베트남전쟁을 통해 막대한

---

67) 일례로 1960년대 중반에 미국의 존슨 정부는 해외의 과잉달러를 통제하고자 해외에 진출한 법인기업들에게 이윤의 송금을 요구했지만, 이들은 금융규제에 따른 손실을 회피하기 위해 유휴자본을 유로달러시장에 예치했다. 이는 결국 유로달러시장의 과잉팽창을 야기함으로써 미국이 해외의 과잉달러를 통제할 수 없는 상황을 초래했다.

68) 줄리어스는 자본이 초민족화된 상황에서 한 국가의 수출총액과 수입총액의 차액으로 계산되는 전통적인 무역수지통계는 민족경제의 생산력을 정확하게 반영할 수 없다고 주장한다. 그리고 기업 소유자의 국적에 기초하여 무역수지를 계산할 것을 제안한다. 이에 따르면 1986년 미국의 무역수지는 1440억 달러의 적자에서 570억 달러의 흑자로 반전되는데, 미국의 무역적자 중 상당 부분이 초민족자본의 역수출에 의한 것이기 때문이다 (Julius, 1990). 그러나 전통적인 무역수지통계는 '국가경쟁력 강화'를 명분으로 자본의 구조조정에 따른 경제적 부담을 노동자계급에게 전가하기 위한 이데올로기로서 계속 사용된다(Bryan, 1995).

양의 달러가 해외로 유출되었다. 세계시장에 과잉달러가 축적되었고, 이것이 유로달러시장에 집중되면서 미국 정부는 해외 달러를 통제할 수 없게 되었다. 또 런던의 금시장에서 1960년대 초반부터 금에 대한 투기가 발생하면서 브레튼우즈체제는 동요하기 시작했다. 금의 시장가격을 온스당 35달러의 공식가격 이상으로 인상하려는 압력이 가중되면서 금에 기초한 고정환율제가 위기에 처했던 것이다. 1960년대 후반부터 프랑스를 위시하여 달러와 금의 태환에 대한 요구가 급증하자 1971년에 닉슨 정부는 일방적으로 금태환을 중지했다. 그 후 서유럽과 일본을 중심으로 달러의 가치를 온스당 38달러로 평가절하하는 스미소니언(Smithsonian) 협정이 체결되었다. 그러나 이는 달러의 공식적 평가절하에 반대하는 미국에 의해 무시되었고, 결국 1973년 3월에 고정환율제가 최종적으로 붕괴했다.[69]

고정환율제가 붕괴된 이후, 국제통화기금의 특별인출권(SDR)을 통해 세계화폐로서 달러를 대체하려는 논의가 시작되었다. 그런데 이 상황에서 1973년 12월에 석유수출국기구(OPEC)가 원유의 가격을 4배 가까이 인상하면서 1차 석유위기가 발발했다. 이에 미국은 석유달러를 흡수하기 위해 미국계 초민족은행에 대한 규제를 완화했다. 석유달러가 초민족은행을 통해 환류되면서 새로운 세계화폐를 창조하고 자본통제를 다시 강화하려는 시도들이 무산되고, 결국

69) 트리핀(R. Triffin)은 브레튼우즈체제의 모순으로서 이른바 '트리핀 딜레마'를 지적한다. 그에 따르면, 세계경제의 발전에 조응한 세계유동성의 창조는 달러의 해외 유출에 의해 이루어지는데, 이는 달러의 가치하락을 초래한다. 반대로 달러의 가치를 유지하기 위해 달러의 공급량을 축소하면 곧 세계유동성의 부족과 세계경제의 침체가 발생한다. 그는 이 딜레마를 해결하기 위해 케인즈처럼 세계중앙은행의 창설을 제안한다. 그러나 킨들버거(C. Kindleberger)는 미국의 국제수지적자가 세계화폐제도의 균형조건이기 때문에 이를 전통적 의미의 적자로 간주하는 것은 오류라고 비판한다. 그는 오히려 달러와 금의 연계를 해체한 순수한 달러본위제로 전환하고, 세계중앙은행을 신설하는 대신 미국이 단기차입과 장기대부를 통해 그 역할을 수행해야 한다고 주장한다. 킨들버거의 주장은 이후 다자주의적 국제관계론으로 발전하여 환율안정을 위한 국제협력을 지지했다. 1980년대 중반 이후 달러·엔·마르크의 환율을 재조정했던 플라자합의와 루브르협정이 바로 그것이다(Walter, 1991; Guttmann, 1994).

순수한 달러본위제와 변동환율제로 전환되었다(Gowan, 1999).

변동환율제는 세계경제에서 기축통화로 기능하는 달러, 엔, 마르크 사이에 공식적 평가가 존재하지 않는 것으로 새로운 제도의 출현이 아니라 오히려 기존 제도의 해체를 의미했다. 환율의 급격한 변동은 자본의 수익성에 직접적인 영향을 미쳤기 때문에 자본은 환차손을 회피하기 위해 선물이나 옵션 같은 다양한 파생금융상품을 사용했다. 그 결과 외환거래의 규모가 급격히 증가했는데, 그 증가율은 무역거래나 해외직접투자의 증가율을 훨씬 상회했다. 국제결제은행(BIS)에 따르면 외환시장의 1일 거래액은 1989년 5천7백억달러에서 2004년 1조9천억달러로 급증했고 이 중 단 5-8%만 무역과 투자에 관련된 것으로 추정된다(Epstein, 2005; Brunhoff, 1996). 외환시장 자체가 실물경제로부터 상대적 자율성을 획득함으로써 이제 외환거래 자체가 시세차익을 겨냥한 투기의 대상이 되었다. 환율의 불안정성과 외환투기는 상호 강화를 통해 외환시장의 급격한 팽창을 가져왔다.

외환시장의 거대한 팽창과 환율의 극심한 변동으로 표현되는 국제화폐제도의 불안정성은 새로운 형태의 금융위기의 가능성을 내포한다. 특정한 민족화폐의 가치가 급격히 폭락하는 외환위기가 바로 그것이다. 국제적인 자본통제가 유효했던 1960년대까지 외환위기는 만성적인 국제수지적자가 발생한 국가에서만 일시적으로 발생했고 그것이 미치는 경제적 파장 역시 크지 않았다. 그러나 브레튼우즈체제가 붕괴한 이후 금융자본의 국제적 이동이 급증하면서 외환위기는 일반화된다. 게다가 외환위기의 경제적 파장은 지역적·세계적으로 확산된다.

그러나 외환위기는 외환투기에서 비롯되는 우연적인 사건이 아니다. 또 해당국가의 화폐당국이 범한 정책적 오류의 결과도 아니다. 환율의 변동이 실물경제로부터 얼마간 자율적이기는 하지만 장기적으로는 그 국가의 생산력을 반영하기 때문에 외환위기는 주로 생산력이 저발전된 주변부에서 나타난다.

카르케디(Carchedi, 1991)에 따르면 시장환율은 장기적으로 한 민족경제의 생산력을 반영하는 중심환율에 따라 변동한다. 중심환율은 세계화폐로서 표현된 국제적 생산가격을 민족화폐로 표현된 민족적 생산가격으로 전형할 때 적용되는 환율을 의미한다. 중심부와 주변부 사이에서 생산력의 격차가 확대됨에 따라 중심부의 중심환율은 평가절상되고 주변부의 중심환율은 평가절하되는 경향을 갖게 된다.[70)]

주변부에서 시장환율이 중심환율로 급격하게 조정되는 것이 바로 외환위기다. 시장환율의 급격한 상승은 수출의 증가와 수입의 감소를 초래한다. 또한 시장환율의 상승은 해외자본에 의한 증권투자를 촉진한다. 이 두 가지 요인이 결합되어 외환보유액이 증가하면서 시장환율이 완만하게 하락한다. 그렇지만 다시 중심환율과 시장환율의 격차가 확대되면서 외환위기가 발생한다.

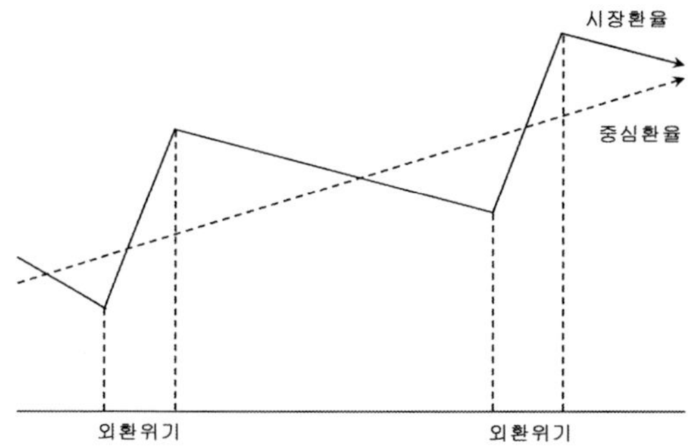

초민족은행 중심의 금융세계화

1958년에 유로달러시장, 1963년에 유로채권시장이 형성되면서 국가의 규제를 받지 않는 새로운 초민족적 금융시장이 형성되기 시작

70) 더 자세한 설명은 윤소영 (2001)을 참조하시오.

했다. 이 시장을 창설한 것은 영국의 은행들이지만 점차 미국계 은행들이 참여하여 유로시장을 주도했다. 이에 따라 은행도 민족경제의 틀을 초월하는 초민족은행으로 성장·전화했다. 1960년에는 8개의 미국계 은행이 세계에 124개 지점을 운영했으나, 1970년에는 79개의 은행이 532개 지점을 운영했다(Jones, 1993).

유로시장은 중앙은행의 지불준비금 요구에 종속되지 않았고, 또 은행간 거래가 높은 비중을 차지했기 때문에, 원리상 신용창조의 승수가 무한대에 이를 수 있었다. 그리고 민족적 금융규제에 종속되지 않았기 때문에 상대적으로 높은 이자율과 조세 혜택 등을 제공했다. 1960년대 중반부터 이윤율이 하락하면서 초민족적 법인자본이 모국으로 송금하지 않은 해외 이윤을 생산에 재투자하는 대신 유로시장에서 운용함에 따라 이 시장은 급속히 성장했다. 게다가 1973년 석유위기로 산유국의 막대한 석유달러가 유로시장이 팽창하는 중요한 계기가 되었다.

이렇게 해서 초민족은행을 중심으로 한 금융세계화가 시작된 것이다. 유로시장을 중심으로 활동하는 초민족은행은 변동금리대부, 신디케이트론 등 새로운 금융상품을 개발했고 이를 동아시아와 중남미의 신흥공업국에 외채의 형태로 제공했다.

1970년대는 미국이 경제불황을 타개하기 위해 신용팽창정책을 실시했기 때문에 저금리기조가 유지되었다. 실질금리가 제로 또는 마이너스인 상황에서 주변부의 국가들은 값싼 해외신용에 의존하여 공업화를 추진했다. 특히 중남미와 동아시아의 민족경제는 외채의존적·수출지향적 공업화를 통해 신흥공업국으로 변모했다. 마이너스 실질금리가 유지되는 상황에서는 외채의 증가가 커다란 문제를 야기하지 않았다.

그러나 1979년을 전후로 상황은 급변했다. 1979년에 이란혁명과 2차 석유위기가 발발하면서 세계경제의 불황은 더욱 심화되었다. 게다가 달러위기가 발생하면서 일부 산유국은 달러를 기피했다. 이 같은 상황에서 연준의장인 볼커는 고금리 정책을 통해 달러위기를 극복하고자 했다. 1979-82년 동안 일련의 이자율 인상 정책을 통해 실질금리는 마이너스에서 8-9%까지 상승했다(Helleiner, 1994).[71]

고금리로의 정책전환 이후 신흥공업국의 외채는 눈덩이처럼 증가했다. 당시 신흥공업국에 제공된 외채는 단기대부인 데다가 변동금리가 적용되었기 때문에 이자율의 상승과 함께 원리금 상환을 위한 신규부채가 증가했다. 이에 따라 1979년에서 1982년 동안 신흥공업국은 외채가 2배 이상 급증했다. 게다가 자본도피에 의해 외채문제가 더욱 악화되었다. 반면 세계적인 불황 때문에 수출품 가격이 25% 이상 하락하고 무역량조차 감소함으로써 무역적자가 급증했다. 결국 1982년 8월 멕시코의 파산 선언을 시작으로 남미를 비롯한 제3세계의 외채위기가 폭발했다(Guttmann, 1994).

고금리로의 정책전환은 은행 중심의 금융세계화에도 많은 문제를 제기했다. 일차적으로 제3세계의 외채위기와 중심부 은행의 파산을 초래했다. 고금리로의 전환이 예금금리의 상승을 동반하기 때문에 은행은 수익성의 위기에 직면했다. 반면 대부자본의 비용이 급증한 상황에서 법인자본은 주식 발행, 유보이윤 적립 등 자기자본의 비율을 증가시킴으로써 은행에 대한 의존을 축소해 나갔다. 전통적인 고객을 상실한 은행은 수익성이 높은 투자처를 발견하기 위해 모험적인 투자를 하도록 강제되었다. 2차 석유위기 발생 후 원리금 상환능력을 거의 상실한 신흥공업국에 대한 대부가 급증했던 것도 바로 이러한 이유에서 비롯되었다. 결국 고금리로의 정책전환과 은행의 모험적 투자는 주변부의 외채위기와 중심부의 은행위기로 귀결되었다(Duménil and Lévy, 2004a).

---

71) 영국의 상황도 이와 유사했다. 1970년대 중반 파운드위기가 발생하자 영국은 국제통화기금에 구제금융을 신청했다. 이에 독일과 미국은 영국에게 안정화정책을 대출조건으로 제시했다. 노동당정부는 처음에 정책의 자율성을 위해 구제금융을 포기했으나, 경제위기를 극복하지 못함으로써 결국 구제금융을 수용했다. 이로써 영국에서 케인즈주의는 공식적으로 폐기되고 새처가 집권한 이후 신보수주의로의 전환이 가속화되었다(Helleiner, 1994).

그렇지만 더욱 중요한 문제는 대부자본 중심의 금융세계화가 순수 달러본위제를 유지하는 데 부적합했다는 사실이다. 민족화폐로서 달러가 세계화폐로서의 지위를 유지하는 조건은 바로 금과의 태환을 보장하는 것인데, 이 같은 조건이 부재한 상황에서 달러를 세계화폐로 사용하기 위해서는 미국이 계속해서 해외의 달러유동성을 유지하면서도 과잉달러를 흡수해야 한다(Guttman, 1994). 1979년 볼커의 고금리정책 역시 세계화폐로서 달러의 지위가 상실되는 것을 막기 위해 해외의 과잉달러를 흡수하려는 조치였다. 그러나 고금리정책은 해외의 달러유동성의 부족을 야기하기 때문에 세계경제의 불황을 초래했다. 1979-82년의 세계적 경제위기와 주변부의 외채위기가 바로 그것이다. 신용긴축 없이 달러를 흡수하기 위해서는 은행이 아니라 증권시장을 통해 달러를 흡수하는 것이 필요했다. 증권의 가격은 이자율과 정반대의 방향으로 운동하기 때문에 증권시장의 부양은 신용긴축 없이 해외의 과잉달러를 흡수할 수 있기 때문이다. 이에 따라 은행 중심의 금융세계화는 증권시장 중심의 금융세계화로 전환되었다.

증권시장 중심의 금융세계화

1980년대를 거치면서 금융세계화는 대부자본이 아니라 가공자본의 급속한 성장을 통해 이루어졌다. 가공자본의 발전을 촉진한 것은 미국을 중심으로 한 중심부 국가의 국채시장이다. 고금리로의 정책전환은 주변부 국가는 물론 중심부 국가에서도 국채의 급증을 초래했다. 이에 따라 각국 정부는 채권시장에 대한 규제를 완화하고 재정적자를 보충하기 위해 단기채권을 발행했다. 대표적으로 미국 연방정부의 부채는 1970년에 3220억달러에서 1980년 9060억달러로 3배가량 증가했지만, 1980년대를 거치면서 1992년에는 4조 610억달러로 5배 이상 증가했다. 그리고 연방예산에서 원리금 지불이 차지하는 비율은 1980년의 12.7%에서 1990년의 20.1%로 상승했다

(Guttmann, 1994).[72] 국채, 특히 재무부 채권은 다른 금융자산에 비해 안정적인 동시에 유동적인 수익을 제공하기 때문에 기관투자가들은 전체 금융자산 중 40% 정도를 국채로 보유했다. 이에 따라 국채시장은 금융시장의 초석이 되었다(Chenais, 1998).

1980년대 이후 재정적자의 증가는 더 이상 경제성장을 촉진하는 것도 계급타협을 강화하기 위해 소득을 재분배하는 것도 아니었다. 플러스의 실질금리가 유지되는 속에서 공적 부채의 증가는 금리생활자에게 유리한 방향으로 소득을 이전시켰다. 그것은 정부 예산에서 원리금 상환에 지출되는 비율을 증대시킴으로써 사회보장제도를 파괴하고 정부의 경제활동을 침식시키는 주요한 요인이 되었다. 1990년대 미국을 포함한 대다수의 경제개발협력기구(OECD) 회원국가들은 정부예산의 20% 이상을 부채원리금으로 지불했다. 이는 국내총생산의 3~5%에 달하는 것이었다. 결국 노동자의 임금, 농민과 수공업자의 소득 중 일부가 조세로 흡수된 후 공적 부채의 원리금 상환 명목으로 금융영역으로 이전되었던 것이다(Chenais, 1998; Guttmann, 1994).

그렇지만 가공자본의 급속한 성장을 가져온 핵심적인 원동력은 다름 아닌 주식시장이다. 주식시장의 세계적 팽창을 가져온 첫 번째 계기는 1986년의 이른바 '금융빅뱅'이었다. 당시 영국은 외국인에 의한 직접투자와 증권투자를 모두 허용하는 금융개혁을 단행했다. 영국이 주식시장을 통해 해외자본을 적극적으로 흡수함에 따라 미국을 비롯한 중심부의 다른 국가들도 잇달아 주식시장을 개방했다. 그 후 해외증권투자가 비약적으로 증가했다. 1985년에서 1990년까지 국내투자는 50% 증가한 반면 해외투자는 400% 증가했던 것

72) 신자유주의는 과도한 재정적자가 정부의 재정정책에서 비롯된다고 주장하면서 케인즈주의를 비판한다. 그러나 사실 중심부 국가에서 공적 부채는 1979년 고금리로의 전환 이후에 더욱 급증한다. 이자율 상승에 따라 정부예산 중에서 원리금 상환에 따른 지출의 비중이 커지기 때문에 부채가 누적되었던 것이다. 뒤메닐과 레비(Duménil and Lévy, 2004a)는 1980년 이후의 공적 부채에 대해 1979년 이전의 이자율을 적용하여 이자부담을 공제하면, 정부의 재정적자는 거의 사라진다고 주장한다.

이다(Bryan, 1995).

주식시장의 세계적 팽창을 가져온 두 번째 계기는 신흥시장의 출현이었다. 1982년 외채위기가 발생한 이후 채무국이 재정적자 축소, 무역수지 개선을 위한 수입억제 등의 정책을 수용하는 한에서 원리금 상환을 재조정해주는 부채-부채전환을 핵심으로 하는 볼커 플랜이 제시되었다. 그러나 수입제한조치는 채무국 경제의 생산력 발전을 가로막기 때문에 이들의 원리금 상환능력을 더욱 약화시켰다. 이에 따라 1985년에 발표된 베이커 플랜(Baker Plan)은 자본재 수입 및 외국인 소유에 대한 제한 철폐, 국영기업의 사유화, 균형예산 등 채무국의 생산성을 높이기 위한 경제개혁을 촉구했다. 그렇지만 상업은행은 물론 국제통화기금과 세계은행이 채무국의 경제개혁에 필요한 장기차관을 거부함으로써 베이커 플랜 역시 실패로 돌아갔다. 베이커 플랜이 발표된 이후 달러로 표시된 부채를 채무국의 민족화폐로 표시된 증권투자로 전환하는 부채-증권전환이 확산되기 시작했다. 이에 따라 1989년에 부채-증권전환을 외채문제의 해결책으로 공식화한 브래디 플랜(Brady Plan)이 발표되었다. 이를 계기로 채무국가의 금융시장이 개방됨으로써 신흥공업국은 신흥시장으로 변모했다. 신흥시장은 1994년 맥시코의 외환위기, 나아가 1997년 동아시아의 외환위기를 계기로 급속히 발전했다(Guttmann, 1994).

증권시장의 폭발적 성장에 기초한 금융세계화가 전개되면서 전통적으로 지배적인 금융기관인 은행의 비중은 감소했다. 대신 미국과 영국의 연금기금과 투자신탁기금 같은 비은행 금융기관이 금융시장의 주요 행위자로 등장했다. 연금기금과 투자신탁기금은 정부주도의 사회보장제도 대신 사적·공적 연금제도가 발전한 미국과 영국에서 1980년대 이후 빠른 속도로 성장했다. 일례로 영국에서 국내총생산 대비 연금기금 자산의 비율은 1970년 17%에서 1980년 28%로 증가했고, 1992년 61.2%, 1994년 77%로 급증했다. 미국의 연금기금은 증가율이 영국보다 낮지만 대신 그 규모가 영국보다 5배 정도 더 크다(Farnetti, 1996). 또한 미국의 기관투자가들은 세계

금융시장의 주요 행위자로 활동했다. 경제협력개발기구 회원국들이 보유한 금융자산에서 미국이 차지하는 비중은 이 지역 전체의 국내총생산에서 미국이 차지하는 비중을 훨씬 상회했다. 후자가 25%에 불과한 반면 전자는 50%를 초과한다(Chesnais, 1996).

또한 가공자본 중심의 금융세계화는 초민족적 법인자본의 금융적 축적을 촉진하는 계기가 되기도 했다. 초민족적 법인자본은 금융적 활동을 다각화함에 따라 더 이상 산업자본이 아니라, 지주회사를 중심으로 조직된 '산업을 지배적 요소로 하는 금융그룹'(*groupe financier à dominante industriel*)으로 변모했다. 이들은 금융기관을 자회사로 운영하면서 그룹의 내부금융시장을 형성하거나, 지주회사의 금융지도부가 금융거래 전체를 조직·통제했다(Chesnais, 1998).[73)]

이러한 변화는 비금융법인기업의 이윤 중에서 금융적 활동에 따른 이윤(이자, 배당금, 자본이득 등)이 차지하는 비율이 확대된다는 것에서 확인할 수 있다. 미국의 비금융법인기업 전체가 획득한 이윤에 대한 금융이윤의 비율은 1970년까지 10% 미만에서 1980년 20%, 1990년 45%로 상승한 것으로 나타났다(Krippner, 2003). 특히 제너럴일렉트릭(GE)의 경우 2003년 이윤 중에서 42%가 금융투자에 의한 것이었고, 제너럴모터스(GM)는 자동차할부금융을 포함하여 80%에 달했다(Blackburn, 2006).

이처럼 1980년대 중반부터는 연금기금, 투자신탁기금, 금융화된 초민족적 법인자본 등이 새로운 금융투자자로 등장했다. 이들이 주도하는 금융세계화는 대부자본이 아니라 가공자본을 중심으로 이루

---

73) 법인자본의 금융화는 기업지배구조(corporate governance)의 변화, 즉 금융자본에 의한 관리자의 포섭을 통해 이루어진다. 주식가치의 상승을 통해 기업의 단기적 이윤을 극대화하는 기업전략의 변화는 관리자의 스톡옵션의 일반화를 동반한다. 이에 따라 미국의 상위 100대 법인기업의 최고경영자의 평균소득과 노동자계급의 평균임금의 비율은 1970년 38배에서 1990년에 200배, 1999년에는 1000배로 급증했다(Duménil and Lévy, 2004b).

어졌다. 이에 따라 증권시장을 부양하기 위해 고금리정책은 플러스의 실질금리를 유지하는 선에서 저금리정책으로 전환되었고, 경제정책도 신보수주의적 통화주의에서 신자유주의적 새케인즈주의로 변모했다.74)

현재 가공자본 중심의 금융세계화는 미국의 재정적자와 무역적자, 즉 '이중적자'의 지속적인 누적에 기초하여 진행된다. 2001년에 미국의 무역적자와 재정적자는 국내총생산(GDP)의 4% 정도를 차지했다. 이 정도 규모의 무역적자와 재정적자는 주변부는 물론 중심부의 국가들에서도 무한정 유지될 수 없다. 그렇지만 미국은 동아시아로부터의 수출달러환류와 유럽·중남미로부터의 자본도피를 통해 자본을 수입하면서 이중적자를 유지한다(Duménil and Lévy, 2003).

미국이 자본을 계속 수입함으로써 이중적자를 유지할 수 있는 것은 결국 달러의 발권이익에서 기인한다. 브레튼우즈체제가 붕괴한 이후에도 미국의 군사력에 의해 뒷받침되는 달러를 대체할 수 있는 화폐는 사실상 존재하지 않는다. 세계화폐의 지위를 둘러싼 경쟁은 해당 국가들 사이의 정치적·군사적 갈등을 야기할 수 있다. 그렇지만 사회주의 진영이 붕괴한 이후 미국의 군사력은 다른 민족국가들을 압도할 뿐만 아니라, 유럽연합과 일본은 미국에게 사실상 군사적으로 종속되어 있기 때문에 유로와 엔은 세계화폐로서 달러를 대체할 수 없다.

---

74) 가공자본은 실물자본에 대해 상대적 자율성을 갖는다. 금융적 축적 속에서 가공자본은 실물자본의 증가율보다 빠르게 증가함으로써 이른바 '거품경제'를 초래한다. 금융세계화가 진행되는 과정에서 경제의 불안정성이 심화되는 것은 이 같은 거품경제 때문이다. '시세차익을 겨냥한 투자'로서 투기는 단지 거품경제의 상층에서 작동하는 것이기 때문에, 경제의 불안정성을 야기하는 근본적인 원인은 바로 가공자본의 과잉팽창인 것이다. 흔히 금융적 불안정성의 주범으로서 헤지펀드가 지목된다. 그렇지만 헤지펀드는 사실 선봉대에 불과하고 기관투자가와 법인자본이 본대를 형성한다. 헤지펀드가 특정한 민족화폐에 대해 공세를 취할 때 자기자본의 수십, 수백 배에 달하는 자금을 동원하는데, 그것은 배후에 기관투자가와 법인자본이 있기 때문이다(Gowan, 1999).

그렇지만 가공자본 중심의 금융세계화와 미국의 이중적자는 무한정 지속될 수 없다. 그것은 한편으로 금융적 축적이 잉여가치를 생산할 수 있는 토대를 지속적으로 침식하기 때문이며, 다른 한편으로 이중적자로 표현되는 미국의 부채경제가 지속될 수 없기 때문이다. 비록 아직까지는 미국경제와 달러의 상대적 안전성으로 인해서 이중적자가 유지되고 있지만, 그것이 일정 수준을 초과하면 세계적 차원의 금융위기를 초래할 것이다.[75]

참고문헌

윤소영 (2001), 『마르크스의 '경제학 비판'』, 공감 (개정판, 2005).

——— (2006), 『일반화된 마르크스주의 개론』, 공감 (개정판, 2008).

——— (2008), 『금융위기와 사회운동노조』, 공감.

徐連達·吳浩坤·趙克堯 (1986), 『中國通史』, 復旦大學出版社 (국역: 청년사, 1997).

翦伯贊 엮음 (1983), 『中國史綱要』, 人民出版社 (국역: 『중국전사』, 학민사, 1990).

黑田明伸 (2003), 『貨幣システムの世界史』, 岩波書店 (국역: 논형, 2005).

Andréadès, A. (1966), *History of the Bank of England, 1640-1903*, Cass.

Arrighi, Giovanni (1994), *The Long Twentieth Century: Money, Power, and the Origins of Our Time*, Verso.

Blackburn, Robin (2006), "Finance and the Fourth Dimension", *New Left Review*, No. 39.

Bowen, H. V. (1995), "The Bank of England during the Long

75) 2007-08년 금융위기에 대한 설명은 윤소영 (2008)을 참조하시오.

Eighteenth Century, 1694-1820", in Richard Roberts and David Kynaston, eds., *The Bank of England 1694-1994*, Oxford University Press.

Braudel, Fernand (1986a), *Civilisation matérielle, économie et capitalisme, XVe-XVIIIe siècle: Tome 2. Les jeux de l'échange*, Armand Colin (국역: 까치, 1996).

——— (1986b), *Civilisation matérielle, économie et capitalisme, XVe-XVIIIe siècle: Tome 3. Les temps du monde*, Armand Colin (국역: 까치, 1997).

Bryan, Dick (1995), *The Chase across the Globe: International Accumulation and the Contradictions for Nation States*, Westview Press.

Brunhoff, Suzanne de (1967), *La Monnaie chez Marx*, Edition Sociales.

——— (1976), *Etat et capital: Recherches sur la politique économique*, François Maspero.

——— (1996), "L'instablité monétaire internationale", in Chesnais, ed. (1996).

Cantwell, John and Grazia D. Santangelo (2002), "M&As and the Global Strategies of TNCs", *The Developing Economies*, Vol. 40, No. 4.

Carchedi, Guglielmo (1991), *Frontiers of Political Economy*, Verso.

Carr, Raymond, ed. (2000), *Spain: A History*, Oxford University Press (국역: 까치, 2006).

Chesnais, François (1998), *La Mondialisation du capital*, 2nd edition, La Décourverte & Syros (국역: 한울, 2003)

——— ed. (1996), *La Mondialisation financière: Genèse, coût et enjeux*, La Décourverte & Syros (국역: 한울, 2002).

Cohen, Benjamin J. (1998), *The Geography of Money*, Cornell

University Press (국역: 『화폐와 권력』, 시유시, 1999).

D'Arista, Jane (2005), "The Role of the International Monetary System in Financialization", in Epstein, ed. (2005).

Dintenfass, Michael (1992), *The Decline of Industrial Britain 1870-1980*, Routledge

Duménil, Gerard and Dominique Lévy (1999), "Periodizing Capitalism: Technology, Institutions and Relations of Production", http://www.jourdan.ens.fr/levy/ (국역: 『사회진보연대』, 2002년 6월, 7-8월에 실림).

——— (2001), "Vieilles théories et nouveau capitalisme: Actualité d'une économie marxiste", in Jacques Bidet et d'Eustache Kouvelakis, eds., *Dictionnaire Marx contemporain*, PUF (국역: 『사회운동』, 2005년 10월 및 윤소영 (2006)에 실림).

——— (2003), "Neoliberal Dynamics - Imperial Dynamics", http://www.jourdan.ens.fr/levy/.

——— (2004a), *Capital Resurgent: Roots of the Neoliberal Revolution*, Harvard University Press.

——— (2004b), "Neoliberal Income Trends: Wealth, Class and Ownership in the USA", http://www.jourdan.ens.fr/levy/.

Elliott, John H. (1963), *Imperial Spain 1469-1716*, Hodder (국역: 까치, 2000).

Epstein, Gerald A., ed. (2005), *Financialization and the World Economy*, Edward Elgar.

——— (2005), "Introduction: Financialization and the World Economy", in Epstein, ed. (2005).

Farnetti, Richard (1996), "Le rôle des fonds de pension et d'investissment collectifs anglo-saxons dans l'essor de la finance globalisée", in Chesnais, ed. (1996).

Frank, Andre G. (1998), *ReOrient: The Global Economy in the*

Asian Age, University of California Press (국역: 이산, 2003).

Goodhart, Charles (1988), *The Evolution of Central Banks*, MIT Press (국역, 비봉, 1997).

Gowan, Peter (1999), *The Global Gamble: Washington's Faustian Bid for World Dominance*, Verso (부분 국역: 『세계 없는 세계화』, 시유시, 2001).

Guttmann, Robert (1994), *How Credit-Money Shapes the Economy: The United States in a Global System*, M. E. Sharpe.

——— (1996), "Les mutations du capital financier", in Chesnais, ed. (1996).

Hansen, Valerie (2000), *The Open Empire: A History of China 1600*, Norton (국역: 까치, 2005).

Held, David, Anthony McGrew, David Goldblatt, and Jonathan Perraton (1999), *Global Transformations*, Blackwell (국역: 『전지구적 변환』, 창작과 비평사, 2002).

Helleiner, Eric (1994), *State and Reemergence of Global Finance: From Bretton Woods to the 1990s*, Cornell University Press.

——— (2003), *The Making of National Money: Territorial Currencies in Historical Perspective*, Cornell University Press.

Henwood, Doug (1997), *Wall Street: How It Works and for Whom*, Verso (국역: 사계절, 1999).

Jones, Geoffrey (1993), *British Multinational Banking 1830-1990*, Clarendon Press.

Julius, DeAnne (1990), *Global Companies and Public Policy: The Growing Challenge of Foreign Direct Investment*, Royal Institute of International Affairs / Pinter.

Kindleberger, Charles P. (1993), *A Financial History of Western Europe*, 2nd ed., Oxford University Press.

——— (1996), *World Economic Primacy: 1500 to 1990*, Oxford

University Press (국역: 까치, 2004).

——— (1998), *Manias, Panics and Crashes: A History of Financial Crises*, Palgrave Macmillan (국역: 굿모닝북스, 2006).

Krippner, Greta R. (2003), "The Fictious Economy: Financialization, the State, and Contemporary Capitalism", Ph. D. Thesis, University of Wisconsin-Madison.

Marcuzzo, Maria C. and Annalisa Rosselli (1991), *Ricardo and the Gold Standard*, Macmillan.

Micklethwait, John and Adrian Wooldridge (2004), *The Company*, Eulyoo (국역: 『기업의 역사』, 을유문화사, 2004).

Mishkin, Frederic S. (2004), *The Economics of Money, Banking and Financial Markets*, Pearson Education Inc. (국역: 한티미디어, 2004).

Schwartz, Anna J. (1991), "Banking School, Currency School, Free Banking School", in John Eatwell, Murray Milgate, and Peter Newman, eds., *The New Palgrave: A Dictionary of Economics*, Macmillan.

Serfati, Claude (1996), "Le rôle actif des groupes à dominante industrielle dans la financiarisation de l'économie", in Chesnais, ed. (1996).

Vilar, Pierre (1974), *Or et monnaie dans l'histoire, 1450-1920*, Flammarion (국역: 까치, 2000).

Walter, Andrew (1991), *World Power and World Money: The Role of Hegemony and International Monetary Order*, St. Martin's Press.

Williams, Jonathan, et al. (1997), *Money: A History*, British Museum Press (국역: 『돈의 세계사』, 까치, 1998).

Wood, John H. (2005), *A History of Central Banking in Great Britain and the United States*, Cambridge University Press.

전쟁의 역사·이론·쟁점

이태훈·이현

전쟁은 오래 전부터 존재했지만, 그 형태는 계속 변화해 왔다. 인류가 농경·정착생활을 시작하면서 농민에 대한 무장조직의 약탈전쟁이 등장했다. 무장조직 중 일부는 농민을 착취하는 지배계급으로 변모함으로써 약탈을 안정화·정상화한 반면, 나머지는 약탈전쟁을 계속했다. 이처럼 고대 전쟁은 기본적으로 농경·정착집단과 약탈·유랑집단 사이에서 이루어졌다. 세계제국이 등장한 이후에도 고대 전쟁은 유목민 부족연맹의 약탈전쟁과 농업 제국의 방어전쟁이라는 형태로 전개되었다.

반면 현대 전쟁은 경제적 목적을 갖는다는 점에서 고대 전쟁과 구별된다. 이는 전쟁이 물질적 부를 획득하는 직접적 수단, 즉 약탈전쟁이라는 의미가 아니다. 자본주의에서 착취는 경제적 방식에 의해 이루어지며, 전쟁은 그것을 위한 군사적 조건을 창출하는 것을 목적으로 한다. 또한 현대 전쟁은 군비의 성능이 전쟁의 승패를 좌우한다는 특징을 갖는다. 산업혁명과 교통·통신혁명, 과학·기술혁명으로 인해 병사의 규모나 용병술의 중요성은 상대화되고 신무기와 자동방어체계의 개발이 군사력의 핵심을 이룬다.

이러한 현대 전쟁은 역사적으로 '전쟁의 상업화'와 '전쟁의 산업화'라는 두 단계를 거쳐 발전해 왔다. 전쟁의 상업화는 14세기 말 봉건제의 일반적 위기 하에서 유럽의 왕조전쟁이 상인자본과 결합되는 과정을 의미한다. 전쟁의 산업화는 19세기 산업자본주의가 발전함에 따라 군비생산의 혁신이 진행되면서 전쟁이 대량살상을 동반하는 민족국가간 전면전으로 변화하고 2차 세계전쟁 이후에는 자동화된 절멸전의 양상으로 전개되는 것을 의미한다.

전쟁이 경제와 결합하면서 축적체계의 동역학을 통해 전쟁을 설명하는 것이 가능해진다. 축적체계의 안정적 작동이 헤게모니의 형성이라는 의미에서 상대적 평화의 조건이며, 축척체계의 위기와 함께 전쟁이 발발한다. 헤게모니적 축척체계의 위기와 함께 전개되는 세계전쟁은 새로운 헤게모니적 축적체계가 등장하면서 종결된다.

반면 현대 전쟁의 등장, 특히 1·2차 세계전쟁과 미·소간 군비경쟁이 진행되면서 평화운동이 대중적으로 확산된다. 이와 함께 평화주의라는 이념도 다양한 형태로 발전하는데, 1950년대 이후 평화연구가 진행되면서 평화주의는 단순한 비폭력주의에서 구조적 폭력에 대한 비판과 결합된 능동적 평화주의로 발전한다. 이에 따라 마르크스주의가 평화주의를 적극적으로 재평가할 필요성이 제기된다.

이 글은 역사적 관점에서 자본주의와 전쟁의 결합과정을 살펴보고 전쟁의 원인을 설명하는 이론과 그 쟁점을 검토한다. 이와 함께 평화운동의 역사를 검토하면서 마르크스주의와 평화주의의 결합을 전망해 보고자 한다.

첫째, 자본주의와 전쟁의 역사적 결합과정을 전쟁의 상업화와 산업화를 중심으로 개괄한다. 전자는 자본주의의 형성과정부터 진행된 것으로서 이를 통해 축적체계의 동역학과 전쟁이 결합되고 경제가 전쟁을 결정하기 시작한다. 후자는 산업자본주의의 발전과 함께 진행된 것으로서 이를 통해 자본주의적 생산력이 전쟁의 결정적 요인으로 추가된다. 이러한 자본주의적 전쟁은 역사적으로 유럽의 왕조전쟁을 기원으로 하며 국가간체계의 형성 및 민족주의의 등장과 함께 민족국가간 전면전의 양상으로 발전하게 된다.

둘째, 전쟁의 원인을 설명하는 여러 이론적 입장을 비판적으로 검토한다. 장기파동 연구와 전쟁-헤게모니순환 연구는 국제정치경제론과 세계체계론으로 발전한다. 국제정치경제론은 자본주의 경제의 장기파동과 헤게모니의 상호작용을 강조하는 반면, 세계체계론은 헤게모니에 대한 세계경제의 결정성을 주장한다. 이에 대해 역사적 자본주의 분석은 헤게모니적 축적체계 개념을 제시하면서 축적체계의 동역학과 전쟁을 결합시킨다.

셋째, 냉전과 탈냉전 이후의 상황에서 제기되는 쟁점을 검토한다. 우선 전쟁 및 군사주의 비판에 자주 등장하는 군사케인즈주의와 영구군비경제론을 비판적으로 검토한다. 그리고 세계전쟁의 가능성을 주장하는 견해와 새로운 헤게모니 전쟁론을 비판적으로 검토한다. 또한 최근 등장하는 '새로운 전쟁'을 금융세계화에 적합한 군사세계화라는 관점에서 분석한다.

마지막으로 마르크스주의와 구별되는 앵글로-색슨적 기원을 가진 평화운동 및 평화주의의 역사를 검토하고 양자의 결합과 관련되는 쟁점을 검토한다. 평화운동은 현대 전쟁이 대량살상·인류절멸의 양상으로 전개되면서 본격적으로 발전한다. 평화연구의 전개와 함께 평화주의는 비폭력주의에서 '평화와 정의'로 집약되는 폭력 비판으로 발전한다. 이는 결국 평화운동과 대안세계화운동의 결합이라는 과제를 제기한다.

서기 1000년 이후 전쟁의 역사

자본주의와 함께 발전한 현대의 전쟁은 크게 두 단계를 거치면서 발전했다. 첫째, 중세 말부터 무역혁명과 중상주의를 계기로 상인자본과 전쟁이 결합되고 전쟁이 경제적 목적에 종속되기 시작했다. 둘째, 산업혁명이 발생하고 자본주의적 생산양식이 발전하면서 전쟁의 산업화가 진행되었다.

중세 무역혁명과 전쟁의 상업화

7세기 수·당에 의한 남·북중국의 통일은 높은 농업생산력에 기초한 안정적 제국이 형성·발전될 수 있는 조건이 되었다.1) 이와 함께 유라시아 대륙 전체를 연결하는 원거리 무역이 발전하면서 중국 중심의 세계적 상업망이 형성되기 시작했다. 또한 이슬람 제국은 육·해상 실크로드를 중심으로 한 상업활동을 통해 중국에서 서유럽까지 이어지는 세계무역에서 매개적 역할을 했다.

중국 중심의 세계무역은 송이 등장하면서 본격적으로 발전했다. 송대에 이르러 농업생산력이 비약적으로 상승했고 이와 함께 상업도 크게 발전했다. 금납제가 실시되었고 수·당대부터 건설되기 시작한 운하가 더욱 확산되어 중국 전역의 운송을 개선시켰다. 이는 생산물의 유통을 촉진시킴으로써 전국적 분업의 형성과 특화된 생산을 통해 제국 전체의 생산력을 발전시켰다. 농업뿐만 아니라 제조업도 발전했다. 특히 철강의 생산량이 비약적으로 증가하고, 무기생산 기술이 발전하면서 석궁을 비롯한 무기의 생산량도 증가했다. 농업생산력의 상승과 상업·제조업의 발전은 사적 무역을 촉진시켜 동아시아 조공체계의 상업적 성격을 강화했고 세계무역 또한 활발해졌다(McNeill, 1982).

그러나 상인자본의 과도한 축적은 제국의 안정성에 대한 잠재적 위협이 되었다. 송은 관료제적 중앙권력을 이용하여 상인자본의 세력이 지나치게 성장하지 못하도록 억제했다. 유교는 경제에 대한 통제를 정당화하는 이데올로기였다. 이로 인해 상인들의 경쟁적 자

---

1) 중국사에서 황하 유역이 정치·군사적 중심의 역할을 했다면, 양자강 유역은 경제적 중심의 역할을 했다. 진시황이 최초의 통일제국을 건설하기는 했지만, 남·북중국의 결합은 불안정했으며 얼마 지나지 않아 남부를 중심으로 반란이 일어났다. 이것은 한 제국에서도 마찬가지였다. 남·북중국의 통일은 제국의 가장 큰 불안정 요인을 제거함과 동시에 남부의 발전된 농업생산력에 기초한 제국의 안정적 발전을 가능케 했다.

본 축적이 제한되었다. 주변 조공국을 포함한 제국 전체의 군사적 질서가 안정되면서 군사력의 경쟁적 발전도 제한되었다. 제국과 조공국간 전쟁이나 조공국들 사이의 전쟁은 거의 발발하지 않았다. 유일한 군사적 위협은 북방 유목민의 침략이었다. 이에 대해 문관 관료들은 외교적 수단을 적극적으로 활용했다. 이는 군사력을 적절한 수준으로 유지하면서 무관 세력을 견제하기 위한 것이기도 했다(McNeill, 1982, Arrighi, Hui, and Hung, 2003).

이렇게 중국에서는 관료제가 상업과 군대의 결합을 저지했던 반면 유럽에서는 북부이탈리아의 도시국가들을 중심으로 상인자본과 군대가 결합되면서 전쟁의 상업화가 시작되었다. 이는 로마제국이 붕괴한 이후 제국 건설의 주도권을 둘러싼 영주전쟁과 왕조전쟁이 지속되던 중세 유럽의 독특한 상황을 조건으로 했다.

중세 유럽의 지배계급도 상인의 이윤추구에 대해 적대적이었지만 분절화된 권력구조 때문에 상업활동을 완전히 통제할 수 없었다. 특히 13세기에 몽골 제국의 등장으로 세계무역이 발전하면서 자유도시는 상업과 제조업을 토대로 해서 번영을 누렸다. 상인들은 부가 집중된 도시를 중심으로 자율성을 유지하면서 자본을 축적해 나갔다(McNeill, 1982).

14세기 말 몽골 제국의 붕괴와 이를 이은 명의 쇄국정책, 그리고 흑사병의 유행을 계기로 유럽 봉건제의 일반적 위기가 전개되었다. 이러한 경제위기는 영국과 프랑스의 100년전쟁, 베네치아와 제노바의 100년전쟁을 비롯한 지속적 전쟁상태로 이어졌다. 지방 영주들 사이에 끊임없는 전쟁이 발생했지만 어떤 세력도 결정적 우위를 차지하지 못하는 세력균형 상태가 지속되었다. 또한 도시국가는 주변의 농촌 지역을 지배함으로써 상업활동과 식량공급의 안정성을 확보하고자 했기 때문에 봉건영주는 물론 다른 도시국가들과도 지속적으로 대립했다. 중앙권력이 형성되지 못한 채 지속된 군사경쟁과 이로 인한 군사비용의 증가가 전쟁과 상업이 결합할 수 있는 조건이었다(Arrighi, 1994; McNeill, 1982).

이러한 결합은 이탈리아 도시국가를 중심으로 시작되었다. 이탈리아의 봉건세력은 신성로마제국황제와 교황의 대립으로 인해 분열되어 있었고, 도시국가는 교통의 편리함으로 인해 비잔티움 제국이나 이슬람 제국으로부터 손쉽게 기술을 도입할 수 있었다. 이탈리아 도시국가는 봉건영주나 다른 도시국가와 전쟁을 수행하면서 상인자본의 축적을 지원했고 도시국가의 군사력은 고도로 집중된 자본에 의존했다. 그 결과 전쟁과 상업활동이 결합되었다.

육전은 봉건유럽의 독특한 역사적 조건에서 상업활동과 결합된 반면 해전은 그 이전부터 상업활동의 일부를 이루었다. 상인들은 오래 전부터 해적이기도 했다.[2] 지중해를 중심으로 한 원거리 무역이 확대되면서 상인들의 해전은 약탈보다는 무역로 확보와 독점권 획득을 위한 경쟁으로 변화해갔다. 해전은 원거리 무역을 통한 자본축적과 결합되었으며, 그리하여 지속적으로 상승하는 육전의 군사비용을 충당했다(Howard, 1976).

전쟁의 상업화는 그 양상을 변화시켰다. 부가 집중된 도시국가를 중심으로 고비용의 장비가 전쟁에 사용되기 시작했다. 석궁이 널리 보급되고 도시의 성곽이 건설되면서 공성전이 전쟁의 주된 양상이 되었다. 이로 인해 기병의 우위가 상대화되고 석궁병과 창병(보병)이 전쟁의 중요한 요소로 등장하면서 다양한 병과의 결합이 중요해졌다(Howard, 1976; McNeill, 1982).[3]

전쟁의 양상이 복잡해짐에 따라 고도의 정합성을 요구하는 작전

---

2) 해적은 전리품의 일부를 판매하고 필요한 물자를 구입해야 했다. 11세기 북해 및 발트해 상인의 직계 조상은 바이킹족이었으며, 지중해에서 약탈과 무역의 모호한 형태는 미케네 시대까지 거슬러 올라간다. 기원전 1세기 로마가 이 지역의 군사력을 독점한 뒤 약탈이 무역으로 대체되었다. 그러나 기원후 5세기 반달족이 바다로 진출하고, 7세기부터는 기독교도와 이슬람교도가 반목함으로써 유럽 남쪽 해역에서의 약탈은 지속되었다(McNeill, 1982).

3) 석궁부대만으로는 근거리 전투에서 약점이 노출되기 때문에 항상 창병과 결합되어야 했으며, 측면 방어를 용이하게 하고 패퇴하는 적을 추격하기 위해서는 기병 또한 결합되어야 했다.

의 수행이 승패를 좌우했다. 석궁병, 창병, 기병이 조화롭고 일사불란하게 움직일 수 있는 규율과 훈련, 이들을 조정하고 관리하는 능력이 중요해졌다. 결국 기사의 중요성이 감퇴된 반면, 고도의 조직력을 갖춘 숙련된 직업군인이 중요해졌다.4)

직업군인이 전쟁의 주역으로 등장하면서 기사는 점차 용병으로 대체되기 시작했다. 이러한 경향은 특히 이탈리아를 중심으로 한 남부 유럽에서 두드러졌다. 민병대를 운영하던 이탈리아 도시국가는 상업의 발전과 함께 공동체적 유대가 약화되고 직업군인의 중요성이 커지면서 용병에 대한 의존도를 점차 높여나갔다. 그리고 용병의 불안정성을 통제하는 군대행정이 발전했다.

처음에는 특정한 군사행동이 필요할 때 단기적 계약을 맺는 방식이 일반적이었다. 그러나 이러한 방식 하에서 용병은 고용의 불안정성에 시달렸고 고용인은 용병의 지속적 충성을 확보하기 어려웠다. 따라서 15세기 초가 되면 장기적 계약을 맺는 것이 일반화되었고, 현금이나 다양한 사적 관계를 이용하여 뛰어난 용병대장을 도시국가의 지배계급으로 편입시키기 시작했다. 베네치아와 밀라노에서는 용병대장의 반란을 제어하기 위해 최대한 작은 단위와 계약을 맺는 방식이 개발되었다. 그러나 이러한 행정기술을 발전시키지 못했던 피렌체나 제노바는 간헐적으로 내전에 시달렸다. 결국 쿠데타를 두려워한 피렌체는 민병대로 회귀했고 제노바는 스페인과의 동맹을 추진했다.

---

4) 중세 유럽의 전쟁은 기사들에 의해 수행되었다. 전쟁은 이들의 특권이었으며 전쟁에 필요한 물자는 소수의 기사들에게 집중되었다. 기사들은 사정거리, 방어력, 속도의 향상을 위해 양질의 랜스(lance, 창)·갑옷·말을 가져야 했으며 대규모 원정에는 필요한 장비의 수가 급격히 늘어났다. 이로 인해 기사의 장비와 말을 전문적으로 관리·운반하는 보조원과 기사를 호위하는 보병을 포함한 약 12명으로 구성된 랜스(창기병대)가 기본적인 전투단위가 되었다. 이를 위한 막대한 비용은 장원제 하에서 영주로부터 충당되었다(Howard, 1976).

전기 중상주의 전쟁과 군사기술의 발전

이탈리아 도시국가에서 시작된 전쟁의 상업화는 15세기 말부터 절대군주들이 중상주의적 팽창을 시작하면서 유럽 전역으로 확산·심화되었다. 전기 중상주의 정책은 상인의 경제력과 군주의 군사력을 결합하여 원거리 무역로와 식민지를 개척하는 것이었다. 특히 아메리카 대륙을 식민지로 정복한 스페인은 제노바 상인과의 동맹관계를 통해 상업과 전쟁을 결합하고 제국 건설을 추구해 나갔다. 그러나 이러한 시도는 경제적 효율성을 우선시하고 민족국가를 지향했던 네덜란드·영국의 동맹과 충돌을 일으켰고, 네덜란드의 독립으로 인해 실패로 끝났다(Arrighi, 1994).

왕조전쟁이 중상주의와 결합되면서 전쟁의 양상도 점차 변화했다(Howard, 1976; Parker, 1995a). 원거리 무역과 식민지 약탈의 주도권 획득을 위한 해전과 유럽 내부의 팽창을 위한 육전이 결합되었는데, 특히 해전의 전략적 중요성이 부각되었다. 따라서 제해권은 전쟁에 필요한 자원의 통제를 의미했고, 이것이 승패를 좌우했다.[5] 해군의 운영은 효율적이고 안정적인 경제체계를 요구했다. 선박 건조와 해군 운영에 필요한 인프라의 구축에는 높은 비용이 필요했다. 따라서 해군에서의 군비경쟁은 육군에서보다 훨씬 더 자본집약적이었다. 또한 해군의 운영은 합리적 계획과 섬세한 관리를 요구했을 뿐만 아니라 일상적 경제활동과도 유기적인 관련을 맺었다.

해전과 경제력의 관계는 해전의 양상이 근접전에서 포격전으로 전환되면서 더욱 밀접해졌다.[6] 15세기부터 선박에 대포를 장착하는

5) 중상주의가 등장하면서 해전은 상인의 전쟁에서 국가가 통제하는 해군의 전쟁으로 점차 변화해갔다. 관료제가 정비되고 국가에 의한 해상 통제력이 확보되면서 공적 전쟁과 사적 해전, 즉 사략(pirating)이 분리되기 시작했고 후자는 점차 소멸해 갔다. 이와 함께 국가가 통제하는 해전과 상업활동도 분리되기 시작했다(Howard, 1976).

6) 15세기 이전까지의 해전에서는 상대방의 배에 가까이 붙어 올라탄 뒤 승무원을 제압하는 근접전이 지배적인 방식이었다. 이러한 전쟁 방식에 가장 효과적인 함선은 갤리선이었다. 이것은 바람이나 조류에 큰 영향을 받지

것이 일반화되면서 화력이 해전의 승패를 결정했다. 이와 함께 대포의 용량과 개수, 발사속도를 둘러싼 군비경쟁이 시작되었다. 주력함의 건조를 둘러싼 군비경쟁은 엄청난 비용을 요구했으며, 이러한 군비경쟁에서 대륙에서 제국 건설을 우선시하는 스페인은 해상 제국을 추구하는 네덜란드와 영국에게 경제적 효율성에서 뒤쳐질 수밖에 없었다.[7]

육전은 해전과 달리 무기의 혁신이 전쟁의 승패를 좌우하지 못했다(McNeill, 1982; Parker, 1995b). 대포나 소화기의 사용이 점차 확산되었지만 신무기의 도입은 몇몇 전쟁에서의 일시적 승리만 가져올 뿐 전쟁의 승패를 결정하지는 못했다. 새로운 공격 기술은 곧바로 새로운 방어 기술에 의해 상쇄되었으며, 또한 신속히 다른 지역으로 전파되었기 때문이다. 예를 들어, 석궁과 갑옷의 성능을 둘러싼 경쟁은 공성전이 일반화되면서 대포와 축성술을 둘러싼 경쟁으로 이어졌다. 프랑스가 대포 기술에서 혁신을 일으켰지만, 곧바로 유럽 전역으로 빠르게 전파되었을 뿐만 아니라 이에 맞선 '이탈리아식 축성술'[8]이 곧바로 등장했다.

육전의 승패를 좌우한 것은 무기의 성능이 아니라 군인의 능력,

않고 신속히 이동할 수 있는 추진력을 갖추고 있었으며, 상대방을 제압하기 위해 많은 수의 무장한 군인들을 운반했다. 반면 많은 화물을 운반해야 하는 상선은 상대적으로 자연적 항해에 적합했고 많은 군인을 태울 수도 없었으므로 전쟁에는 무용지물이었다. 이후 포격전이 근접전을 대체하면서 많은 수의 군인을 운반할 필요도 없어졌으며, 이와 함께 상선과 전쟁선의 구별도 사라졌다(Howard, 1976).

7) 주력함 경쟁은 대포 몇 문을 장착한 갤리선에서 시작하여 16세기 말이 되면 측면에 수십 문의 대포를 장착한 갤리온급 함선으로 발전했다. 최초의 주력함인 1000톤급의 '천사장 미가엘'의 운영비용은 스코틀랜드 정부 재정의 10%에 해당했다. 1588년에 무적함대를 격파할 당시 영국의 함선은 상대방보다 훨씬 용량이 큰 포를 더 빠른 속도로 발사할 수 있었으며, 스페인의 함선은 영국 해군에 거의 아무런 타격을 주지 못했다(Parker, 1995a).

8) 이탈리아인들은 적당한 흙더미가 포탄의 충격을 흡수할 뿐만 아니라 흙벽을 쌓으면서 생기는 해자가 또 다른 장애물의 역할을 한다는 사실을 발견했다. 여기에다 성벽을 대포로 무장하고 해자의 보호를 받는 능부와 외보를 추가한 것이 이탈리아식 축성술이다.

특히 다양한 병과를 효율적으로 결합·운영하는 조직력이었다. 전쟁의 주역은 직업군인이었으며 군사경쟁은 군인의 양적 팽창을 동반했다. 특히 15세기 말에서 17세기 초에 이르는 약 1세기 동안 군인의 수는 10배 가까이 증가했다. 당시 직업군인의 지배적 형태는 용병이었고, 유럽 각국은 용병을 관리·통제하는 데 이탈리아 도시국가의 기법을 채택했다. 용병은 전쟁과 관련된 모든 것을 자체적으로 해결했고 언제든 필요에 따라 고용할 수 있었으며 자국의 피지배계급과 연대할 가능성이 작다는 장점이 있었다.

그러나 용병제는 고용·관리비용이 높을 뿐만 아니라 충성심을 확보하기 어려운 단점을 갖고 있었다. 네덜란드는 스페인으로부터의 독립전쟁 과정에서 모병제를 채택하여 용병제의 단점을 극복했다. 또 군사조직의 혁신을 통해 용병의 전투력을 압도하는 군대를 양성했다. 마우리츠 백작은 모병제에 기초해서 현대적인 군대 조직과 훈련방식을 고안했다. 그는 우선 병사들에게 급료를 확실히 지급하여 반란의 원인을 제거했고 엄격한 훈련과 규율을 부과하여 통제력을 높이고자 했다(McNeill, 1982; Parker, 1995b).

첫째, 참호를 파고 그 속에 숨어서 전투하는 참호전의 도입과 일상적 훈련을 도입했다. 이는 적에게 압박을 가하면서 동시에 자신을 방어할 수 있는 효율적 방식이었을 뿐만 아니라 토목공사를 일상 업무화하면서 나태함과 낭비를 근절하는 효과도 있었다.

둘째, 조직적이고 표준화된 훈련을 도입했다. 머스켓소총(화승총)의 장전과 발사에 요구되는 동작을 42개로 구분하고 각각의 동작에 명칭과 구령을 부여했다. 병사들이 구령에 따라 일제히 동일한 동작을 취하게 됨으로써 일제사격의 위력과 속도가 높아졌고 실수도 줄게 되었다. 또한 행진의 규칙과 대열을 통제하는 기법이 개발되었는데, 반복훈련을 통해 사열동작을 반자동화함으로써 대열이 흐트러질 가능성을 최소화했다. 이것은 특히 소총부대가 열을 지어 차례로 장전과 사격을 반복하는 과정을 일사불란하게 진행할 수 있도록 했다.[9]

마지막으로 마우리츠는 전술단위를 개편했다. 그는 대대를 550명으로 구성하고 그 하위 단위로 중대와 소대를 편성했다. 대대는 대대장 한 사람에 의해 통솔될 수 있었기 때문에 훈련에 적합한 크기였다. 이러한 조직개편을 통해 대대장에서 신병에 이르는 명확하고 일관된 지휘계통이 확립되었다.

지휘체계의 혁신으로 인해 군대는 단일한 중추신경계를 가진 유기체가 되어 전장의 예기치 못한 상황에 즉각적으로 대처할 수 있게 되었다. 부대의 모든 행동은 정확·신속해졌으며, 병사 개개인의 움직임을 예측·통제할 수 있었다. 이렇게 훈련을 받은 부대와 병사는 전장에서 월등히 뛰어난 파괴력을 발휘했다. 뿐만 아니라 지속적 훈련을 통해 일상적 시기나 수많은 사상자가 발생하는 극한적 상황에서도 부대의 사기와 규율을 유지할 수 있었다.

마우리츠식 훈련은 군대의 전투력을 향상시켰을 뿐만 아니라 이전보다 더 충성스럽고 효율적인 군대를 육성했다(McNeill, 1982; Parker, 1995b). 훈련을 통해 군대 내부의 공동체적 연대감과 단결력이 강화되었으며, 병사들이 사적 이익에서 벗어나 명령에 무조건 복종하는 지휘체계가 확립되었다. 또한 훈련이라는 공통의 경험을 둘러싸고 고유한 '군대문화'가 탄생했고, 이와 함께 군대는 일반 사회와 어느 정도 괴리된 독특한 집단으로 변화했다. 게다가 빈농과 반실업자가 훈련을 통해 군대의 일원이 될 수 있다는 사실은 자국민의 모병을 통해 훨씬 저렴하면서도 강력하고 안정적인 군대를 운영할 수 있는 가능성을 보여주었다.

마우리츠식 훈련은 그 효과가 인식되기 시작하면서 다른 나라로 전파되었다. 마우리츠는 1619년에 유럽 최초의 사관학교를 설립했다. 그 졸업생 중 한사람이 스웨덴군에 네덜란드식 훈련을 도입했으며, 이것이 프랑스와 스페인까지 전파되었다. 훈련을 통해 군대에

---

9) 표준화된 훈련은 표준화된 장비를 전제로 했다. 현대적 군사조직이 확산됨에 따라 소화기를 비롯한 무기와 제복의 표준화가 점차 진행되었다. 장비의 표준화는 비용을 경감시켰고 보급도 용이하게 했다(McNeill, 1982).

대한 통제력을 강화할 수 있고, 그렇게 훈련된 군대가 용병을 효과적으로 대체할 수 있다는 사실이 인식되면서 용병은 점차 쇠퇴했다.

후기 중상주의 전쟁과 군사혁명

방위비용을 내부화하고 중계무역을 지향한 네덜란드는 전기 중상주의에서 후기 중상주의로의 전환을 특징짓는다. 17세기에 이르러 영국, 프랑스를 비롯한 유럽 국가들은 금·은 등의 귀금속이 부의 원천이라는 중금주의를 지양하고 민족경제의 발전을 추진하기 시작했다. 이와 함께 식민주의는 귀금속의 약탈이 아니라 정주식민지의 개척과 착취를 통해 민족경제와 결합하는 형태로 점차 변화해갔다.

1648년 네덜란드의 주도 하에 베스트팔렌 조약이 체결되면서 다양한 주권국가가 공존하는 현대적 국가간체계가 형성되었다. 그러나 당시의 세력균형은 끊임없는 전쟁을 통해 유지되는 무정부주의적 성격을 지니고 있었다. 신생 민족국가들이 후기 중상주의적 정책을 채택하면서 이들 사이에서 경쟁이 격화되자, 분권화된 권력구조를 지닌 네덜란드의 헤게모니는 곧 붕괴되기 시작했다(Arrighi and Silver, 1999).

특히 민족국가 영국과 프랑스가 대표적인 도전세력이었다. 영국과 프랑스의 압박에서 네덜란드가 영국과의 동맹을 선택함에 따라 영국과 프랑스의 헤게모니 경쟁이 본격화되었다. 제국의 건설을 추구했던 프랑스의 시도가 스페인 왕위계승 전쟁(1701-14)에서의 패배로 좌절됨에 따라 유럽 내에서의 영토경쟁은 제한되었다. 그리하여 영국과 프랑스의 경쟁은 무역로 확보와 정주식민지 개척을 위한 대서양 제해권을 둘러싼 경쟁의 양상으로 전개되었다.

17세기 전반까지 영국의 해군력은 아직 절대적 우위를 차지하지 못했다. 그러나 금융의 중심이 네덜란드에서 영국으로 점차 이동하고 산업적 기반도 견고해짐에 따라 영국은 프랑스를 압도해가기 시작했다. 게다가 엘리자베스 1세가 '현실주의' 노선을 택한 이후 영국이 브리튼 섬의 통일과 해상제국 건설에 주력한 반면, 프랑스는 대륙적 규모의 육전에 대비해야 했기 때문에 해군에 대한 지속적 투자가 불가능했다. 이러한 격차는 '7년 전쟁'(1756-63)에서 프랑스의 패전으로 여실히 드러났다(Parker, 1995a; Howard, 1976).

헤게모니 경쟁에서 영국에 뒤지기 시작한 프랑스는 군사 조직과 기술을 혁신함으로써 전세를 역전시키고자 시도했다(McNeill, 1982; Parker, 1995a). 우선 참모부를 중심으로 한 지휘·통제체계를 도입하는 조직혁신을 단행함으로써 대규모 병력의 체계적 운용을 가능케 했다. 18세기 중엽부터 프랑스군은 전쟁 가능성을 조사하여 상세한 전쟁계획을 작성하고 독도법(讀圖法)과 병참술에 숙달된 참모장교를 양성하기 시작했다. 지휘관의 관찰과 기마정찰대의 보고에 기초한 기존의 지휘방식은 참모부의 사전계획에 의존하는 방식으로 변화했다. 이와 함께 통제가능한 병력의 상한선이 5만 수준에서 20만 수준으로 확대되었다. 군대의 규모가 확대됨에 따라 전체 군단은 사단이라고 불리는 단위로 나뉘어졌다. 각각의 사단은 보병·기병·포병의 전투병과와 공병·위생병·통신병의 지원병과로 구성되었는데, 참모부에 의해 통합·조정되면서도 그 자체가 완결적인 독립 단위로 행동했다.

또한 프랑스는 군사기술을 혁신했다. 프랑스 해군은 선박의 설계에 과학적 기법을 도입하는 등 군비의 개선을 주도했다. 프랑스 육군은 포탄과 대포 규격을 표준화하고 대포 생산에서 포병의 양성에 이르는 과정을 합리화·체계화했다. 이로 인해 포병이 보병·기병과 대등한 중요성을 지닌 병과로 등장했다.[10)]

10) 이전에도 포탄의 중량에 따라 대포의 등급을 분류했지만 완전한 표준화는 대포를 금속덩어리 형태로 주조한 다음 포강을 뚫는 마리츠의 천공기에 의해 달성되었다. 대포 생산의 표준화는 표적의 명중률을 높였을 뿐만 아니라 대포의 안전성을 높였고, 포강의 내벽과 포탄 사이의 안전거리를 밀착시킴으로써 가볍고 기동성이 높은 대포를 제작할 수 있도록 했다. 이러한 생산기술의 발전과 함께 육전에서도 대포가 점차 주요한 무기로 자리잡기 시작했다(McNeill, 1982).

그러나 기술 혁신의 선도성이 군사력의 우위로 이어지지는 않았다. 새로운 기술은 손쉽게 전파되었고 영국은 산업의 발전에 힘입어 종종 더 뛰어난 기술을 개발했다. 무엇보다도 영국은 해상 무역의 네트워크를 장악함으로써 헤게모니 경쟁에서 승리할 수 있는 경제적 토대를 구축했다. 7년 전쟁을 기점으로 경제력의 격차가 계속 확대되었음에도 불구하고 프랑스는 경쟁을 계속해 나갔다. 그러나 결과는 프랑스 재정의 파탄이었다. 이를 계기로 발생한 프랑스혁명과 나폴레옹 전쟁을 거치면서 영국과 프랑스의 헤게모니 전쟁은 최종 국면에 접어들었다(Arrighi and Silver, 1999).

프랑스혁명은 귀족 출신의 뛰어난 기간 요원들을 제거함으로써 해군력의 약화를 가져 왔다. 반면 영국은 신호체계를 개선함으로써 해군의 전술을 신축화·다양화했다. 1793년에 양국의 전쟁이 재개되자 영국은 미국 독립전쟁 이후에 상실했던 서인도제도에 대한 통제력을 회복하는 데 총력을 집중했다. 트라팔가 해전으로 프랑스 해군이 괴멸된 이후 나폴레옹은 대륙봉쇄령을 통해 영국 상선의 대륙입항을 차단하려고 시도했다(Howard, 1976; Arrighi and Silver, 1999).

그러나 영국이 해상을 완전히 장악했기 때문에 프랑스의 혁명군은 전쟁에 필요한 자원을 유럽 대륙에 대한 정복과 징발에 의존할 수밖에 없었다. 이를 지원한 것은 민중의 혁명적 열기와 애국주의적 감정이 결합된 혁명적·민족주의적 이데올로기였다. 1793년에는 남녀노소 모두 국가를 위해 군사적 봉사를 해야 한다는 국민총동원령이 선포되었다. 이를 통한 징병제의 도입과 국민군의 창설은 프랑스 군사혁신의 핵심이었다. 군사 조직 및 기술의 혁신과 징병제가 결합됨에 따라 일사불란한 지휘·통제체계에 따른 전민족적 규모의 전쟁이 가능해졌다(Howard, 1976; McNeill, 1982).

대부분의 전투에서 프랑스의 국민군은 군사기술이 아니라 혁명적·민족주의적 열의와 수적 우세에 힘입어 승리를 거두었다. 국민군의 전법은 대체로 1763년 이후에 육군이 개발한 전술적 개념을 따랐다.[11] 혁명 직전 정부의 재정난과 열악한 무기생산량을 극복한 것도 이런 열정이었다. 국민 대부분이 대의를 위해 강제적 징발 등의 희생도 감내했다.

혁명은 군사적 발전을 제약하던 신분제 같은 기존의 사회제도적 장애물을 제거하는 역할을 했다. 혁명 이전에 지휘·통제의 개선이나 포병기술의 발전 같은 군사적 혁신은 계산과 과학기술을 혐오하는 귀족 출신 장교들의 반대에 부딪히곤 했다. 또한 용병부대에서 기원한 유럽 상비군의 흔적은 18세기에도 남아 있었으며, 승진이 군인으로서 능력뿐만 아니라 임명권을 가진 인물과의 사적 관계나 매관·매직, 개인적인 판단에 따라 좌우되었다(McNeill, 1982). 그러나 혁명이 군대의 성격을 바꾼 것은 아니었으며, 오히려 기존의 군사혁신을 보완했다. 군을 실질적으로 운영한 장교·하사관은 구체제의 장교와 연속성이 있었으며, 기존의 군사 조직 및 기술을 그대로 수용했다.

프랑스혁명은 민족을 전쟁의 주체로 등장시킴으로써 전쟁의 규모와 강도에 있어서 과거의 왕조전쟁이 지니고 있던 결정적 한계를 극복했다. 국왕과 신민, 그리고 군인이 집단적 동일성을 공유하지 못했던 왕조전쟁은 군주의 전쟁이었다. 군인은 그 대리자였고, 농민과 도시민은 그 비용을 충당하는 경제활동을 담당했다. 국민전의 등장은 이러한 수동적 역할 분리의 한계를 극복했으며, 이로 인해 혁명 이전의 군사적 혁신이 그 잠재력을 발휘할 수 있게 되었다.

1815년 나폴레옹 전쟁이 종결된 이후 유럽의 통치자와 군인은 전쟁에서 유효성이 증명된 군사적 혁신을 신속히 수용했다. 1790년대까지 사단이나 군단조직은 새로운 것이었지만 1815년 무렵에는 표

11) 1793년 10월의 바티니 전투에서 프랑스군 병사들은 혁명적 열정에만 의지하여 보급도 없이 도중에 군량을 구하면서 보통의 행군속도의 두 배에 가까운 속도로 이동할 수 있음을 보여주었다. 이로 인해 프랑스군은 상대보다 훨씬 많은 인원을 전장에 집중시킬 수 있었고, 그 이점을 살려 오스트리아군을 포위·공격함으로써 직업군대의 우세한 화력을 무용지물로 만들었다.

준이 되었다. 지도를 사용하고 참모부를 두는 것도 일반화되었다. 나폴레옹 전쟁 동안 크게 확대된 육군의 규모도 그대로 유지되었다.

그러나 민족주의와 국민군의 힘을 사용하는 것은 거부되었다. 프랑스 병사의 격렬한 에너지가 한편으로는 정부를 보위·강화할 수 있지만 다른 한편으로는 정부에 도전할 수도 있다고 인식되었기 때문이다. 인민의 의지를 통제하는 것은 어려운 일이며 징병제에 의해 무장한 인민은 언제든지 통치자를 공격할 수 있었다. 19세기 후반에 징병제가 일반화되기 전까지 민족주의적 열정을 이용한 시민의 동원은 거의 이루어지지 않았다.

영국의 헤게모니와 전쟁의 산업화

나폴레옹 전쟁 이후 영국의 헤게모니는 유럽 대륙의 세력균형을 조정하는 이른바 '균형자' 역할을 통해 비공식적 세계지배를 수행함으로써 베스트팔렌 체제의 무정부성을 극복했다. 영국은 러시아·프로이센·오스트리아를 중심으로 한 신성동맹을 인정·지원하는 동시에, 패전국 프랑스를 강대국에 포함시키고 미국의 지원 하에 라틴아메리카에 대한 불간섭 원칙을 강제하여 이를 견제했다. 또한 영국은 자유무역체계 내에서 최대의 농산물 수입국인 동시에 최대의 공산품 수출국이었다. 이것은 자유무역과 식민지개척의 안정성을 보장함으로써 영국의 민족적 이익에 부합했을 뿐만 아니라 민족경제의 발전을 추구하던 유럽의 다른 국가들의 이익에도 부합했다. 유럽에서의 100년평화는 자유무역과 식민지건설에 기초한 축적체계의 안정적 성장을 뒷받침했으며, 축적체계의 성장은 이러한 평화를 유지할 수 있는 조건이었다(Arrighi and Silver, 1999).

자본주의의 발전과 함께 전쟁도 산업화되었다. 산업혁명과 교통·통신혁명으로 현대적 생산방식이 군사장비의 생산에 적용되고 지휘·통제체계가 혁신되었다. 군사장비의 성능이 전쟁의 다른 모든 요인을 압도하면서 산업적 역량이 전쟁의 결정적 요소로 작용하기 시

작했다.[12)]

무기 생산의 산업화는 소화기의 대량생산에서 시작되었다. 1850년대 크리미아 전쟁을 계기로 영국은 전통적인 장인식 생산방식을 '미국식 제조시스템'으로 대체했다.[13)] 선반을 사용하여 정해진 모양대로 부품을 깎아내는 새로운 생산방식에 의해 총기 생산의 자동화·표준화가 이루어지고 대량생산이 가능해졌다. 작업기로 제작된 표준화된 부품을 이용하면 누구나 손쉽게 총기를 조립할 수 있었다. 또한 자동화기계가 도입된 후로는 일단 원형만 완성되면 순식간에 새로운 총기를 생산할 수 있었다. 이로 인해 소화기의 급속한 개선이 가능해졌다. 대량생산의 이점은 신속히 다른 국가에도 전파되었다(McNeill, 1982).

무기 생산의 산업혁명이 무기의 살상력·파괴력을 급속히 높이고 대량생산을 가능케 했다면, 교통·통신혁명은 전쟁의 규모와 속도를 높이고 지휘·통제체계를 강화함으로써 전·후방이 구분되지 않는 전면전을 가능케 했다. 해상에서는 증기선이 기존의 범선을 대체하기 시작했고 육상에서는 전국적 철도망이 건설되었다. 이로 인해 자원의 이동속도와 운송량이 극대화되었다. 또한 신문과 전신이 등장하면서 전장과 본국의 실시간 통신과 전장에서 부대에 대한 실시간 통제가 가능해졌다(Howard, 1976; Murray, 1995a).

세력균형의 일시적 균열로 인해 발생한 전쟁은 산업화로 인해 변화된 전쟁의 양상을 보여주었다(McNeill, 1982; Murray, 1995a). 최초의 산업화된 전쟁은 1853년의 크리미아 전쟁이었다. 이 전쟁은

---

12) 과거 전쟁의 결정적 요인은 무기의 성능이 아니라 보급, 특히 군량의 조달이었다. 보급로 차단, 군량 탈취, 군량 소각은 가장 기본적인 전술이었다. 군주의 정복전쟁에는 적절한 보급로의 확보가 필수적이었고 전쟁의 장기화는 본국에서의 반란을 초래할 수 있었다.

13) 소총은 오래전부터 직능단체에 의해 생산되었고, 이들은 정부와 계약을 맺은 원청업체의 하청을 받아서 작업했다. 이러한 방식은 나폴레옹 전쟁 시기의 무기수요를 담당하는 데는 충분했지만, 19세기 중반에는 한계를 드러내었다. 장인식 생산방식은 새로운 기술을 적용하는 데 오랜 시간이 걸렸고 정밀성에도 한계가 있었다.

군비의 성능이 병사의 개인적 용맹이나 조직력 같은 요인들을 압도하기 시작했음을 보여주었다. 세바스토폴 공성전에서 승패를 가른 것은 프랑스와 영국의 신식 라이플소총이었다.[14] 또한 러시아가 육상수송에만 의존했던 반면 영국과 프랑스는 증기선을 이용함으로써 훨씬 많은 자원을 신속히 운송할 수 있었다.

미국의 남북전쟁에서는 산업적으로 생산된 소화기뿐만 아니라 증기함과 장갑함이 등장했고, 철도가 수로에 필적하는 운송수단으로 등장했다. 또한 남북전쟁은 산업화된 전쟁이 대량살상을 동반하는 소모전의 양상으로 전개될 수 있음을 보여준 최초의 사례였다. 최초의 공세에서 패배한 북군은 라이플소총을 사용하는 전투에서는 방어하는 쪽이 유리하다는 사실을 깨닫고 지구전으로 전환했다. 신속한 승리를 자신했던 양군 진영의 예상과 달리 전쟁이 교착상태에 빠지면서 혼란스러운 전투가 계속되었다. 5년 동안 지속된 팽팽한 접전은 북군이 해상을 봉쇄하여 남군의 무기 수입을 차단함으로써 종결되었다.

한편 1866년 오스트리아에, 그리고 1871년 프랑스에 승리를 거둔 프로이센은 남북전쟁과 상반된 전쟁양상을 보여주었다. 프로이센은 무기 생산의 산업화와 교통·통신혁명으로 인한 혁신을 참모부 중심의 현대식 지휘·통제체계와 결합시켰다.[15] 전신의 도입은 부대의

---

14) 머스켓소총은 그 유효사거리가 약 180m였던 반면 라이플소총은 900m에 달했다. 라이플소총의 이점은 훨씬 이전부터 알려져 있었지만, 제작비가 높고 발사속도가 느렸기 때문에 보병의 주력무기로 채택되지 못했다. 이 문제는 기존의 둥그런 탄환을 가름한 탄환(미니에식 탄환)으로 대체하면서 해결되었으며 크리미아 전쟁에서 그 가치가 입증되었다.

15) 프로이센 군대의 두드러진 특징은 참모본부와 참모총장 헬무트 폰 몰트케 장군이 높은 권위를 갖고 있었다는 점이었다. 프로이센의 모든 군사작전은 참모본부의 중앙집권적 지휘에 따라 이루어졌다. 이로 인해 프로이센 군대는 치밀한 계획 하에 신속히 작전을 전개할 수 있었으며, 매번 전투의 경험을 축적시켜 전술적 역량을 향상시킬 수 있었다. 1866년 오스트리아와의 전쟁은 3주만에 종결되었다. 나폴레옹 시절의 신속·과감한 전술과 이데올로기적 힘이 결합된 프랑스 군대는 단지 6주만에 항복했다 (McNeill, 1982).

위치와 무관하게 신속·정확한 작전을 수행할 수 있게 했고, 다양한 형태의 산개전을 구사할 수 있게 했다. 철도는 자원의 이동 속도와 운송량을 극대화했으며 정확한 계산에 의해 기관차와 운송물자를 배치함으로써 작전수행 능력을 극대화할 수 있었다. 그 결과 전쟁은 자원을 신속히 동원하여 집중시킴으로써 순식간에 목적을 달성하는 양상을 보였다.

1·2차 세계전쟁과 군산학복합체의 등장

영국의 헤게모니는 1870년대를 거치면서 위기에 빠지기 시작했다. 이윤율의 하락은 대공황으로 나타났고 런던의 금융가(the City)를 중심으로 금융화가 시작되는 계기가 되었다. 이와 함께 식민지를 둘러싼 열강들 사이의 갈등이 심화되기 시작했으며 산업화에 기반한 군사적 제국주의가 확산되었다. 보어전쟁을 계기로 유럽 열강들 사이의 군사경쟁이 본격화되었고, 1차 세계전쟁을 계기로 영국을 중심으로 한 세력균형은 완전히 해체되었다(Arrighi and Silver, 1999).

1차 세계전쟁을 전후로 전쟁의 산업화는 더욱 심화되었다. 대량생산과 성능개선이 소화기에 국한되지 않고 다양한 군비에 적용되면서 군비생산에 필요한 자본의 규모가 점점 커졌다. 그리하여 군비생산의 중심이 점차 조병창에서 민간기업으로 옮겨갔다. 19세기 말에는 국제적 군수산업이 성장하여 군비생산의 핵심적 역할을 담당했다(McNeill, 1982).

군산복합체는 1870년대에 다른 유럽 국가들의 군비기술 발전에 위기의식을 느낀 영국의 해군을 중심으로 형성되기 시작했다. 애초에 영국은 울리치 조병창의 기술발전을 기대했다. 그러나 전함 '드레드노트' 개발 등의 사례에서 드러나듯이, 군비경쟁이 격화되면서 요구되는 기술개발의 규모가 조병창이 감당할 수 없는 수준에 도달했다. 그리하여 군당국은 기술개발을 민간기업에게 넘기기 시작했다. 울리치 조병창과 해군 조선소는 여전히 중요한 군사기관이었지만 대규모의 자본을 요구하는 핵심적 기술혁신의 주도권은 민간기업으로 넘어갔다.

군비 생산에서 대규모 산업자본의 중요성이 커지면서 군대와 민간기업이 긴밀히 결합하기 시작했다. 이와 함께 기술개발 과정에 변화가 발생했다. 민간기업이 독자적으로 기술을 개발한 후에 군대에 판매하는 기존의 방식은 개발비용이 증가함에 따라 위험부담도 높아졌다. 군산복합체가 형성되면서 군대의 전문가들이 먼저 신무기나 기계의 사양을 제시하고 민간기업이 그 요구에 따라 설계·개발하는 '관제기술개발' 방식이 등장했다. 전략·전술적 계획이 우선 수립되고 여기에 적합한 성능을 가진 무기가 개발되었던 것이다.

한편 프랑스혁명 시기에 등장한 징병제는 19세기 후반에 군사경쟁의 격화와 함께 유럽 전역으로 확산되었다. 프로이센이 1814년에 징병제를 채택했으며, 1871년에 통일과 함께 독일 전역에 확대·적용되었다. 1875년에는 러시아와 일본이, 1876년에는 오스트리아가 징병제를 채택했다.

군산복합체의 등장과 징병제의 일반화는 산업화된 전쟁과 민족국가간 전면전의 결합을 의미했으며, 이는 1차 세계전쟁의 대량살상으로 귀결되었다. 당시 유럽에는 과학적·합리적 작전계획 하에 단기간에 전쟁의 목표를 달성할 수 있다는 믿음이 확산되어 있었다.[16] 그러나 전쟁은 참전국들의 사전계획에 따라 진행되지 않았고 서부전선에서 교착상태를 이루면서 산업화된 무기에 의한 무의미한 살상이 지속되었다. 신속한 승리를 확신하고 불과 몇 개월 분의 물량을 준비했던 참전국들은 전쟁 물자를 지속적으로 생산·보급하기 위한 전시경제체제에 돌입했다(Kolko, 1994; Murray, 1995b).

16) 1차 세계전쟁이 벌어지기 전까지 유럽인들은 남북전쟁의 의미를 인식하지 못했다. 군사 전문가들이 염두에 둔 전쟁은 프로이센의 보불전쟁이었지 미국의 남북전쟁이 아니었다. 프로이센의 신속한 군사작전은 장기간의 교착상태가 지속된 남북전쟁과 극명한 대조를 이루면서 유럽의 군사적 기량의 우월성을 보여주는 것으로 여겨졌다(McNeill, 1982).

이와 함께 영국 해군에서 등장한 군산복합체가 일반화되었다. 각국은 끊임없이 군사기술을 개발해야만 했고 신무기는 곧바로 전선에서 시험·적용되었다. 서부전선은 이동하지 않았지만 전차·항공기 등의 신무기가 등장하면서 내부의 전투양상은 급속히 변화했다. 군산복합체가 일반화되면서 산업적 생산방식이 모든 군사장비에 확대·적용되었다. 뿐만 아니라 관제기술개발 방식이 거의 모든 군사장비의 생산으로 확대되어, 자동차·트럭·전차·항공기엔진의 생산라인이 표준화되었다(McNeill, 1982).

2차 세계전쟁을 거치면서 군산복합체는 미국에서 군산학복합체로 발전했다. 이것은 과학·기술이 산학협동이라는 형태로 법인자본에 포섭된 미국 자본주의의 특수성에서 유래했다. 19세기 과학혁명에 기반을 둔 전기전자·석유화학·항공기산업 등을 중심으로 과학연구와 산업적 실용성은 공학을 매개로 긴밀히 결합되었다. 그리하여 1·2차 세계전쟁을 계기로 미국의 군사기술은 과학·기술과 밀접히 결합되어 발전했다(Noble, 1977).

2차 세계전쟁은 과학·기술의 군사적 중요성을 보여주었다(Murray, 1995e). 대표적인 것이 공군에서의 기술경쟁이었다. 항공기를 전쟁에 사용하는 것은 1차 세계전쟁 직전에도 등장했으나 공군의 전략적 중요성이 부각된 것은 2차 세계전쟁이었다. 핵심적인 것은 폭격전술이었다. 폭격기는 적국의 상공 깊숙이 침투하여 폭격을 가함으로써 전쟁의 산업적·경제적 토대를 붕괴시키고 대중적 사기를 꺾었다. 여기서 공격력은 장거리 폭격기와 이를 호위하는 전투기로 구성되었고 방어력은 이들을 요격하는 전투기와 상대방의 공습을 감지하는 레이더장치로 구성되었다.17) 폭격전술에서의 우위는 연합군이 최종적으로 승리할 수 있었던 중요한 요소였다.

공군의 최신 탐지기술은 해군과 긴밀히 결합되었다. 공군은 해상

17) 레이더 기술은 1930년대 영국에서 처음 등장했다. 탐지 도구로서 그 중요성이 인식되면서 1939년에는 미국, 영국, 독일 등이 레이더를 보유하게 되었고, 2차 세계전쟁을 거치면서 기술개발이 본격화되었다(Murray, 1995d).

선박을 보위하는 역할을 담당했다. 해전에서 레이더는 함정이나 잠수함을 탐지하는 등의 용도로 사용되었다. 또한 상대방의 라디오 통신을 감지하고 암호를 해독하는 기술이 발전했는데, 이를 통해 연합군은 독일해군을 손쉽게 제압할 수 있었다.

미국의 헤게모니와 자동화된 대량살상전쟁

2차 세계전쟁 이후 미국의 헤게모니는 소련과의 세력균형('공포의 균형')을 유지하면서 이른바 '자유진영'의 상대적 평화체제를 구축했다. 미국은 국제연합(UN) 등 국제기구를 통한 공식적 지배를 행사했으며, 이 과정에서 다른 민족국가들의 주권을 일정하게 제한했다. 기존의 '민족안보'는 '집단안보'로 대체되었고 북대서양조약기구(NATO)를 비롯한 초민족적 군사동맹과 연합군제도가 상설화되었다(Arrighi and Silver, 1999).

전후 냉전이 전개되는 과정에서 미국은 소련의 공격에 대한 상시적 대비상태를 유지했다. 그 결과 일상적 군비경쟁이 진행되었다. 전쟁기술에 대한 연구가 일상적으로 진행되면서 2차 세계전쟁을 계기로 형성된 군산학복합체는 더욱 발전했다. 이는 항공, 전자, 공작기계 분야를 중심으로 이루어졌다. 군대의 지원 하에 산업기술은 다양한 군사적 요구에 적합한 방향으로 발전했다. 또한 과학·기술 영역에서 군사연구가 제도화되기 시작했다(Noble, 1986).

미·소간 군비경쟁은 두 가지 방향으로 전개되었다. 첫째, 무기의 살상력을 높이는 기술개발이 추진되었다. 원자탄과 수소폭탄으로 대표되는 핵무기 개발이 대표적이었다.[18] 이로 인해 핵무기의 파괴

18) 독일의 원자탄 계획에 대항하기 위해 추진되었던 맨하튼 프로젝트는 군산학복합체의 대표적 사례였지만, 원자탄이 2차 세계전쟁의 결과 자체에는 큰 영향을 주지 못했다. 독일은 이미 항복을 선언했고 일본과의 전쟁에서도 미국의 승리가 거의 확실해진 상황이었기 때문이다. 원자탄으로 대표되는 핵무기의 등장은 전후 냉전이 전개되면서 미·소 양국 사이에서 전개되었던 군비경쟁의 성격을 규정하는 것이었다(Murray, 1995e).

력이 지속적으로 높아졌을 뿐만 아니라 기존의 재래식 무기의 파괴력 또한 이에 못지 않게 상승했으며, 모든 생명체의 절멸을 목표로 하는 생화학무기도 등장했다.

둘째, 자동화된 미사일방어체제를 구축하기 시작했다. 2차 세계전쟁 시기에 개발된 독일의 로케트는 미국의 첨단과학과 결합하여 미사일로 발전했는데, 이것과 공군이 결합된 미사일방어체제의 구축을 위한 경쟁이 진행되었다. 냉전 시기 대륙간 핵탄두미사일방어체제는 컴퓨터를 비롯한 정보·통신기술을 도입함으로써 신속·정확한 자동방어체제를 구축한 것이었다. 이러한 원격전쟁은 전쟁의 수행자와 전장을 분리시켰을 뿐만 아니라 전쟁이 군인의 의지와 무관한 자동화된 통제에 의해 수행됨을 의미했다.

이러한 발전은 한편으로 민족국가간 전면전의 가장 이상적인 형태를 구축한 것이었다. 핵무기의 개발은 전쟁의 산업화 이후 살상력 향상을 위한 지속적 경쟁의 정점을 나타낸 것이었다. 미사일방어체제는 전투력을 동원함에 있어 다양한 상황에 대한 치밀한 사전계획에 따라 효율적으로 대처한다는 지휘·통제체계의 이상을 구현한 것이었다.

그러나 이러한 군사기술의 발전은 동시에 민족국가간 전면전을 초과하는 전쟁의 새로운 양상을 드러냈다. 궁극의 살상력을 확보함으로 인해 전쟁은 민족의 정치적 목적의 달성이 아니라 인류의 절멸을 야기할 수 있게 되었다. 또한 자동화된 자기완결적 지휘·통제체계는 전쟁에서 병사를 완전히 부수적인 역할, 즉 전쟁기계의 부속품으로 전락시켰다. 이러한 혁신은 군대의 전문화와 함께 인민을 전쟁에서 배제시킴으로써 민족이 전쟁의 주체가 될 수 있는 물질적 조건을 소멸시켰다.

1970년대에 이윤율이 하락함에 따라 미국의 헤게모니도 위기에 빠졌다. 미국의 대외정책은 1980년대 초 1기 레이건 행정부로 대표되는 '헤게모니 부활론'에 근거한 일방주의에서 '헤게모니 쇠퇴론'에 근거한 다자주의로 변화했다. 1980년대 말 탈냉전과 금융세계화가 진행되면서 미국의 대외정책은 다자주의에 기초하여 신자유주의적 금융세계화를 보장하는 세계적 통치성(global governance)을 지향하게 되었다. 이와 함께 '집단안보' 개념의 실질적 내용은 국제연합이 선진7개국(G7) 중심의 다자간 합의에 기초하여 세계화된 금융자본의 안전을 보장하는 것이 되었다.

금융세계화·군사세계화의 진행과 함께 전쟁의 성격도 변화하여 이른바 '새로운 전쟁'이 등장했다(Serfati, 2003). 금융세계화로 인한 선별적 포섭은 배제된 지역의 경제적·정치적 붕괴로 인한 종족적·인종적·종교적 갈등과 전쟁을 야기했다. 미국의 군사활동은 세계화에 반대하는 이른바 '불량국가'에 대한 군사적 개입과 테러주의에 대항한 치안의 확보, 사회운동에 대한 억압을 중심으로 진행되었다.

군사활동의 성격 변화와 함께 군사기술의 성격 또한 변화했다. 군수산업에서도 금융화가 진행되면서 군사기술이 금융의 이해에 종속되기 시작했던 것이다(Serfati, 2003). 한편으로 최신 정보·통신기술이 결합된 정밀한 안보체계와 대테러전에 적합한 진압장비기술이 발전했다. 또한 유고연방의 붕괴 같은 정치적 불안이나 이라크 같은 불량국가에 대한 군사적 개입을 위해 기존의 무기기술도 지속적으로 발전했다. 핵군비경쟁은 완화되었지만 그 전략적 중요성은 유지되었다. 핵무기 이외에도 장거리미사일, 생화학무기 등을 포함하는 대량살상무기가 등장함으로써 전쟁이 정치적 목적과 무관한 대량학살로 이어질 가능성은 더욱 높아졌다.

군사기술이 첨단과학과 결합됨에 따라 전쟁의 전문화는 더욱 가속되었다. 1973년에 미국이 모병제로 전환한 이후 군대의 전문직화는 대체복무 등을 포함한 다양한 형태를 띠고 세계적으로 확산되었으며, 정보·통신기술의 발달과 함께 무인자동화시스템이 도입되었다. 이로 인해 전쟁은 점점 더 기술관료적 판단에 종속되었고 자동화된 지휘·통제체계는 전쟁으로부터 병사의 소외, 인민의 소외를 가속화했다.

세계전쟁의 이론과 쟁점

자본주의 세계체계가 형성되면서 전쟁은 축적체계의 순환과 밀접히 결합되었다. 실물적 축적이 한계에 봉착하는 것과 동시에 헤게모니가 동요하기 시작했다. 금융화와 함께 구조적 위기가 심화되면서 헤게모니를 둘러싼 경쟁은 세계전쟁으로 비화되었다.

세계전쟁에 관한 이론적 접근은 서로 다른 영역에서 독립적으로 발전한 장기파동 연구와 전쟁-헤게모니순환 연구에 기초한다. 장기파동 연구는 자본주의 경제의 주기적인 대불황을 설명하기 위해 서로 다른 변수와 주기를 갖는 장기파동 개념을 발전시킨다. 또 전쟁-헤게모니순환 연구는 헤게모니 국가의 부상과 몰락을 설명하기 위해 전쟁강도와 헤게모니순환이라는 개념을 제시한다.

모델스키와 톰슨의 국제정치경제론과 월러스틴의 세계체계분석은 두 연구에서 발전한 이론적 요소를 결합한다. 모델스키와 톰슨은 장기파동과 세계전쟁을 서로 독립된 것으로 간주하는 반면, 월러스틴은 장기파동을 세계전쟁과 헤게모니 교체의 원인으로 이해한다. 이에 대해 아리기는 장기파동과 헤게모니 개념을 재해석하고 세계전쟁을 축적체계의 위기에 따른 금융화의 결과로 설명한다.

장기파동 연구

장기파동 연구는 자본주의의 장기적인 경기순환에서 주기적인 불황이 나타난다는 점에 주목한다. 자본주의 경제에 10년 주기의 경기순환이 존재한다는 것은 이미 1860년에 쥐글라(C. Juglar)에 의해 발견되었다. 이러한 단기적인 경기순환이 비대칭적인 상승과 하강의 일정한 추세를 갖는다는 점이 관찰되면서 장기파동 연구가 시작되었다. 장기파동 연구는 하강국면에서 상승국면으로의 전환을 설명하는 방식에 따라 크게 내생적 요인에 의한 설명과 외생적 요인에 의한 설명으로 구분된다(Berry, 1991).

먼저 내생적 요인에 의한 설명은 1920년대 러시아의 경제학자 콘드라티에프가 제시하는데, 그는 자본주의 경제에서 경험적으로 확인되는 장기파동을 통계적으로 검증한다.[19] 콘드라티에프는 선진 자본주의 국가의 물가통계를 연구하여 약 25년 단위로 상승과 하강이 반복되는 50년 주기의 장기파동을 규명한다. 그는 철도, 운하, 공장 같은 사회간접자본 및 고정자본의 마모와 그 대체에 따른 주기적인 대규모 재투자가 장기파동을 야기한다고 간주하면서 이를 반복적인 자본주의의 조정과정으로 이해한다.

슘페터는 콘드라티에프와 달리 장기파동을 물가의 변화가 아니라 기술혁신으로 설명한다. 그는 기술혁신이 기업가의 혁신의사에 따라 특정 시기에만 발생하며 혁신에 따라 새로운 선도부문이 출현하고 다시 대체되는 과정이 반복된다는 점에 주목한다. 또 경제발전이 이처럼 단선적 형태가 아니라 주기적인 기술혁신의 파동으로 나타난다고 간주하고 그 특징을 '창조적 파괴'라고 규정한다.[20]

1930년대 미국에서 국민소득 통계가 정비되면서 국민소득 자료를 이용한 경기순환 연구가 이루어지기 시작한다. 미국의 경제성장률을 연구한 쿠즈네츠는 건설 경기에 따른 25년 주기의 순환을 발견한다. 그는 이러한 경제성장의 순환을 콘드라티에프의 장기파동에 대한 대안으로 제시한다.

---

19) 콘드라티에프 이전에도 50년 지속의 장기파동이라는 발상이 제시된 바 있다. 이미 1847년에 영국의 클라크(H. Clark)가 1793~1847년까지 54년간의 장기파동에 관한 논문을 발표한다. 1913년 네덜란드 사회주의자 판 겔더른(J. van Gelderen)과 드 볼프(D. De Wolff)도 25년간의 급격한 성장과 그에 뒤이은 완만한 성장으로 구성된 순환을 제시한다. 특히 드 볼프는 불황의 원인에 주목하면서 그러한 규칙성이 고정자본의 감가상각에서 기인한다고 주장한다(Berry, 1991).

20) 슘페터는 기술혁신에 따른 선도부문의 출현·대체에 근거하여 자본주의의 역사를 몇 개의 시기로 구분한다. 산업혁명의 시대(1780-1842), 증기·철강의 시대(1842-1897), 전기·화학·내연기관의 시대(1898-1939)가 그것이다. 쿠즈네츠는 이를 '산업혁명 콘드라티에프', '부르주아 콘드라티에프', '신중상주의 콘드라티에프'로 명명하기도 한다(Berry, 1991).

나아가 멘쉬는 슘페터의 기술혁신의 장기파동을 개조하여 기술혁신이 단속적으로 진행되는 '변형'(metamorphosis) 모델을 제시한다. 그는 혁신 개념을 기본혁신, 개선혁신, 사이비혁신으로 세분화한다. 기본혁신은 새로운 자원이나 기술개발을 통해 경제성장을 촉진한다. 그러나 이에 기초한 성장이 곧 한계에 도달함에 따라 기본혁신 없이 기존의 기술을 합리화하는 개선혁신과 기존의 시장만을 유지하는 사이비혁신이 나타난다. 이러한 '기술교착상태'는 불황을 초래한다. 불황의 심화는 혁신을 위한 기업가의 충동을 자극하며 다시 새로운 기본혁신이 나타난 후에 성장이 재개된다. 이처럼 멘쉬는 기술혁신이 성장국면과 정체국면으로 진행된다고 보는데, 정체국면에서는 새로운 성장을 위한 또 다른 기술혁신이 준비되기 때문에 기술혁신의 전체적인 과정은 단속적인 S자 형태('로지스틱 성장')로 나타난다고 간주한다.

이러한 내생적 요인에 의한 설명과 달리 트로츠키는 1920년대에 콘드라티에프를 비판하면서 외생적 요인으로 장기파동을 설명하려고 시도한다. 그는 장기파동이 자본주의에 내재적인 투자나 기술혁신이 아니라 자본주의 경제의 외생적 요인의 효과 때문에 발생한다고 주장한다. 자본주의는 성장, 정체, 쇠퇴의 발전과정을 거치면서 궁극적으로는 붕괴하는데, 영토 확보와 자원 발견, 전쟁과 혁명 등의 우연적·상부구조적 요인에 의해 상승국면이 재개된다는 것이다. 트로츠키는 장기파동의 하강국면에서 상승국면으로의 이행이 자동적으로 이루어지지 않는다고 간주하며 자동적인 순환을 부정한다.

이러한 관점은 1970년대 세계경제의 위기 속에서 제4 인터내셔널 계열의 트로츠키주의자 만델에 의해 재조명된다. 그는 자본주의 경제에서 자본의 유기적 구성이 고도화되면서 이윤율이 하락하는 경향이 나타나며 이것이 장기파동의 하강국면을 초래한다고 본다. 그러나 이윤율 하락을 상쇄하고 상승국면을 창출하는 반작용요인도 존재하는데, 이는 노동시장에서 노동자계급의 세력 약화, 원료가격의 하락, 후진국으로의 자본수출 등과 같은 계급투쟁의 사회·정치적 결과에 의존한다. 만델은 이러한 요인들이 창출되지 않으면 이윤율이 상승할 수 없기 때문에 장기적으로 자본주의 경제의 파국이 불가피하다고 본다.

또한 골드스틴은 외생적 요인 중에서도 특히 전쟁을 강조하면서 장기파동이 전쟁과 직접적 인과관계가 있다고 간주한다. 그는 이러한 관점에서 기존에 제시된 장기파동의 여러 변수들을 종합하는데, 그에 따르면 전쟁은 경제성장과 실질임금을 상승시키고 물가는 하락시킨다. 기술혁신과 자본투자는 각각 전쟁과 경제성장·실질임금·물가의 상호작용을 촉진한다. 이 요인들이 전체적으로 작용하여 상승, 정체, 하강, 재생의 네 국면으로 이루어진 장기파동이 나타난다. 이 모델에서 각각의 요인은 일정한 시차를 두고 상호작용하는데, 전쟁은 경제성장에 대해서는 약 10년, 물가하락에 대해서는 약 5년의 시차를 갖는다(Goldstein, 1991).

장기파동 연구는 자본주의 경제의 장기적 추세를 보여준다. 그러나 장기파동은 단지 통계적으로 관찰되는 사실에 불과하며 채택되는 변수에 따라 서로 다른 의미를 갖는다. 장기파동 연구가 전쟁과 직접적으로 관련되는 것은 아니지만 전쟁에 관한 이론들은 장기파동의 변수와 주기를 이용하여 전쟁을 설명하려고 시도한다.

전쟁-헤게모니순환 연구

전쟁-헤게모니순환 연구는 역사적으로 나타난 반복적인 대규모 전쟁과 이에 따른 헤게모니 국가의 교체에 주목한다. 처음에 이 연구는 장기파동 연구의 일환으로 시작된다. 그러나 1950-60년대 전후 성장기 동안 장기파동 연구가 주목받지 못하면서 장기파동과 전쟁의 관계에 대한 연구도 이루어지지 않는다. 또 이 시기에 확립된 분과학문의 장벽으로 인해 장기파동과 전쟁은 서로 독립적인 연구 주제로 취급된다. 이에 따라 전쟁순환에 관한 연구가 역사학과 정치학에서 독자적으로 진행된다(Goldstein, 1988).

초기의 전쟁순환 연구를 주도한 것은 전쟁강도의 장기파동을 연구한 미국의 역사학자 라이트다. 그는 콘드라티에프의 장기파동에서 착안하여 이와 유사하게 지난 3세기 동안 50년을 주기로 전쟁이 집중되는 시기가 존재한다는 것을 발견한다.[21] 그러나 그는 물가의 장기파동과 달리 전쟁강도의 장기파동이 특히 100년을 주기로 세기 초마다 현저하게 격렬한 양상으로 나타난다는 점에 주목한다.[22]

라이트는 전쟁강도와 경제적 장기파동의 인과관계를 탐색하기보다는 오히려 대규모 전쟁의 독자적인 순환에 주목한다. 그는 전쟁순환을 초래하는 독립적인 요인으로 네 가지를 지적한다. 첫째 세대교체에 따른 전쟁의 참상에 대한 사회적 기억의 소멸, 둘째 전쟁수행을 위한 경제적 준비에 소요되는 기간, 셋째 국제정세의 변화와 개별 국가의 정치체제 및 정책의 괴리, 넷째 국가간 분쟁의 경향이 그것이다. 그는 이러한 요인들 때문에 전쟁이 경제로부터 자율적인 순환을 갖는다고 주장한다.

독일의 역사학자 데히오는 전쟁강도가 아니라 헤게모니 교체의 장기순환을 제시한다. 카를로스와 펠리페의 스페인, 루이 14세와 나폴레옹의 프랑스, 1·2차 세계전쟁 시기의 독일 같은 대륙세력은 모두 세계를 지배하기 위한 전쟁을 주도한다. 그러나 그 시도들은 모두 네덜란드, 영국, 미국 같은 해양세력에 의해 좌절된다. 그는 5세기 동안의 유럽사를 대륙세력과 해양세력의 주기적인 헤게모니 쟁

---

21) 라이트의 50년 전쟁순환 연구는 전쟁뿐만 아니라 다른 영역에도 영향을 미쳐서 미국의 외교정책, 사회적 가치, 여론 등의 50년 순환에 대한 연구들이 출현한다. 또한 특정 유형의 국제관계가 전쟁으로 이어질 확률을 통계적으로 분석하는 전쟁상관계수(correlates of war) 연구도 나타난다(Goldstein, 1988).

22) 50년 주기의 전쟁 집중기는 스페인 왕위계승전쟁(1701-14), 7년전쟁 시기의 일련의 전쟁들(1756-63), 나폴레옹전쟁(1795-1815), 1853-1871년간의 전쟁들(크리미아 전쟁, 이탈리아 통일전쟁, 오스트리아-프로이센 전쟁, 프랑스-프로이센 전쟁), 1·2차 세계전쟁(1914-18, 1939-1945)이다. 여기서 특히 세기 초에 발발한 스페인 왕위계승전쟁, 나폴레옹전쟁, 1·2차 세계전쟁은 이전의 전쟁보다 그 강도가 증대된다(Goldstein, 1988).

탈전으로 묘사한다.

영국의 역사학자 토인비는 라이트의 100년 주기의 전쟁강도의 장기파동과 데히오의 헤게모니 교체의 장기순환을 결합하여 헤게모니 전쟁의 장기순환을 제시한다. 이를 통해 전쟁 일반과 헤게모니 전쟁이 구분되고 헤게모니 전쟁이 전쟁순환 연구의 대상으로 확립된다. 토인비는 라이트가 언급한 100년 주기의 전쟁강도의 장기파동을 대륙국가에 의한 전면전, 휴지기, 보충전쟁, 평화의 네 국면으로 이루어진 115년 주기의 순환으로 정식화한다. 이러한 순환은 역사적으로 1568-1672, 1672-1792, 1792-1914년까지 모두 세 차례에 걸쳐 반복된다. 토인비는 자신의 헤게모니 전쟁의 장기순환이 장기파동과 조응한다는 점을 인식하면서 경제의 장기파동이 정치적 현실을 반영한 것으로 간주한다. 나아가 그는 라이트와 마찬가지로 헤게모니 전쟁의 장기순환이 사회적 기억의 전수와 관련한 세대순환에서 기인한다고 설명한다.

헤게모니 전쟁 연구는 국제질서에서 헤게모니순환에 관한 연구를 촉발한다. 이를 대표하는 오간스키의 '세력전이(power transition) 이론'과 길핀의 '패권전쟁 이론'은 국력분포의 변화를 통해 헤게모니 국가의 교체를 설명하려고 시도한다. 오간스키는 국제관계를 지배적인 강대국이 안정성을 제공하는 균형적이고 위계적인 질서로 파악한다. 이 질서는 도전국가가 산업화를 통해 지배국가를 따라잡는 세력전이가 나타나면서 동요한다. 급속하게 성장한 도전국가는 기존의 국제질서에 만족하지 않고 변화를 추구한다. 이러한 불균형은 결국 전쟁을 통해 해소되며 다시 새로운 지배국가가 창출되면 국제질서는 균형과 위계를 회복한다.

길핀은 여기서 한 걸음 더 나아가 지배 국가를 단일한 헤게모니 국가로 규정하고 헤게모니 국가와 도전 국가 사이의 국력 재분배를 헤게모니 전쟁을 통한 순환적 과정으로 체계화한다. 이러한 헤게모니순환은 균형상태·국력재분배·체제불균형·헤게모니전쟁/위기해소의 네 국면으로 구성된다(Gilpin, 1981).

전쟁-헤게모니순환 연구는 전쟁과 헤게모니의 독자적인 순환이 존재한다는 것을 보여준다. 그러나 헤게모니전쟁 연구나 세력전이 이론은 전쟁과 헤게모니 국가의 순환에 대해 경험적 묘사와 임의적 해석을 제시할 뿐 그 원인을 분명하게 설명하지 않는다. 특히 이 연구들은 헤게모니적 축적체계에 관한 분석을 결여하고 세계전쟁의 사회·경제적 조건을 고려하지 않는다.

국제정치경제론

장기파동 연구와 전쟁-헤게모니순환 연구의 성과에 기초하여 세계전쟁을 설명하려는 이론이 출현한다. 모델스키와 톰슨은 콘드라티에프의 장기파동과 토인비의 헤게모니 전쟁의 장기순환을 결합하여 세계체계(global system)의 발전과정을 묘사하는 국제정치경제론(international political economy)을 제시한다. 세계체계는 세계정치리더십의 장기순환과 세계경제의 선도부문의 장기파동이 구조적으로 조응하면서 진화하는데, 독자적인 두 순환은 세계전쟁을 통해 매개된다(Thompson, 2000).

정치리더십의 장기순환과 선도부문의 장기파동의 기원은 인구규모, 도시화, 시장화, 해상무역 등의 조건이 성숙한 10세기 중국 송왕조까지 거슬러 올라간다. 그러나 이것이 세계체계로서 의미를 갖게 된 것은 15세기 유럽에서 민족국가가 등장한 다음이다.[23] 세계정치와 경제는 영토적 부담을 최소화하고 세계적 정치력을 최대화하는 세계강국(global power)이 출현하면서 순환적 양상을 띠게 된다. 세계강국은 모두 민족국가였으며 일단 민족국가가 등장한 이후에는 세계강국이 되기 위해 경쟁하는 다른 모든 국가들도 민족국가와 유사한 형태를 갖게 된다(Modelski, 1978).

23) 모델스키는 15세기의 포르투갈을 유럽 최초의 민족국가로 간주한다. 포르투갈은 1249년에 이미 국경을 확정하고 무어와 카스티야 전쟁(1383-1411)을 통해 민족적 동일성을 강화한다(Modelski, 1978).

민족국가 중심의 세계체계는 세계강국과 이에 대한 도전국가들로 구성된다. 세계체계는 세계강국과 도전국가들 사이에서 세계질서라는 '공공재'의 공급과 소비를 중심으로 한 교환구조를 형성한다. 세계강국의 리더십은 세계적 도달능력(reach capabilities), 선도적 경제 발전, 사회적 개방성, 세계적 문제에 대한 책임성 등 네 가지 요인으로 구성된다. 여기서 세계적 도달능력의 핵심은 해군력이다. 해군력은 세계정치에 활발하게 참여하기 위한 전제조건이며 해군력이 취약한 국가는 세계질서에 수동적으로 순응할 수밖에 없다.[24] 다음으로 경제성장과 번영은 세계적 도달능력과 세계질서의 실행비용을 지불할 수 있는 능력을 규정한다. 세계강국의 경제성장은 세계경제를 주기적으로 재구성하는 선도적 상업·산업부문의 혁신에 기초한다. 경제성장 주도부문의 성쇠는 세계체계의 리더십의 성쇠와 밀접히 관련된다. 또한 사회적 개방성은 경제적 혁신을 자극하고 민족적 정치의 안정화에 기여하며, 세계적 문제에 대한 책임성은 제휴세력을 형성하는 정당성을 제공한다.

정치리더십의 순환은 의제형성, 제휴·구축, 거시결정, 완성의 네 국면으로 나타난다. 이를 체계의 교체라는 측면에서 보면 탈정당화(의제형성), 탈집중화(제휴·구축), 세계전쟁(거시결정), 세계강국(완성)의 국면으로 진행된다. 먼저 탈정당화 단계에서는 기존의 세계강국의 독점적 지위가 동요하고 새로운 질서에 대한 전망이 출현한다. 탈집중화 단계에 이르면 세계강국의 지위는 더욱 쇠퇴하여 세계질서를 유지할 수 있는 자원을 점차 상실한다. 세계강국의 통제력이 약화되면서 그 지위에 도전하는 제휴가 형성된다. 이 과정에서 경

24) 세계전쟁에서 승리한 국가와 그 동맹국의 해군은 바다를 지배하며 도전국보다 더 효율적인 함대를 보유한다. 해군력은 수륙양용의 침투와 해상물자 수송을 통제하게 하며 세계적인 경제봉쇄를 가능하게 한다. 평시에도 해군력은 세계리더십국가와 그 동맹국에 대한 잠재적 공격을 억제하는 주요한 군사적 도구가 된다. 20세기에 공군력이 발전한 후에는 공군력과 해군력을 결합한 함대가 세계리더십국가의 도달능력에 핵심적 요소가 된다(Modelski and Thompson, 1988).

쟁은 계속 격화되어 마침내 세계전쟁으로 비화한다. 상승하는 도전국가는 세계전쟁을 통해서 실질적인 정치적 지위를 확보한다. 새로운 세계강국은 해군력과 이에 기초한 해양지배를 통해 체계의 안전을 독점적으로 공급한다.

정치리더십의 역사적인 순환은 포르투갈(1518-1608), 네덜란드(1609-1713), 영국1(1714-1815), 영국2(1816-1945), 미국(1946-현재)으로 나타나며 각각의 순환에서 출현한 다섯 차례의 세계전쟁(거시결정)은 정치리더십의 장기순환에서 중요한 계기가 된다.[25] 정치리더십은 이러한 순환과정을 거치면서 진화한다. 이 때문에 세계전쟁은 과거보다 더 복잡해지고 거대해지며 새롭게 출현하는 세계체계 역시 이에 상응하여 더 복잡해지고 거대해진다.

정치리더십의 순환과 마찬가지로 경제에서도 경제활동을 재조직하고 선도적인 산업부문을 창조하는 혁신의 주기적인 순환이 나타난다. 선도부문에서 나타난 혁신은 다른 부문의 급속한 성장을 촉진함으로써 경제성장을 유도한다. 이러한 부문들은 독점의 수준에 따라 높은 이윤이 보장되고 투자가 증가한다. 이를 통해 새로운 산업과 고용이 창출되며, 운송비용도 절감되고 새로운 시장이 창조된다. 역사적으로 선도부문의 장기파동은 960년부터 1973년까지 총 18회 발생한다. 이 중 15-18세기의 선도부문들은 주로 대양 무역체계의 구성의 구조적 변화에 따라 출현한다. 광범위한 상업적 혁신들은 새로운 무역경로의 발견, 거래비용의 삭감, 새로운 시장의 개방 등에 집중된다. 반면 18세기 후반부터 지금까지 나타난 선도부문들은 새로운 대규모의 생산 및 교통의 기술들을 사용하는 산업에 집중된다(Modelski and Thompson, 1996).

모델스키와 톰슨은 세계리더십의 장기순환과 선도부문의 장기파동의 관계를 검증하면서 하나의 세계리더십의 장기순환이 두 개의

---

25) 이러한 다섯 차례의 전쟁은 이탈리아와 인도양전쟁(1494-1516), 스페인-네덜란드전쟁(1580-1609), 대동맹전쟁(1688-1713), 프랑스혁명과 나폴레옹전쟁(1792-1815), 1·2차 세계전쟁(1914-1945) 등이다.

선도부문의 장기파동과 조응한다고 간주한다. 즉 장기순환의 의제형성, 제휴·구축, 거시결정, 완성의 각 국면이 장기파동의 개시, 고도성장, 개시, 고도성장과 대응된다.

독립적인 두 순환은 세계전쟁을 통해 매개된다. 우선 선도부문의 장기파동과 세계정치리더십의 장기순환은 공간적으로 공통의 기반을 가지며 시간적으로 인접한다. 첫 번째 장기파동의 성장국면은 세계전쟁을 위한 제휴·구축에 성공할 수 있는 경제적·금융적 자원들을 제공한다. 세계전쟁에서의 승리(거시결정)는 새로운 시장·생산물·기술의 창조를 통해 두 번째 장기파동의 성장국면의 조건을 제공한다. 이를 통해 새로운 세계강국은 경제성장을 달성한다. 그러나 곧 혁신이 경쟁자들에게 확산되고 독점이 약화되면서 정치리더십의 경제적 기반이 침식된다(Modelski and Thompson, 1996).

이처럼 세계리더십의 장기순환과 선도부문의 장기파동의 '공진화'(co-evolution)가 발생하는 것은 정치리더십과 세계전쟁이 경제적 자원을 요구하고 세계경제가 정치체계의 안정성과 보호를 요구하는 상호의존적인 관계가 존재하기 때문이다. 또한 정치·군사적 리더십의 확보는 상업·산업적 혁신에 의한 기술적 우위를 요구하는데, 상업·산업적 혁신은 정치·군사적 리더십을 통한 부의 축적과 확대에 의존한다(Thompson, 2000).

모델스키와 톰슨의 국제정치경제론은 세계전쟁을 세계리더십의 교체와 진화의 핵심적인 계기로 제시하지만 전쟁이 어떤 내적 메커니즘을 통해서 그러한 교체와 진화를 야기하는지는 해명하지 않는다. 또한 이들의 분석은 전쟁의 역사적 추세만을 보여줄 뿐 전쟁의 원인을 규명하지 않는다.

세계체계론

월러스틴은 모델스키와 톰슨이 제시하는 세계정치와 세계경제의 공진화와 달리 기본적으로 세계경제의 변화가 세계정치를 결정한다는 관점을 견지한다. 그는 단일한 세계적 분업으로 통합된 세계경제와 국가간 체계로 구성된 자본주의 세계체계(world-system)를 제시하고 세계경제의 장기적 변동에 기초하여 세계체계의 역사적 전개과정을 제시한다.

자본주의 세계경제의 변동은 순환적 리듬과 장기적 추세로 구분된다. 순환적 리듬은 체계가 작동하는 기본적인 양상을 묘사하며 수축과 팽창의 주기적 운동으로 나타난다. 반면 끊임없는 축적이라는 자본주의의 속성으로부터 도출되는 장기적 추세는 계약화, 상품화, 기계화 등으로 표현되는 자본주의의 기본적 경향을 지칭한다. 순환적 리듬에서는 주기적으로 위기의 발생과 해결이 반복되는데, 이것이 세계체계의 장기적 추세를 심화시킨다. 장기적 추세는 순환적 리듬이 진행되는 궁극적 경향으로 자본주의 세계체계의 근본적 한계를 의미한다(Wallerstein, 1982).

월러스틴은 순환적 리듬의 수축과 팽창의 원인을 노동과 자본의 대립과 자본간 경쟁에 따른 주기적 이윤압박과 과잉생산으로 설명한다. 그리고 그러한 양상을 보여주기 위해 50-60년 주기의 콘드라티에프 장기파동을 사용한다. 애초에 월러스틴은 브로델을 계승하여 콘드라티에프가 제시한 물가의 장기파동을 수용한다. 그러나 이후 만델과의 논쟁을 거치면서 장기파동이 발생하는 원인을 수요와 공급의 구조적 불일치에서 찾으며, 물가가 아니라 이윤율을 그 척도로 제시한다(Wallerstein, 2000).

월러스틴은 헤게모니의 교체를 세계경제의 수축과 팽창이라는 주기적 변화 속에서 파악하지만 헤게모니에 대한 독자적인 이론적 논의를 심화시키지는 않는다. 헤게모니는 기본적으로 축적구조에 따라 결정되는 종속변수로 생산·상업·금융에서 효율성의 결정적 우위를 의미한다. 그러나 세 부분에서의 우위는 동시에 발생하는 것이 아니라 한 국가 내에서 순차적으로 발생하는데, 세 가지 우위가 동시에 발생하는 짧은 기간 동안에만 헤게모니가 확립된다는 것이다.[26] 콘드라티에프 파동의 상승, 하강, 상승의 국면에 조응하여 헤게모니 상승, 확립, 성숙의 단계가 진행된다. 그러나 도전국가의 모방에 따라 헤게모니 국가의 기술적 우위가 해체되고 임금상승에 따른 이윤압박 속에서 전반적인 효율성이 감소한다. 헤게모니 유지비용이 증가하면서 헤게모니국가는 쇠퇴한다.

월러스틴은 헤게모니국가가 경쟁국에 대해 효율성의 우위와 헤게모니를 확립하는 주요 계기로 세계전쟁을 지목한다. 이는 역사적으로 30년전쟁(1618-1648), 나폴레옹전쟁(1792-1815), 1·2차 세계전쟁(1914-1945)으로 나타났다. 나아가 그는 세계전쟁이 모두 첫 번째 콘드라티에프 파동의 하강국면에서 발발했다고 주장한다(Wallerstein, 1984).

그러나 월러스틴이 준거로 삼는 콘드라티에프 파동은 단지 경험적 사실에 불과하며 그것의 이론적 의미는 불분명하다.[27] 또한 그는 콘드라티에프 파동이 헤게모니 순환의 각 시기에 따라 성격이 서로 다르다는 점을 인식하지 못한다. 예를 들어, 영국과 미국의 헤게모니를 1789-1848년, 1848-1896년, 1896-1945년, 1945-1990년의 네 개의 콘드라티에프 파동으로 파악할 수 있는데, 여기서 각 파동의 성장 국면은 산업혁명, 교통·통신혁명, 산업혁명, 교통·통신혁명 등 일련의 기술혁명에서 시작된다. 또 1873-1945년의 시기에는 영국 축적체계의 위기와 미국 축적체계의 부상이 동시에 나타나는데, 1873-1896년에 대불황이 나타난다면, 1896-1914년에는 금융화가 전개되며 1914-1945년에는 헤게모니를 둘러싼 세계전쟁이 발생한다.

---

26) 역사적으로 세 가지 우위가 동시에 실현된 정점은 세 차례 나타난다. 첫 번째는 네덜란드 헤게모니로 그 정점은 1625-72년이고, 두 번째는 영국 헤게모니로서 그 정점은 1815-73년이며, 세 번째는 미국 헤게모니로 그 정점은 1945-67년이다(Wallerstein, 1984).

27) 뒤메닐과 레비 역시 물가변동이나 경제성장률에 근거한 장기파동이 자본주의적 축적의 일반적 법칙에서 도출된다고 보기 어렵고 오히려 기술발전과 분배에서 나타나는 운동의 일부에 불과하다고 지적한다. 또 콘드라티에프 파동의 팽창·수축국면의 구분은 이윤율 하락에 따른 구조적 위기의 상이한 형태들을 구별하는 데 유용하지 않다고 본다(Duménil and Lévy, 2001).

월러스틴은 서로 구별되는 헤게모니 국가의 축적체계를 분석하지 않기 때문에 헤게모니 이행을 헤게모니 국가의 축적체계의 내부적 원인이 아니라 도전국가의 모방과 도전이라는 외부적 원인으로 설명한다(Arrighi, 1989, 1994).

역사적 자본주의 분석

아리기는 월러스틴과 마찬가지로 헤게모니 순환에서 세계경제의 변화를 원인으로 설정하지만 헤게모니를 단순한 종속변수가 아니라 일종의 반작용요인으로 간주한다. 그는 헤게모니 개념을 재해석하고 장기파동 대신 멘쉬가 제시한 기술혁신의 변형 모델을 원용하여 자본축적을 설명한다. 이에 기초하여 헤게모니순환과 자본축적은 '헤게모니적 축적체계의 순환'이라는 단일한 이론적 개념을 통해 설명된다.

세계적 규모에서 이루어지는 자본축적은 자본간 경쟁에 의한 혁신과 함께 축적을 안정적으로 유지·관리할 수 있는 제도를 필요로 한다. 자본축적이 지속되기 위해서는 자본의 새로운 형태뿐만 아니라 축적에 더 유리한 제도의 혁신이 이루어져야 한다. 세계체계에서 특정 국가가 헤게모니 국가로 등장하는 것은 이처럼 새로운 축적체계를 창출할 수 있는 능력을 갖기 때문이다.

헤게모니 국가의 새로운 축적체계는 모든 민족국가가 경제적 이익을 확보할 수 있는 보편적인 발전경로로 제시되며 이와 동시에 헤게모니 국가는 세계시장의 안정적인 작동을 위해 정치적·군사적 안정성을 보장하는 국가간 체계를 형성한다.[28] 이 때문에 새로운 헤게모니 국가의 출현은 자본축적의 위기가 극복되는 과정이며 헤

28) 아리기가 제시하는 헤게모니 국가는 힘의 우위를 행사하는 국가가 아니라 세계체계의 속성을 대표한다는 점에서 세력전이 이론의 '지배국가'나 국제정치경제론의 '리더십'과는 구분된다. 헤게모니 국가는 자본축적과 발전의 모델을 제시하면서 국가간 체계에서 지도력을 행사한다(Arrighi, 1993).

게모니의 교체는 기존 축적체계의 한계를 극복하는 진화적 과정이다. 새로운 축적체계의 출현은 항상 특정 헤게모니 국가의 주도 하에 이루어지기 때문에 헤게모니의 순환은 곧 자본축적의 순환과 동일하게 전개된다(Arrighi, 1994).

아리기는 축적체계의 순환을 실물적 축적으로 특징지어지는 성장기와 금융적 축적으로 특징지어지는 불황기로 구분한다. 실물적 축적국면에서는 새로운 헤게모니 국가에서 이윤율 하락에 대한 반작용요인이 역사적으로 조직되면서 산업자본의 주도 하에 이윤율이 다시 상승하고 자본의 집적이 이루어진다. 그러나 실물적 축적은 곧 한계에 도달하고 이윤율이 하락하면서 구조적 위기가 시작된다. 그것의 첫 번째 국면이 '징후적 위기'다.

이윤율 하락에 대한 반작용으로 실물적 축적은 금융적 축적으로 전환된다. 금융적 축적국면에서는 금융자본의 주도 하에 잉여가치의 분배구조가 재편되면서 자본의 집적보다는 집중이 나타난다. 이러한 금융적 확장으로 일정 기간 동안 높은 이윤율이 나타나는 '벨 에포크'(*belle époque*)가 도래한다. 그러나 실물적 축적이 정체되는 상황에서 이 시기는 오래 지속되지 못하고 다시 이윤율이 하락하면서 '최종적 위기'가 전개된다. 세계전쟁은 축적체계의 구조적 위기와 금융화의 결과로 최종적 위기의 한 가지 양상으로 출현한다(Arrighi, 1994).

따라서 아리기의 역사적 자본주의 분석에서 세계전쟁은 헤게모니를 확립하는 계기가 아니라 오히려 헤게모니가 붕괴된 결과다. 또 세계전쟁은 헤게모니 순환을 설명하는 원리가 아니라 각각의 역사적인 헤게모니의 성격을 통해 설명되어야 할 대상이 된다. 이러한 관점에서 네덜란드 헤게모니 이후의 세계전쟁은 바로 헤게모니의 역사 속에서 이해될 수 있다.

네덜란드의 헤게모니는 영토정복 중심의 '세계제국 기획'을 좌절시키고 자본축적 중심의 '헤게모니 기획'을 제시한다. 베스트팔렌 조약은 바로 이를 대표한다. 현대적인 주권국가들의 국가간 체계가 형성되면서 네덜란드를 비롯한 유럽의 국가들은 영토 팽창보다는 식민지 건설을 추구한다. 그러나 네덜란드의 세력균형을 확정한 베스트팔렌 조약은 오히려 네덜란드의 헤게모니가 쇠퇴하는 기점이 된다. 네덜란드가 그 후에 나타난 영국·미국의 헤게모니와 달리 안정적인 축적체계를 발전시키지 못했기 때문이다. 영국과 프랑스 같은 민족국가들이 후기 중상주의 전략을 채택하면서 중계무역에만 의존했던 네덜란드의 상업적 우위는 급속하게 침식된다. 이 때문에 1648년 베스트팔렌 조약 직후부터 네덜란드 헤게모니의 붕괴가 시작되며 헤게모니의 공백 속에 영국과 프랑스의 헤게모니 경쟁이 장기간 지속된다.

네덜란드를 대체한 영국의 헤게모니는 산업혁명과 자유무역에 기초한다. 영국은 산업혁명을 통해 안정적인 축적체계를 형성한다. 이에 기초하여 영국의 헤게모니는 이전 시기의 무정부주의적인 세력균형과 달리 영국의 지배가 비공식적으로 관철되는 국가간 체계를 형성한다. 영국은 나폴레옹 전쟁을 종결하는 비엔나 협약에서 유럽협조(Concert of Europe)를 통해 새로운 세력균형 구도를 형성함으로써 중심부에서 100년평화를 달성한다. 이를 바탕으로 영국은 유럽 내부에서 자유무역을 주도하는 동시에 제국주의 팽창전략에 따라 유럽 외부의 세계를 원료공급을 위한 식민지로 포섭하고 국제무역망을 형성한다.

19세기 후반 자본주의의 구조적 위기가 시작되면서 실물적 축적은 금융적 축적으로 전환된다. 경쟁국들은 영국을 모방하여 식민지 확보에 나서는 한편 국내시장의 확대를 위해 중화학공업화, 특히 군수산업에 대한 투자를 확대한다. 제국주의 열강들 사이의 식민지 쟁탈 경쟁이 격화되면서 1·2차 세계전쟁이 발생하고 마침내 영국 헤게모니는 최종적 위기에 직면한다.

영국 헤게모니에 뒤이은 미국은 19세기 후반부터 법인혁명과 관리자혁명을 통해 새로운 축적체계를 형성하기 시작한다. 미국에서 출현한 법인자본은 원료조달, 생산, 판매를 수직적으로 통합하고 생산직과 관리직의 분업을 조직했으며 다사업부제를 추진한다. 이 때문에 1·2차 세계전쟁을 거치면서 확립된 미국의 헤게모니는 영국의 자유무역과 달리 자유기업을 토대로 세계시장을 재건한다. 전후 베스트팔렌 체계가 아시아·아프리카로 확대되면서 새로운 민족국가들이 세계시장에 포함된다. 미국은 국제기구를 통해 이러한 민족국가의 주권을 일정하게 제약함으로써 미국의 지배가 공식적으로 관철되는 국가간 체계를 형성한다. 나아가 소련과의 냉전과 군비경쟁은 '공포의 균형'에 의한 장기간의 평화체제를 창출한다. 이는 미국의 법인자본이 초민족적으로 발전할 수 있는 조건이 된다(Arrighi and Silver, 1999).

냉전과 탈냉전의 이론과 쟁점

2차 세계전쟁 이후 확립된 미국 헤게모니의 국가간 체계는 냉전질서로 특징지어진다. 냉전에 관한 이론적 접근은 주로 군비경쟁의 경제적 측면을 강조한다. 군사적 케인즈주의론과 영구군비경제론은 서로 다른 방식으로 군비지출과 미국 자본주의의 재생산을 관련짓는다. 그러나 냉전의 의미는 미국 헤게모니의 성격을 강조하는 정치적 접근에서 더 적절하게 파악된다.

반면 1970년대 이후 미국의 헤게모니가 위기에 직면하면서 향후 세계질서의 전망에 관한 논쟁이 제기된다. 국제관계론(international relation theory)은 헤게모니의 위기에도 불구하고 미국이 다자적 협력을 통해 세계경제를 계속 통제할 수 있다고 간주한다. 반면 세계체계론의 일각에서는 헤게모니의 위기가 세계전쟁으로 귀결될 것으로 전망한다. 나아가 '새로운 전쟁'에 주목하는 시각에서는 미국 헤게모니의 특수성 때문에 헤게모니의 위기가 세계전쟁을 초래하지는 않지만, 미국이 주도하는 다자주의적 협력이 주변부에서 새로운 양상의 갈등을 야기한다는 점을 지적한다.

냉전과 군비경쟁의 경제학

냉전에 의한 평시 군비경쟁과 군비지출의 거대한 팽창은 미국 헤게모니를 특징짓는 요소다. 냉전이라는 군사적 대치상황과 자본집약적 무기체계는 군수물자의 안정적 공급과 장기간의 연구·개발을 뒷받침할 수 있는 군수산업의 유지·확대를 요구한다. 이 때문에 미국 헤게모니 하에서 군수산업은 군사활동에 수반된 경제적 부산물이 아니라 독자적인 산업부문으로 성장한다.

전후 성장기 동안 군수산업의 확대가 현저하게 나타나자 군비지출을 직접적인 경제적 이익이라는 측면에서 파악하고 이를 경제성장의 주요 원인으로 파악하는 견해가 등장한다.29) 이처럼 냉전을 경제적으로 해석하는 입장은 군사적 케인즈주의론과 영구군비경제론으로 대표된다.

군사적 케인즈주의론은 스위지와 바란에 의해 대표된다. 이들은 군비지출이 잉여가치의 실현에 장애가 되는 과소소비 경향을 상쇄하고 유효수요를 자극하는 것으로 간주함으로써 이를 자신들의 독점자본주의론과 장기정체론의 핵심에 위치시킨다. 이에 따르면 독점자본주의에서는 소수의 거대기업들이 담합을 통해 높은 독과점가격을 유지하고 생산비를 절감하기 때문에 경제잉여가 증가하는 경향이 있다. 경제잉여의 증가는 곧 판매되지 않은 잉여생산물의 증가를 의미하기 때문에 독점자본주의는 만성적 경기침체로 특징지어

---

29) 전통적으로 마르크스주의자들은 군사주의나 군비지출이 생산에 파괴적이지만 민족단결을 통한 계급적대의 완화 같은 이데올로기적 이익을 제공한다고 주장했다. 엥겔스는 군비지출이 자본주의에 이익이 되는 것이 아니라 최종적 붕괴의 전망을 보여주는 것이라고 생각했다. 카우츠키 또한 군사주의가 수요를 자극하지만 군비지출에 의한 성장에는 한계가 있다고 결론지었다. 나아가 로자는 군비지출이 식민지라는 외부시장을 보증한다고 주장했지만 군비지출 자체의 경제적 효과를 강조하지는 않았다. 군비지출을 실업해소나 소비증대 같은 경제적 기능의 맥락에서 주목하는 시각은 1940년대 이후에야 등장한다(Howard and King, 1992).

진다. 이는 정부지출을 통해 해소될 수 있는데, 자본가의 이익과 상충되지 않게 경제잉여를 흡수할 수 있는 방법은 마케팅 같은 판촉행위와 군비지출 뿐이다. 특히 군수물자 생산은 이윤을 창출할 뿐만 아니라 군수품을 시장에 출하하지 않으면서 수요만 증대시키기 때문에 유효수요의 부족을 완화하는 데 중요한 역할을 한다(Howard and King, 1992).

이에 비해 영구군비경제론은 국제사회주의 계열의 트로츠키주의자 키드론에 의해 대표된다. 그는 군비지출이 잉여가치의 실현보다는 생산과 관련되며 이윤율 하락에 대한 가장 중요한 반작용요인이라고 간주한다. 특히 그는 전후의 장기호황을 설명하기 위해서는 국가의 역할이나 자유무역과 같은 내재적 요인뿐만 아니라 군비지출이라는 외재적 요인을 고려해야 한다고 주장한다. 그는 군수품을 생산재나 소비재가 아니라, 사치재('제3 부문')으로 간주하기 때문에 군수부문에 대한 투자는 평균이윤율의 형성에 관여하지 않는다고 주장한다. 따라서 군비지출은 과잉생산 압력을 완화할 뿐만 아니라 이윤율 하락을 상쇄하는 힘으로 작용한다는 것이다(Howard and King, 1992).

군사적 케인즈주의론과 영구군비경제론은 다른 방법으로는 고용창출, 기술혁신, 성장이 이루어지지 않기 때문에 군비지출이 필연적이라는 것을 전제한다. 그러나 이러한 주장과 달리 군수산업이 투자, 생산, 실업에 미치는 경제적 효과들은 이론적으로 입증하기 어렵다. 게다가 정부가 경제위기를 막기 위해 의식적이고 일관되게 군비지출을 확대한다는 증거도 없다. 오히려 현실적으로는 군비지출이 경제에 상당한 부담이 된다. 군비지출은 산업에 대한 투자를 감소시키고 경제성장을 악화시키기 때문이다. 또 전문화되고 기밀유지를 필요로 하는 군사부문에서 과학·기술인력을 사용하면 생산적인 기술혁신이 지체된다. 나아가 군수산업의 성장과 군수계약에 기초한 기업 활동은 민간경제의 효율성과 활력을 저해하는 경향이 있다(Smith and Smith, 1983; Howard and King, 1992).

군수부문의 지속적인 확대는 직접적인 경제적 이익이 아니라 미국 헤게모니의 특수성을 통해 설명되어야 한다. 미국은 냉전질서를 확립함으로써 국가간 체계를 유지·관리하고 이 질서 속에서 초민족적 법인자본이 세계적 차원에서 활동할 수 있는 조건을 창출한다. 이러한 일련의 활동은 군산학복합체의 성장과 군비지출의 확대를 동반할 수밖에 없었다. 냉전에 따른 군사주의와 군비팽창은 자유기업과 공식적 지배라는 미국의 헤게모니적 특징을 가능케 하는 조건일 뿐이다(Arrighi, 1994).

미국 헤게모니의 위기와 세계전쟁의 가능성

1970년대 초 미국이 베트남 전쟁에서 패배하고 세계경제의 지배적 우위를 상실하면서 미국의 헤게모니가 쇠퇴할 것이라는 전망이 제기된다. 브레튼우즈체제의 붕괴와 석유위기는 국제관계에서 경제적 쟁점을 크게 부각시키면서 헤게모니와 세계경제의 안정성에 관한 일련의 논쟁을 야기한다.[30]

국제관계론의 입장을 대표하는 킨들버거는 개방적·안정적 세계경제를 위해서는 지배적인 세계권력이 필수적이며 한 국가가 헤게모니를 장악한 국제정치의 권력구조에서 가장 안정적인 질서가 출현한다고 주장한다. 즉 세계경제의 안정성은 상품시장, 금융, 안정적 환율 및 거시경제 조정 등 헤게모니 국가가 제공하는 '공공재'와 리더십을 통해 확보되는 것이다. 킨들버거는 1970년대의 세계경제의 불안정이 기본적으로 미국의 헤게모니의 위기에서 기인한다고

30) 1970년대 이전까지 국제관계론을 대표했던 현실주의는 외교와 안보 등의 정치적 쟁점을 '고급정치'(high politics)로, 무역과 환율 등의 경제적 쟁점을 '하급정치'(low politics)로 간주하고 고급정치 연구에 집중했다. 국가이익과 힘의 정치를 강조하는 현실주의는 사실상 냉전질서에 대한 설명을 중심으로 한 것이다. 그러나 1970년대 이후의 국제관계론은 주로 경제적 쟁점을 부각하는 국제정치경제론을 중심으로 발전한다(Gill and Law, 1988).

본다(Kindleberger, 1973).

이른바 '헤게모니 안정론'으로 알려진 이 주장은 국제관계론의 현실주의와 신자유주의의 입장에서 서로 다른 방식으로 재해석된다. 우선 크래스너는 현실주의의 입장에서 헤게모니 국가가 리더십과 공공재를 제공하는 이유는 근본적으로 자신의 장기적 이익을 제고하기 위한 것이며 개방적 경제질서의 지속성은 전적으로 헤게모니 국가의 경제적·군사적 능력에 의존한다고 주장한다(Krasner, 1976). 이는 기존의 경제질서가 미국에 의해 관리되었으며 안정적인 질서를 회복하기 위해서는 쇠퇴한 미국의 헤게모니가 다시 복구되어야 함을 함의한다. 또 이는 국제 문제의 해결에서 다자간 협력이나 공동의 이익보다는 미국의 가치와 제도, 국익을 우선시하는 일방주의를 전제한다.

이와 달리 코헤인은 신자유주의의 입장에서 세계경제 질서의 안정성을 위한 국제적 협력과 제도의 중요성을 강조한다(Keohane and Nye, 1977). 그는 미국 헤게모니의 쇠퇴를 객관적 현실로 인정하면서 공식적인 국제제도의 규칙과 주요 경제강대국들의 정책조정이 헤게모니를 대체할 수 있을 것이라고 주장한다. 세계경제에 대한 미국의 통제력을 지속하기 위해서는 힘의 논리보다는 상호의존의 원활한 관리가 필요하다는 것이다.

현실주의와 신자유주의의 이러한 대립은 1980년대 초 신보수주의의 고금리·고달러 정책이 제3세계의 외채위기를 초래하면서 결국 신자유주의의 입장으로 수렴된다. 신자유주의의 입장이 득세하면서 선진7개국(G7) 사이의 정책조정이 구체화되는데, 이러한 다자주의적 협력은 금융세계화의 안정적 재생산을 위한 세계적 통치성을 지향한다.

이처럼 미국의 세계경제에 대한 통제력이 지속될 수 있는 조건을 모색하는 국제관계론과 달리 세계체계론의 일각에서는 세계전쟁의 발발과 미국 헤게모니의 붕괴를 전망한다. 예를 들어, 체이스던은 코헤인과 마찬가지로 미국 헤게모니의 쇠퇴를 주장하지만 헤게모니의 위기가 결국 세계전쟁으로 귀결될 것이라고 예상한다.[31] 그에 따르면, 1960년대에 시작된 콘드라티에프 파동의 하강국면이 1990년대에 종료되며 이후 30여년간 세계적인 경제성장이 시작된다. 이 시기 동안 중심부 국가들은 새로운 선도산업으로부터 이익을 확보하기 위해 경쟁하는데, 경쟁의 격화와 원료의 부족은 점차 군사력의 불균등한 분포를 초래하여 다극화된 군사강국이 형성된다. 유럽·러시아·일본·중국 등의 군사적 역량이 증가하고 핵무기와 생화학무기가 주변부 국가들까지 확산될 것이다. 그 결과 콘드라티에프 파동의 상승기가 종결될 것으로 예상되는 2020년대에 이르면 또 다른 세계전쟁이 발발할 가능성이 높아진다는 것이다(Bornschier and Chase-Dunn, 1999).[32]

월러스틴은 이러한 전망에서 한 걸음 더 나아가 1970년대부터 정상적인 하강국면이나 헤게모니 위기를 반영하는 것으로 볼 수 없는 새로운 현상이 나타나고 있음을 강조한다. 그리고 이 현상은 노동력의 프롤레타리아화가 한계에 도달하고 생태파괴의 심화에 따라 자본축적 비용의 외부화가 더 이상 불가능해지기 때문에 나타난다고 주장한다. 그는 이 현상이 너무나 거대해져서 부분적인 조정만으로는 체계의 순환이 지속될 수 없는 수준에 도달했다고 판단한다. 이에 따라 2025-2050년 사이에 나타날 것으로 보이는 미국 헤게모니의 위기는 곧 현대적 세계체계 그 자체의 붕괴가 될 것이라고 예측한다(Hopkins and Wallerstein, 1999).

31) 체이스던의 주장이 세계체계론의 일반적인 주장은 아니다. 예를 들어 골드프랑크 같은 다른 세계체계론자들은 다자주의에 기초한 세계적 통치성을 예상한다. 그는 미국 헤게모니가 미국·일본·유럽의 삼자 공동지배로 이행했으며 50-60년 내에 미국·일본·동아시아가 유럽·러시아와 양극체제를 구축할 것이라는 전망을 제시한다. 그리고 이러한 양극체제에서 새로운 헤게모니 경쟁과 세계전쟁이 출현할 가능성은 배제한다(Bornschier and Chase-Dunn, 1999).

32) 골드스틴도 장기파동론에 입각하여 세계전쟁을 전망한다. 그는 현재의 팽창국면이 2015년을 전후하여 종결될 것이며 그 다음 국면은 전쟁이 될 것이라고 본다. 그는 특히 2015-2030년 사이에 전쟁이 발생할 것이며 그 정점은 2020년대 말이 될 것이라고 예상한다(Goldstein, 2006).

세계적 통치성과 '새로운 전쟁'

미국 헤게모니의 쇠퇴가 세계전쟁으로 귀결될 것을 예상하는 세계체계론 일각의 전망과 달리 주변부 지역에서는 '새로운 전쟁'이 나타난다. '새로운 전쟁'(new war)은 금융세계화에 따른 지역적 갈등과 불안정성을 관리하기 위한 것으로 그 배후에는 바로 세계적 통치성이 존재한다.[33]

미국의 축적체계는 1970년대의 구조적 위기에 직면하여 실물적 축적에서 금융적 축적으로 전환된다. 1980년대 초에 금리인상과 긴축정책이 실시되면서 세계의 유휴자본이 미국으로 집중되고 국내의 과잉자본과 함께 금융적 축적이 나타난다. 미국은 이를 이용하여 대대적인 군비확충을 시도하고 그 결과 무리한 군비경쟁을 감당할 수 없었던 소련이 붕괴한다. 이에 따라 미국 헤게모니 하에서는 쇠퇴하는 헤게모니 국가에 금융력과 군사력이 동시에 집중되는 특이한 양상이 발생한다. 이 때문에 전쟁은 헤게모니 국가를 계승하려는 중심부 국가 사이의 충돌이 아니라 중심부가 금융적 축적을 지속할 수 있는 안정적인 세계적 통치성을 확보하기 위해 주변부의 갈등을 관리하는 양상으로 전개된다. 즉 금융세계화를 보완하는 군

---

33) '새로운 전쟁'은 본래 영국의 사민주의자 칼도가 1980-90년대 아프리카와 동유럽에서 나타난 새로운 양상의 전쟁들을 지칭할 때 사용한 개념이다. 그녀에 따르면 세계화의 영향 아래 민족국가가 해체되는 과정에서 '새로운 전쟁'이 출현한다. '새로운 전쟁'은 지정학적 또는 이데올로기적 목적보다는 종족이나 종교 같은 민족적 동일성 이전의 일차적 동일성과 관련된다. 또 군사적 수단으로 영토를 점령하는 전통적인 정규전과 달리 게릴라전과 진압전의 형태를 띠며 다른 동일성을 가진 모든 사람을 제거·추방함으로써 '증오와 공포'의 방식으로 특정 집단의 충성심을 확보한다 (Kaldor, 1999). 그렇지만 칼도의 개념은 주변부 내부의 전쟁만 지칭하기 때문에 1990년대 이후 급증하는 미국의 군사개입을 포괄하지 못하는 한계가 있다. 이 글에서는 '새로운 전쟁' 개념을 금융세계화에 의해 민족국가가 해체되는 과정에서 발생하는 주변부 내부의 전쟁은 물론 이에 대한 중심부 국가의 개입과정에서 발생하는 전쟁까지 모두 지칭한다.

사세계화가 동시에 진행된다(Arrighi, 2000; Serfati, 2003).

군사세계화의 최대 목표는 바로 초민족자본의 안정적인 축적을 보장하는 것이다. 금융화를 뒷받침하기 위한 사회의 재구조화가 기존의 군사적 위협과 함께 새로운 안보 의제로 상정된다. 부시는 2002년의 「연두교서」에서 세계화의 안정성 유지를 미국의 '사활적 이익'으로 정의하고 이를 수호하기 위한 예방적·선제적 군사개입을 선언한다. 새로운 안보전략이 요구하는 정보·통신기술과 무기체계를 개발하면서 1990년대의 구조조정을 통해 금융자본에 포섭된 군수산업은 '군안복합체'(military-security complex)로 변모한다(Serfati, 2003).

군사세계화에 따른 새로운 전쟁은 지정학적 위치에 따라 상이한 양상으로 전개된다. 미국의 초민족자본은 기업의 이동을 통해 원료·노동력·시장을 확보하기 때문에 식민지의 유지·획득 없이 활동한다. 이 때문에 금융세계화에서 주변부 지역은 세계경제에 선별적으로 포섭되며 이와 함께 선별적 배제라는 새로운 양상이 나타난다(Hoogvelt, 1997; Serfati, 2003).

우선 선별적 포섭이 이루어지는 지역에서는 내전이 전개된다. 발칸반도에서는 유고슬라비아연방의 해체 직후 슬로베니아만 유럽연합에 가입하면서 나머지 지역에서 종족학살이 자행된다. 또 라틴아메리카에서는 미국으로의 난민 유입을 방지하고 석유자원에 대한 통제를 유지하기 위해 원주민과 빈민에 대한 군사적 탄압이 가해진다. 한편 선별적으로 배제된 지역이더라도 중심부 국가의 이해가 달려 있는 지역에는 직접적인 군사개입도 벌어지는데, 이라크와 아프가니스탄에서 미국을 비롯한 다국적군의 개입을 통해 기존 정권의 강제적 교체가 이루어진다. 이에 비해 선진국들의 통치 프로그램에서 완전히 방치된 사하라 이남 아프리카 지역에서는 생태파괴로 인한 기근과 질병이 만연하고 국가붕괴가 나타난다.

나아가 새로운 전쟁은 중심부 내부에서도 진행된다. 금융화와 구조조정에 대한 대중적 저항이 빈발하면서 이에 대응하는 '폭동과 테러와의 전쟁'이 나타난다. 이를 위해 인명피해 없이 단지 육체를 무력화시키는 최첨단 무기와 기술이 개발되고 있다. 또 폭동과 테러로부터 재산소유자를 보호하기 위한 사적 보안체계가 번성한다.

금융세계화에 따른 민족국가의 동요와 새로운 전쟁의 출현은 무중심적인 약탈자의 침략 속에서 사회가 붕괴하고 전쟁상태가 만연했던 중세 말기와도 유비된다. 이러한 '신중세적 무질서'는 금융세계화를 뒷받침하는 군사세계화의 일반적 양상이다. 미국의 금융력과 군사력의 우위를 통해 축적체계의 위기가 일정하게 관리되면서 중심부의 전쟁 가능성이 높지 않은 대신, 그러한 통치성을 유지하기 위한 새로운 전쟁이 주변부 지역으로 확산될 가능성이 더 높은 것이다.[34)]

평화운동과 평화주의

평화운동(peace movement)과 평화주의(pacifism)는 마르크스주의를 비롯한 현대 사회주의운동 및 이념과 상이한 기원을 갖고 독자적으로 발전해 왔다. 19세기부터 발전한 평화운동은 1·2차 세계전쟁을 거치면서 평화주의 이념을 중심으로 한 반핵운동 및 반전운

---

34) 아리기는 2001년의 9·11 테러를 계기로 미국의 축적체계가 최종적 위기에 진입한 것으로 간주한다. 아리기는 동아시아의 경제부흥과 중국의 부상에 주목하면서 헤게모니 이행을 전망하지만 미국의 압도적인 군사적 우위 때문에 체계적 카오스가 어느 정도 지속될지 예단하기 어렵다고 주장한다(Arrighi, 1999, 2004). 그러나 아리기의 전망과 달리 중국의 경제성장은 선진국으로부터 이전된 사양산업에 기반하고 있으며 수출되는 상품은 절반 이상이 중국으로 진출한 초민족자본에 의해 생산된다. 또 9·11 테러에도 불구하고 동아시아와 유럽에서 미국으로의 수출달러환류와 자본도피는 오히려 증가한다. 9·11테러 이후의 상황은 미국 헤게모니의 최종적 위기라기보다는 오히려 벨 에포크의 새로운 단계로 파악될 수 있다. 반면 2010년대의 최종적 위기를 예고하는 2007-08년 금융위기에 대해서는 윤소영 (2008)을 참조하시오.

동으로 발전했다. 또한 종교적·세속적 비폭력주의에서 출발한 평화주의는 1950년대에 평화연구가 전개됨에 따라 구조적 폭력에 대한 비판을 포함하는 능동적 평화주의로 변화하면서 다양한 사회운동과 융합하기 시작했다. 평화운동·평화주의의 역사적 발전과정은 마르크스주의가 평화운동·평화주의를 재평가하고 적극적으로 수용할 필요성을 제기한다.

19세기 평화운동

평화운동은 유럽 대륙을 중심으로 발전해 온 현대 사회주의운동과 달리 앵글로-색슨적 기원을 갖는다. 아우구스티누스 이래 가톨릭 신학자들은 '정의로운 전쟁'(just war)이라는 교의를 제시했으며, 이 관념은 유럽 대륙에 강한 영향력을 발휘했다. 반면 퀘이커교도를 비롯한 이단적 프로테스탄트들은 전쟁과 폭력을 일절 거부하는 비폭력주의를 주장했다. 종교적 비폭력주의는 영국과 미국을 중심으로 확산되었고, 이후 평화운동의 발전에 강력한 영향력을 미쳤다(Carter, 1992; Buhle, 1992)[35]

현대적 평화운동은 19세기 초부터 성장하기 시작했으며, 최초의 평화운동조직은 나폴레옹 전쟁 직후에 등장했다. 이는 전쟁 양상의 변화를 배경으로 했다. 전쟁이 국민전·전면전 양상으로 전개되고 전쟁의 산업화로 인해 대량살상이 이루어지면서 전쟁의 파괴적·소모적 성격에 대한 인식이 확산되었던 것이다.

평화운동의 성장에는 전현대적·종교적 평화주의뿐만 아니라 자유주의가 중요한 이념적 기초를 제공했다. 그 주창자들은 국제질서에 관한 자유주의적 관념에 의존하여 국가간 이해관계의 대립이 계

---

35) 퀘이커교는 1640년대 영국의 내전 과정에서 형성되었고 그 지도자중 한 사람이었던 윌리엄 펜은 미국의 펜실베니아에 퀘이커교 정부를 설립했다. 퀘이커교는 미국에서 평화운동을 지원하는 강력한 정치적 세력으로 작용했다(Carter, 1992).

몽된 여론이나 합리적 토론 등의 이성적 수단을 통해 해결될 수 있음을 강조했다(Carter, 1992).

자유주의적 평화운동은 자본주의의 발전을 조건으로 성장했다. 1840년대에 자유무역운동가들은 무역이 평화의 경제적 토대를 창출하기 때문에 파괴적이고 소모적인 전쟁을 종결지을 수 있다고 믿었다. 유럽의 많은 자본가들이 이를 지지하고 재정적으로 지원했으며, 평화운동은 자유무역운동과 부분적으로 협력하기 시작했다.

그리하여 자유무역에 기초한 영국 자본주의의 발전이라는 조건에서 프로테스탄트적 평화주의와 자유주의가 결합된 평화운동이 성장했다. 이 운동은 유럽과 미국 전역에서 전개되었지만, 프로테스탄트 이념과 자유주의의 전통이 강한 영국과 미국이 그 중심이 되었다. 자유주의적 평화운동은 평화로운 국제질서의 건설을 목표로 했고 이를 위해 독립된 주권국가간 협상과 조정을 통한 분쟁의 해결을 옹호했다.

그러나 19세기 중반 영·미 평화운동에서 전반적 군축이라는 의제를 둘러싸고 평화주의와 자유주의의 갈등이 표면화되었다.[36] 또한 1848년 혁명 이후 유럽 대륙의 평화운동이 '정의의 전쟁'을 주장하면서 국제평화운동은 위기에 처했다. 크리미아 전쟁을 시작으로 유럽의 국가간 세력균형에 균열이 발생하면서 국제평화운동은 붕괴되기 시작했다. 나아가 독자적인 사회주의 인터내셔날의 창설은 자유주의적 평화운동과 전투적인 사회주의적 반전운동의 분리를 상징했다(Carter, 1992).

1차 세계전쟁은 호전적인 민족주의와 현실정치의 힘을 보여주었다. 합리적 조정, 공통의 경제적 이해, 대중적 여론 등을 강조하는 자유주의적 평화운동은 한계를 드러냈다. 노동자계급의 국제적 연

36) 영국과 미국의 평화운동가들은 1848년부터 영국과 미국을 필두로 한 전반적 군축을 의제로 제시했다. 1853년에는 이러한 생각이 평화운동 내에 널리 확산되었지만, 영국과 미국의 제안자 자신들이 기독교적 비폭력주의를 강조하는 평화주의자와 자유무역의 우선성을 강조하는 자유주의자로 분열되었다.

대에 기초한 사회주의적 평화운동 또한 유럽의 대다수 사회주의 정당들이 이른바 '민족방위전쟁'에 찬성하면서 실패로 돌아갔다.

1차 세계전쟁의 발발이 평화운동을 붕괴시켰던 반면 전쟁의 경험은 평화주의와 평화운동이 확산될 수 있는 추동력을 제공했다. 1차 세계전쟁을 거치면서 영국과 미국에서는 종교적 신념이나 사회주의적·무정부주의적 사상에 근거한 개인적 차원의 양심적 병역거부가 시작되었다. 이와 동시에 징병거부의 자유라는 자유주의적 원칙에 입각한 징병제 반대 운동이 확산되었다. 또한 여성운동이 평화운동의 중심으로 부상했다. 체트킨을 중심으로 국제사회주의여성회의가 개최되었고, 헤이그 국제여성회의를 계기로 국제여성자유평화연합(WILPF)이 결성되었다. 전쟁반대인터내셔날(WRI)은 양심적 병역거부를 지원했으며 국제화해위원회(IFOR)는 기독교적 평화운동을 확산시켰다.

사회주의운동도 1차 세계전쟁을 계기로 평화운동과 결합하기 시작했다. 19세기 말 제국주의 열강들간 식민지 분할·재분할경쟁이 본격화되기 이전까지 사회주의운동은 평화운동과 어떠한 조직적 관계도 가지지 못했다. 사회주의자들은 제국주의 전쟁을 자본주의의 불가피한 부산물 정도로 간주했고 평화라는 주제를 적극적으로 수용하지 않았다. 1차 세계전쟁 이후 평화운동이 성장하면서 사회주의운동을 비롯한 기존 좌파운동도 평화라는 주제를 적극적으로 수용하기 시작했다. 대표적으로 미국에서 토마스를 비롯한 프로테스탄트적·중간계층적 평화주의자 집단이 사회당 내부에서 부상하면서 사회당이 미국의 평화운동을 주도했다(Buhle, 1992).

더 큰 정치적 영향력을 발휘한 것은 새로운 형태의 자유주의적 국제주의였다. 당시의 자유주의는 자유무역을 옹호했고 이를 강제할 수 있는 국제연맹을 지지했다. 국제연맹은 집단안보 개념에 입각한 국제법적 기구였고, 전쟁을 예방하기 위한 강제력의 행사를 함축하고 있었다. 이것은 전쟁을 방지하기 위한 자유주의적 해법이긴 했으나 평화주의와는 거리가 있었다(Carter, 1992).

1930년대 말에 파시즘이 부상하면서 평화운동은 쇠퇴하기 시작했고, 2차 세계전쟁의 발발과 함께 억압되었다. 2차 세계전쟁이 1차 세계전쟁보다 훨씬 더 큰 고통과 파괴를 수반했음에도 불구하고 전후에 평화주의적 감성은 오히려 쇠퇴했다. 1차 세계전쟁이 군비경쟁의 결과라면 2차 세계전쟁은 평화운동의 확산과 무장해제로 인해 파시즘의 공격을 막지 못한 결과로 여겨졌기 때문이다. 1차 세계전쟁이 '불의의 전쟁'으로 인식된 반면 2차 세계전쟁은 파시즘에 대항한 '정의의 전쟁'으로 인식되었던 것이다. 게다가 전쟁을 방지하기 위해서는 군사력을 강화해야 한다는 주장과 공산주의에 대한 공포가 반공주의적 군사주의를 확산시켰다. 한국전쟁이 발발하고 냉전이 본격화되면서 군사주의에 대한 비판은 공산주의적인 것으로 간주되었다(Carter, 1992).

2차 세계전쟁 이후 평화운동의 부활

2차 세계전쟁 이후 평화주의의 부활은 핵무기에 대한 비판에서 시작되었다. 1945년 원자탄 개발 당시부터 과학자 사이에서는 핵에너지의 사용과 관련한 논쟁이 벌어졌으며, 많은 과학자가 핵에너지의 위험성을 경고하고 통제의 필요성을 주장했다. 아인슈타인과 러셀은 1950년대의 미국과 소련의 경쟁적인 핵실험에 대응하여 1955년에 퍼그워시 성명을 발표했고 핵무기로 인한 인류 절멸의 위협과 인류 생존이라는 문제를 제기했다. 또 이 성명은 단지 핵전쟁의 위협뿐만 아니라 인간과 생태계에 대한 방사능의 파괴적인 효과도 강조했다. 이를 계기로 핵무기의 위험성에 대한 인식이 확산되기 시작했고 학술운동으로서 평화연구에서 대중적인 평화시위에 이르기까지 다양한 반핵·평화운동이 세계적 규모에서 전개되었다(Carter, 1992; Buhle, 1992).

핵방사능의 유출이라는 문제에서 국경은 무의미하며 핵전쟁은 인류 전체의 미래를 위협하는 것이었기 때문에 반핵·평화운동은 기본적으로 초민족적인 성격을 띠었으며 다양한 사회운동과 결합했다. 1950-60년대에 미국, 서유럽, 그리고 일본을 중심으로 출현한 반핵·평화운동은 각국의 사회·정치적 상황에 따라 서로 다른 형태로 진행되었지만 기본적으로 핵무기와 핵실험에 반대한다는 공통점을 갖고 있었다.

1955년에 미국에서 설립된 세인(SANE)은 전문가를 중심으로 광고나 기자회견을 통해 핵무기의 위험성을 알리는 활동을 전개했다. 또 1961년부터 평화를위한여성(WSP)을 중심으로 대중적인 여성평화운동이 전개되었는데, 이들은 가족의 건강과 안전을 지키는 '정상적인 주부'의 입장에서 핵방사능의 위협에 반대했다. 나아가 화해를위한연대(FOR)를 중심으로 한 기독교적 평화운동은 대규모의 탄원운동을 전개함으로써 핵실험 반대운동의 대중적인 확산에 기여했다(Carter, 1992; Goldstein, 2001).

원폭의 피해를 가장 먼저 경험했고 비키니 섬의 수소폭탄 실험을 경험한 일본에서는 1940년대 말부터 반핵·평화운동이 전개되기 시작했다. 대부분의 일본인은 1950년대의 핵실험에 대해 반대했으며 불교·이슬람·기독교 등 다양한 종교적 평화주의가 확산되었다. 또한 유럽에서 반핵·평화운동은 영국의 핵군축캠페인(CND)을 중심으로 북대서양조약기구(NATO)와의 관계라는 쟁점을 제기했다. 핵군축캠페인은 핵실험에 대한 반대와 핵에너지의 위험성에 대한 경고에 머물지 않고 무조건적 군축과 모든 미군 핵기지의 반대, 그리고 북대서양조약기구로부터의 탈퇴를 주장했다. 이른바 '능동적 중립주의'를 포함한 핵군축캠페인의 활동은 평화주의적 이상에 가까운 것이었지만 현실의 대중운동과는 얼마간 괴리되었다.

당시의 반핵·평화운동은 핵에너지·핵무기의 관리·통제만을 주로 강조했을 뿐 평화라는 문제를 적극적으로 제기하지 못했다. 이 때문에 1963년 핵실험금지조약의 체결 이후 상공에서의 핵실험이 일시적으로 종결되자 반핵·평화운동은 퇴조했다.

그러나 곧바로 베트남전쟁 반대운동이 시작되면서 평화운동의 양상이 변화했다. 비폭력주의의 영향을 받은 이 운동은 미국을 중심으로 평화 시위, 반전 선전, 급진주의 교육 등을 통해 진행되었다. 핵실험 반대운동과 달리 베트남전쟁 반대운동은 평화라는 평화운동 고유의 주제를 제기했다. 전쟁의 파괴·공포·절망감이 확산되면서 더 급진적인 사고가 등장했고, 냉전의 군사적 대립이 전반적 사회체계와 밀접한 관련을 맺고 있다는 인식이 확산되었다. 평화운동이 사회체계에 대한 인식을 요구하면서 평화라는 말은 사회의 변혁과 동일시되었다. 더 나아가 반전·평화운동은 서구사회의 지배적 문화에 대한 저항으로 이어졌다(Carter, 1992; Buhle, 1992).

청년·학생들은 존슨 대통령의 베트남전쟁 확대를 계기로 반전·평화운동의 전면에 나섰다. 청년·학생들은 주로 종교적 신념에 의존했던 개인적 차원의 양심적 병역거부를 징병 자체에 대한 집단적·전면적 거부로 확대시켰다.[37] 화해를위한연대를 비롯한 종교적 평화운동조직은 납세를 거부하는 시민불복종운동을 펼쳤다. 국제여성자유평화연합을 중심으로 한 여성 평화운동과 흑인 민권운동도 결합했다. 베트남 인민의 고통과 미군의 잔혹상이 드러나면서 반전·평화운동은 더욱 강한 추동력을 얻었다. 양심적 병역거부운동은 꾸준히 확대되었고, 노조지도자들과 퇴역군인들까지 합류했다.

그러나 베트남전쟁 반대운동은 민족적 이익에 관한 현실정치적 관점에서 전쟁을 반대하는 진영과 도덕적 의무와 급진적 평화주의의 관점에서 전쟁을 반대하는 진영으로 점차 분열되기 시작했다. 또한 전쟁이 장기화되면서 민주당을 중심으로 자유주의적 반전론이 등장하기 시작했고, 매카시의 선거운동을 계기로 반전운동의 일부가 여기에 흡수되었다. 1972년부터 미군이 철군을 시작하면서 반전·평화운동도 급속히 쇠퇴했다.

1979년 소련의 아프가니스탄 침공과 1980년 레이건의 집권과 함

---

37) 이러한 징병거부운동은 1973년에 미국에서 징병제가 폐지되는 계기가 되었다. 또한 미국에서 모병제로의 전환은 전쟁의 산업화가 진전됨에 따른 군대의 전문직화에 부응한 것이기도 했다.

께 재개된 군비경쟁, 이른바 '2차 냉전'은 반핵·평화운동이 다시 한 번 전개되는 계기가 되었다. 서유럽 전역과 태평양 연안을 포함한 광범위한 지역에서 반핵·평화운동이 전개되었으며 반공주의가 약화됨에 따라 1950-60년대 운동보다 강력한 지지를 받았다. 그리고 이 때부터 반핵·평화운동은 생태주의 및 페미니즘과 결합되기 시작했다(Carter, 1992; Giugni, 2004).

핵실험 반대와 핵의 합리적 통제를 강조했던 1950-60년대의 반핵·평화운동은 핵의 군사적 사용과 평화적 사용을 명확히 구별했다. 그러나 핵발전소에서 사고가 잇달아 발생하면서 핵의 산업적 이용을 반대하는 운동이 1970년대에 등장했고 대중적으로 널리 확산되던 생태주의적 심성과 결합했다. 생태주의적 반핵운동의 관점에서 핵군축을 주장한 1980년대 평화운동은 평화적 핵과 군사적 핵이 사실상 구별될 수 없다고 주장했고 핵에너지 사용 자체에 대해 문제를 제기했다.

평화운동이 형성되기 시작했던 19세기 초부터 여성은 평화운동에 대한 강력한 지지자였으며, 이들은 여성의 권리와 평화를 동시에 제기했다. 페미니즘적 인식이 확산되면서 1980년대에는 페미니즘의 고유한 쟁점이 평화운동 내부에서 제기되기 시작했다. 전쟁과 폭력의 남성적 성격에 대한 인식이 확산되었고, 전쟁에서 여성에게 가해지는 폭력이 강조되기 시작했다. 또한 페미니즘적 평화운동은 전쟁에 대한 낭만주의적 표상 같은 남성적 전쟁문화의 문제를 제기했으며, 사회운동 내부의 낭만주의적 군사문화를 평화운동에 적합한 비폭력적 저항문화로 대체하려고 시도했다(Goldstein, 2001).[38]

서유럽에서 반핵·평화운동의 출발점은 1977년 미국의 중성자탄 개발 계획에 반대한 네덜란드의 운동이었다. 그리고 1979년에 북대서양조약기구 가입국들이 크루즈나 퍼싱II 같은 미국의 새로운 중거리 핵미사일을 배치하기로 결정하면서 평화운동은 서유럽 전역으

38) 전쟁에 대한 페미니즘적 이론과 쟁점에 대해서는 이 책에 실린 니라 유발-데이비스의 글을 참조하시오.

로 확산되었다. 이 시기 반핵·평화운동은 세계, 그 중에서도 유럽이 임박한 핵전쟁의 위기에 직면했다는 공포감을 배경으로 했다. 상대방의 미사일을 파괴할 수 있을 정도의 정확성을 지닌 새로운 미사일이 선제공격무기로 사용될 수 있다는 전망은 이런 공포감을 더욱 강화했다.

평화운동가들은 미국의 세계전략과 북대서양조약기구의 정책에 대해 반대했다. 유럽핵무기완전철폐운동(END) 등은 미국과 소련의 군사블록 전체의 해체를 주장했으며, 이를 위해 소련의 소규모 평화운동 세력을 지원하고자 했다. 미·소 냉전의 상황에서 유럽의 '능동적 중립주의'는 당시 평화운동의 전반적인 정신을 반영하는 것이었다. 반면 공산당은 소련의 군사정책에 대해 비판하는 것을 꺼려했으며, 많은 사회주의자들도 미국이 더 공격적인 성향을 갖고 있다고 생각했다. 반면 서독 사민당과 연계된 일부에서는 북대서양조약기구가 유럽의 안보에 필요하다는 견해까지 제기되기도 했다. 모든 형태의 핵억지력을 거부해야 할 것인가, 완전한 핵군축 이전까지 미국과 소련이 최소한의 억지력을 유지해야 할 것인가 등의 문제에 대해 다양한 이견이 있었다.

군사주의에 대한 반대를 핵무기에 국한시키지 않고 확장시킬 것인가에 대해서도 이견이 있었다. 핵군축캠페인은 공식적으로 모든 대량살상무기를 반대하고 전반적 군축이 궁극적 목표라고 주장했지만 핵무기 폐기를 우선적으로 다루었다. 서독의 평화운동은 1986년에 새로운 평화선언을 채택하여 모든 공격무기에 대한 거부, 군비지출의 즉각적 삭감, 양심적 병역거부의 권리 등을 주장했다. 대부분의 운동 참가자들은 군비경쟁의 낭비적 성격을 고발하고 무기거래에 대한 분노를 표출했으며 이를 제3세계의 빈곤과 대비시켰다.

미국의 평화운동은 한편으로 서유럽을 비롯한 세계 각지의 운동을 지원했지만 주로 미국의 핵무기와 세계전략을 쟁점으로 삼았다. 광범위한 지지를 얻으면서 운동을 주도해간 것은 미소간 협상을 통해 핵무기 확산을 막자는 세력이었다. 핵동결운동(Nuclear Freeze

Movement)은 논쟁을 최소화하는 수준에서 대중적 지지와 의회의 지원을 최대화하기 위한 것이었다. 수많은 자유주의적 전문가와 교회의 지원 하에 이 운동은 사회적으로 광범위한 지지를 획득했다. 그러나 소련과의 협상은 레이건 정부의 정책과 크게 모순되지 않았고, 2기 레이건 정부부터 적극적으로 수용되었다. 반면 소수였지만 핵기지와 핵무기공장에서의 직접행동을 통해 대중적 의식을 자극하는 형태의 저항이 지속되었다. 또한 종교적·무정부주의적 평화주의자들은 시민불복종운동을 지속적으로 전개해 나갔다.

호주, 일본, 필리핀, 마이크로네시아 등의 태평양 지역에서는 미군기지 반대가 평화운동의 핵심적 의제가 되었다. 평화운동가들은 미국과 소련의 핵실험과 핵무기 운반을 반대했다. 그 지역에서 핵실험은 방사능 피해를 비롯한 환경 파괴라는 쟁점을 제기했고, 강대국의 오만함과 식민주의·인종주의 등에 반대하는 민족주의적 감성을 불러일으켰다. 태평양 지역의 전략적 중요성으로 인해 미국은 기지를 건설하는 대신 재정적 지원을 제공하는 협상을 시도했고, 대체로 친미적 성향을 띤 이 지역 정부들은 이를 수락했다.

평화주의와 평화연구

평화주의가 평화운동의 중요한 이념적 기초이긴 하지만 모든 평화운동이 평화주의적 관점에서 이루어지는 것은 아니다. 평화운동 중에는 '정의의 전쟁'과 '불의의 전쟁'을 구별하고 후자에만 반대하는 경우도 있다. 또는 평화운동이 핵무기 같은 특정한 유형의 무기만 반대하거나, 경제적 악영향을 이유로 전쟁이나 군비경쟁을 반대하는 경우도 있다. 평화운동의 주체도 다양하다. 대부분의 평화운동에는 평화주의자뿐만 아니라 다양한 사회세력이 특수한 역사적 조건 속에서 참여한다(Carter, 1992).

평화운동과 마찬가지로 평화주의 또한 마르크스주의, 사회주의 등의 전통적 좌파운동의 이념과 구별되는 다양한 기원을 지닌다.

재세례파나 메노교, 퀘이커교 등의 프로테스탄트적 평화주의처럼 전쟁을 부도덕한 것으로 간주하는 초기 기독교 사상에 기원을 두는 평화주의가 있다. 또 간디의 비폭력주의처럼 동양적 사상에서 유래하는 평화주의도 존재한다. 또는 인간을 잔인하게 만들고 타락시키는 전쟁의 본성을 강조하는 인본주의처럼 세속적 기원을 갖기도 한다(McReynolds and Buhle, 1992).

이러한 초기의 평화주의는 모든 종류의 전쟁을 거부하고, 폭력적 수단을 이용한 사회적 갈등의 해결을 반대하는 비폭력주의를 표방했다. 이러한 관점에서 정당한 폭력은 존재할 수 없었다. 폭력을 제거하는 수단으로서 폭력의 사용 또한 인정하지 않았다. 평화주의자는 일체의 조직된 폭력에 반대하고 개인의 도덕적 역할을 강조했으며, 다양한 영역에서 개인적으로 활동했다.

19세기 중반에 이르러 여성해방, 노예제폐지 등과 함께 평화가 중요한 사회적 쟁점으로 부각되었고 평화주의적 심성이 영·미권 개혁주의 운동에서 확산되었다. 그리고 남북전쟁, 1차 세계전쟁 등 산업화된 전쟁의 참상을 경험하면서 평화주의적 가치가 대중적으로 확산되었다. 이와 함께 평화주의는 넓은 의미에서 평화운동이라는 틀 내에서 기존 좌파이념과 공존하면서 상호작용했지만 긴밀히 결합하지는 못했다. 평화주의는 폭력혁명과 국가나 당의 역할을 강조하는 마르크스주의와 갈등을 빚었으며, 경우에 따라서는 무정부주의와 결합했다.

2차 세계전쟁과 함께 퇴조했던 평화주의는 1950-60년대 반핵·평화운동과 함께 부활했다. 비폭력주의는 여전히 평화주의의 중요한 이념이었으며, 사회운동 내부에서 그 영향력이 확산되었다. 마틴 루터 킹 목사가 이끄는 흑인 민권운동은 대중적 운동으로 성장했는데, 이들이 채택한 시민불복종 전술은 비폭력 저항의 대중적 호소력을 증명했다. 평화운동 내부에서도 비폭력 직접행동이 확산되었다. 2차 세계전쟁에 반대했던 평화주의자들은 진보주의적 진영과 연대를 형성하고 무정부주의적 평화주의를 표현하는 새로운 문화적 표현을 창출했다. 대표적으로 비폭력행동위원회(CNVA)는 핵실험 현장에 대한 감시와 침입·저지를 통해 저항을 극적으로 표현했다(Carter, 1992; Buhle, 1992).

사회주의적 평화주의 또한 다양한 형태를 취하면서 등장했다. 1956년부터 발간된 『해방』(*Liberation*)을 중심으로 한 평화주의자들은 비폭력적 수단에 의한 사회변혁을 주장했으며, 고전적인 반독점·반제국주의 이념과 탈중심·탈위계의 주제를 결합했다.[39] 1923년에 결성된 전쟁에저항하는이들의연맹(WRL)라는 소규모 그룹은 더 철저한 비폭력주의적 입장을 취했으며 민권운동, 베트남전쟁 반대운동, 여성운동과 결합했다(McReynolds and Buhle, 1992).

한편 1955년의 퍼그워시 성명을 계기로 등장한 평화연구와 함께 평화주의는 이론적 형태를 갖추기 시작했다. 초기에 평화연구는 전쟁에 관한 연구를 통해 그것이 왜 발생하며 그것을 어떻게 저지할 수 있는가라는 문제를 다루었다. 평화연구자들은 이러한 관점에서 폭력의 원인보다는 갈등적 상황을 관리하고 해결하는 것에 초점을 두었다(Harris, 2006).

이러한 접근법은 1960년대 말 비판적 평화연구자들에 의해 기각되었다. 이들은 기존의 평화연구가 특정한 형태의 폭력을 중지시키고 단순한 전쟁의 부재를 추구하는 '수동적 평화주의'라고 비판하면서 '능동적 평화'라는 개념을 제시했다. 이들이 제기한 능동적 평화는 전쟁의 원인들을 제거하는 평화를 의미하며, 이를 위해 필요한 것은 휴전이 아니라 관계의 변혁이다. 대표적으로 갈퉁(Galtung, 1969)은 수동적 평화만 지향하는 연구는 폭력의 원인을 간과한 채 갈등적 상황을 관리하는 것이라고 비판하면서, 직접적 폭력의 원인으로서 구조적 폭력이라는 개념을 제시했다(Goldstein, 2002).[40]

---

39) 이들의 전신은 1946년에 결성된 비폭력혁명위원회(Committee for Non-violent Revolution)라는 소규모 그룹이다. 이 그룹은 비폭력적 방식에 의한 노동자의 생산수단 장악을 포함하는 강령을 가지고 있었다. 그 후 이들은 급진적 평화주의자 그룹인 평화를만드는사람들(Peacemakers)과 통합되었으며 냉전 시기 '제3진영' 입장을 고수했다.

비폭력주의에서 '폭력 비판'으로 발전한 평화연구는 1970년대 이후 능동적 평화주의의 관점에서 다양한 형태의 구조적 폭력에 관한 연구로 확장되었다. 평화연구자들은 저발전과 남북 격차에 주목했으며, 인권을 사회정의와 연결시키면서 평화연구로 포섭했다. 특히 평화연구가 페미니즘 및 생태주의와 결합되면서 폭력 개념이 확장되었다. 페미니즘은 국가 폭력뿐만 아니라 가정 폭력의 문제를 제기했으며, 생태주의는 환경 폭력의 문제를 제기했다(Harris, 2006).

평화연구의 성장과 함께 평화교육 또한 확산되었다. 평화연구자의 연구성과가 대중적으로 교육되었을 뿐만 아니라 평화주의·반군사주의적 심성과 문화를 육성하기 위한 교육도 시작되었다. 평화연구자는 군사주의를 재생산하는 사회·경제적 제도와 문화를 분석했으며 다양한 사례연구를 통해 군사주의 문화의 자연성·필연성을 부정하고자 노력했다. 또 페미니즘은 군사주의의 재생산에서 성적 차이가 작동하는 방식을 연구했다(Harris, 2006; Goldstein, 2002).

1970년대 말부터 진행된 반핵·평화운동의 확산과 함께 평화연구는 평화운동과 결합되기 시작했다. 평화운동의 활동가들이 제기하는 다양한 쟁점들을 수용하면서 평화연구의 영역이 확장되었을 뿐만 아니라 경제적 모순과 인권, 페미니즘과 생태주의 등과 결합된 평화연구의 이론들이 평화운동의 이념에 영향을 미치기 시작했다. 구조적 폭력에 대한 이러한 문제제기는 '평화'라는 이념으로 표현되었으며, 평화운동은 '평화와 정의'라는 이념 하에 다양한 사회운동과 결합되었다.

이러한 결합은 평화 구현을 위한 방안에 관한 연구에도 영향을 미쳤다. 이들 연구에서 평화 실현의 주체는 국가에서 사회운동으로

---

40) 갈퉁은 직접적 폭력과 구조적 폭력을 구별하며, 구조적 폭력의 제거를 통해 평화를 달성한다는 의미로 능동적 평화 개념을 제시하고 이를 '사회정의'와 동일시한다. 이후에는 이 두 가지 폭력을 정당화하는 문화적 폭력 개념을 추가한다(Galtung, 1990). 참고로, 발리바르는 극단적 폭력과 구조적 폭력을 구분하고, 극단적 폭력은 구조적 폭력의 붕괴·해체에 의해 발생한다고 주장한다(Balibar, 2002).

이동했다. 평화연구자들은 특히 국제적 사회운동에 주목하면서 기존의 '국가안보'(national security) 개념을 비판하고 '집단안보'(collective security), '환경안보'(environmental security), '포괄적 안보'(comprehensive security) 등의 개념을 제시했다.

대안세계화운동과 평화운동

1980년대 말 소련이 붕괴되면서 평화운동은 위축되기 시작했고, 1991년 걸프전쟁을 계기로 결정적으로 쇠퇴했다. 걸프전쟁 발발 이전까지 세계의 많은 평화운동 단체들의 반핵·반전·평화운동이 전개되었지만, 전쟁이 발발하자마자 급속히 동력을 상실했다. 대부분의 사람들에게 이라크의 쿠웨이트 침공은 부당한 일로 여겨졌고 미국의 전쟁은 '정의의 전쟁'으로 여겨졌다. 또한 베트남전쟁과 달리 단기간에 끝남으로써 전쟁의 파괴적 효과와 낭비와 관련된 쟁점도 등장하지 않았다. 석유를 위한 전쟁이라는 평화운동가들의 주장은 큰 설득력을 얻지 못했다(Carter, 1992).

이후 평화운동은 금융세계화와 함께 '새로운 전쟁'이 전개되면서 이에 대한 반대운동을 중심으로 부활했다. 유고연방의 내전과 이스라엘-팔레스타인전쟁에 대해서는 특히 유럽을 중심으로 전쟁 반대와 북대서양조약기구의 군사개입 반대를 주장하는 운동이 전개되었다. 또한 2001년 아프가니스탄전쟁과 2003년 이라크전쟁은 미국의 군사개입에 대한 반대운동을 촉발시켰다.

현재의 반전·평화운동은 과거 베트남전쟁 반대운동보다 발전된 양상을 보여준다. 반전·평화운동이 광범위한 단체와 수많은 개인적 참가자들을 포함할 뿐만 아니라 국제적 차원에서 계획되고 있다. 또한 많은 사람들이 평화주의 이념에 따라 운동에 참여하고 있다.

또한 현재의 반전·평화운동은 전쟁의 발발 이전부터 시작되어 종전 이후에도 지속되는 양상을 보여준다. 이는 반전·평화운동이 전쟁에 대한 단순한 반대가 아니라 그 원인을 비판하는 능동적 평화주의, '폭력 비판'의 관점을 수용하기 시작했음을 보여준다. 예를 들어, 유럽의 평화운동가들은 유고 내전이나 팔레스타인 분쟁이 벌어지기 전부터 전쟁의 가능성을 경고했으며, 국제적 연대를 통한 지역공동체의 재건을 지속적으로 추구해 왔다. 미국의 반전·평화운동에서는 아프가니스탄전쟁과 이라크전쟁을 모두 미국의 세계지배전략이라는 차원에서 이해하는 관점이 널리 수용되었다(Marcon, 2001; Epstein, 2003; Vasi, 2006).

또한 2001년에 설립된 평화정의연구회(Peace and Justice Studies Association)로 대표되는 현재의 평화연구는 세계화 이후 확산되는 테러리즘과 군사개입, 생화학전과 핵사보타지 등을 연구하면서 그 원인으로서 세계화에 따른 경제적·사회적·정치적 불안전성에 주목했다. 이러한 연구 성과는 최근의 평화운동에도 반영되었다. 1999년에 발표된 21세기 『평화와정의를위한헤이그아젠다』(*Hague Agenda for Peace and Justice*)는 평화와 인권, 민주주의에 대한 교육을 비롯하여 정의로운 세계경제의 창출, 지속가능하고 공정한 환경자원의 사용, 인종적·종족적·성적 갈등의 제거 등을 자신의 과제로 제시했다. 이는 현재의 평화운동이 군사세계화의 구조적 원인으로서 금융세계화에 주목하고 대안세계화운동과 결합할 수 있는 가능성을 보여준 것이다.

그럼에도 불구하고 현재의 반전·평화운동은 이러한 가능성이 현실화되는 것을 가로막는 문제점을 안고 있다. 예를 들어, 미국의 반전·평화운동은 이원화된 구조를 지니고 있다. 하나는 전국적 연대조직인데, 여기에는 반전반인종주의행동(ANSWER), 전쟁없는승리(Win Without War) 등이 포함된다. 다른 하나는 수많은 지역적 조직인데, 여기에는 평화운동단체뿐만 아니라 종교단체, 노동조합 등 다양한 조직들이 포함된다. 연대조직은 전쟁이라는 이슈를 중심으로 형성된 조직일 뿐이고, 지역적 조직의 단체들 중 평화를 자신의 과제로 여기지 않는 단체들은 위기 상황이 종결되면 평상시의 상태로 돌아갈 가능성이 크다(Epstein, 2003).

현재의 반전·평화운동은 세계화와 전쟁의 문제를 자신의 과제로 수용하지 못하는 대중운동의 한계를 보여준다. 또 전쟁의 원인으로서 금융세계화에 대한 비판도 제한적이다. 전쟁없는승리가 현재의 전쟁을 부시 정부의 일방주의적 정책의 문제 정도로 이해하는 자유주의적 견해를 나타낸다면, 반전반인종주의행동은 반제국주의적 관점에서 반전·평화운동을 전개하고 있다. 자유주의적 관점은 차치하더라도 고전적인 제국주의론을 수용하고 현재의 전쟁을 제국주의 열강들 간의 대립이라는 관점에서 이해하는 것은 문제의 본질을 간과한 것이다.41)

한편 현재 국제적으로 조직된 반전·평화운동은 내부의 다양한 사회운동들의 역사적·문화적 차이로 인한 갈등을 민주적으로 해결해야 하는 과제를 안고 있다. 예를 들어, 국제적 여성평화운동은 전쟁의 중지, 능동적 평화의 달성, 여성권을 포함한 인권의 보장이라는 큰 틀에서의 합의에도 불구하고, 중심부 국가 여성운동의 헤게모니 하에 탈식민주의 같은 제3세계 여성들의 사안이 주변화되면서 갈등이 발생하고 있다(Snyder, 2006).

지금까지 살펴본 평화운동의 역사는 마르크스주의가 평화운동·평화주의를 적극적으로 재평가하고 결합할 필요성을 제기한다. 특히 산업화 이후 인류의 절멸을 가능케 하는 대량살상무기의 발전과 인간을 배제하는 지휘·통제체계의 발전은 더 이상 전쟁이 사회 변혁의 수단이 될 수 없음을 의미한다. 이는 평화운동을 전술적으로 이용하는 정도가 아니라 평화라는 가치의 원칙적 수용을 요구한다. 또한 이러한 결합을 위해서는 반전운동의 또 다른 흐름, 금융자본이

41) 제국주의론의 관점에서는 중심부 국가들간 갈등을 강조하고 주변부 지역의 고빈도·저강도 전쟁을 간과한다. 이 같은 문제는 제국주의론을 신자유주의적 금융세계화에 여과 없이 적용한 것에서 비롯된다. 현재의 전쟁은 금융세계화를 뒷받침하는 세계적 통치성을 확보하기 위한 것으로, 중심부 국가들은 서로 대립하는 것이 아니라 오히려 미국을 중심으로 협력하고 있다. 다만 구체적인 개입방식에서 일방주의와 다자주의 사이의 사소한 마찰이 있을 뿐이다.

주도하는 '위로부터의 세계화'에 반대하여 사회운동이 주도하는 '아래로부터의 세계화'를 지향하는 대안세계화운동에 주목해야 할 것이다. 이러한 운동은 군사세계화의 원인이 되는 금융세계화를 비판할 뿐만 아니라 초민족적 연대와 새로운 공동체의 건설을 지향해야 할 것이다.

참고문헌

Arrighi, Giovanni (1989), "Custom and Innovation: Long Waves and Stages of Capitalist Development", in Massimo Di Matteo et al., eds., *Technological and Social Factors in Long Term Fluctuations*, Springer-Verlag.

——— (1993), "The Three Hegemonies of Historical Capitalism", in Stephen Gill, ed., *Gramsci, Historical Materialism and International Relations*, Cambridge University Press.

——— (1994), *The Long Twentieth Century: Money, Power and the Origins of Our Times*, Verso.

——— (1999), "The Global Market", *Journal of World-Systems Research*, Vol. 2.

——— (2000), "The Balkan War and U.S. Global Power", in Tariq Ali, ed., *Masters of the Universe?: Nato's Balkan Crusade*, Verso (국역: 이후, 2001).

——— (2003), "The Social and Political Economy of Global Turbulence", *New Left Review*, No. 20.

——— (2005), "Rough Road to Empire", in Faruk Tabak, ed., *Allies as Rivals: The U.S., Europe, and Japan in a Changing World-System*, Paradigm Press.

——— and Beverly Silver, eds. (1999), *Chaos and Governance in*

the Modern World System, University of Minnesota Press.
——— and Jason Moore (2001), "Capitalist Development in the World Historical Perspective", in Robert Albritton, et al., eds., *Phases of Capitalist Development: Booms, Crises and Globalization*, Palgrave.
———, Po-Keung Hui, and Ho-Fung Hung (2003), "Historical Capitalism, East and West", in Giovanni Arrighi et al., eds., *The Resurgence of East Asia: 500, 150 and 50 year Perspectives*, Routledge, 2003.
Aschcar, Gilbert (2000), "The Strategic Triad: USA, China, Russia", in Tariq Ali, ed., *Masters of the Universe?: Nato's Balkan Crusade*, Verso (국역: 이후, 2001).
Balibar, Etienne (2002), "Three Concepts of Politics: Emancipation, Transformation, Civility", in *Politics and the Other Scene*, Verso.
Barfield, Thomas (1989), *The Perilous Frontier: Normadic Empires and China*, Basil Blackwell.
Berry, Brian (1991), *Long-Wave Rhythms in Economic Development and Political Behavior*, The Johns Hopkins University Press.
Bornschier, Volker and Christopher Chase-Dunn, eds. (1999), *The Future of Global Conflict*, Sage.
Buhle, Paul, (1992), "Peace Movements" in Mari Buhle et al., eds., *Encyclopedia of the American Left*, University of Illinois Press.
Carter, April (1992), *Peace Movements: International Protest and World Politics Since 1945*, Longman.
Duménil, Gérald and Dominique Lévy (2001), "Periodizing Capitalism: Technology, Institutions, and Relations of Production", in Robert Albritton, et al., eds., *Phases of Capitalist Development: Booms, Crises, and Globalizations*, Palgrave (국역: 『사회진보

연대』, 2002년 6월, 7-8월).

Epstein, Barbara, (2003), "Notes on the Antiwar Movement", *Monthly Review*, Vol. 55, No. 3.

Galtung, Johan (1969), "Violence, Peace, and Peace Research", *Journal of Peace Research*, Vol. 27.

——— (1990), "Cultural Violence", *Journal of Peace Research*, Vol. 27.

Gilpin, Robert (1981), *War and Change in World Politics*, Cambridge University Press.

——— (1987), *The Political Economy of International Relations*, Princeton University Press (국역: 인간사랑, 1990).

——— (2001), *Global Political Economy: Understanding the International Economic Order*, Princeton University Press (국역: 인간사랑, 2004).

Gill, Stephen and David Law (1988), *The Global Political Economy: Perspectives, Problems, and Policies*, Harvester Wheatsheaf.

Giugni, Marco, (2004), *Social Protest and Policy Change: Ecology, Antinuclear, and Peace Movements in Comparative Perspective*, Rowman & Littlefield.

Goldstein, Joshua S. (1988), *Long Cycles: Prosperity and War in the Modern Age*, Yale University Press.

——— (1991), "A War Economy Theory of Long Wave", in Niels Thygesen et al., *Business Cycles: Theories, Evidence and Analysis*, New York University Press.

——— (2001a), *International Relations*, Longman (국역: 인간사랑, 2002).

——— (2001b), *War and Gender*, Cambridge University Press.

——— (2006), "The Predictive Power of Long Wave Theory, 1984-2004", in T. C. Devezas, ed., *Kondratieff Waves, Warfare, and World Security*, Amsterdam, IOS Press.

Harris, Ian (2006), "Introduction" in *Global Directory of Peace Studies and Conflict Resolution Programs*, http://www.peace-justicestudies.org.

Hoogvelt, Ankie (1997), *Globalization and the Postcolonial World: The New Political Economy of Development*, Palgrave.

Hopkins, Terence and Immanuel Wallerstein, et al. (1996), *The Age of Transition: Trajectory of the World System, 1945-2025*, Zed Books (국역: 창작과 비평사, 1998).

Howard, Michael (1976), *War in European History*, Oxford University Press.

Howard, M. C. and J. E. King (1992), *A History of Marxian Economics, Vol. II: 1929-1990*, Macmillan.

Joxe, Alain (1990), "Geopolitics and Civilizations in the Empire of Disorder", in Tuomo Melasuo, ed., *National Movements and World Peace*, Avebury (국역: 『이론』 10호, 1994).

Kaldor, Mary (1999), *New and Old Wars: Organized Violence in a Global Era*, Polity Press.

Kindleberger, Charles (1973), *The World in Depression 1929-1939*, University of California Press (국역: 부키, 1998).

Keohane, Robert and Joseph Nye (1977), *Power and Interdependence: World Politics in Transition*, Little Brown.

Kolko, Gabriel (1994), *Century of War: Politics, Conflict, and Society since 1914*, The New Press.

Krasner, Stephen (1976), "State Power and the Structure of International Trade", *World Politics*, Vol. 28, No. 3.

Lynn, John (1995), "Nations in Arms 1763-1815", in Parker, ed. (1995).

Marcon, Gaiulio and Mario Pianta (2001), "New Wars, New

Peace Movements", *Soundings: A Journal of Politics and Culture*, Vol. 17.
McNeill, William (1982), *The Pursuit of Power: Technology, Armed Force, and Society since A.D. 1000*, The University of Chicago Press (국역: 『전쟁의 세계사』, 이산, 2005).
McReynolds, David and Paul Buhle, (1992), "Pacifism", in Buhl, Mari, Paul Buhle, and Dan Georgakas eds., *Encyclopedia of the American Left*, University of Illinois Press.
Modelski, George (1978), "The Long Cycle of Global Politics and the Nation-State", *Comparative Studies in Society and History*, Vol. 20, No. 2.
——— and William R. Thompson (1988), *Seapower in Global Politics, 1494-1993*, Macmillan Press.
——— and ——— (1996), *Leading Sectors and World Powers: The Coevolution of Global Politics and Economics*, University of South Carolina Press.
Murray, Williamson (1995a), "The Industrialization of War 1815-71", in Parker, ed. (1995).
——— (1995b), "Towards World War 1871-1914", in Parker, ed. (1995).
——— (1995c), "The West at War 1914-18", in Parker, ed. (1995).
——— (1995d), "The World at War 1941-45", in Parker, ed. (1995).
Noble, David (1977), *America by Design: Science, Technology, and the Rise of Corporate Capitalism*, Oxford University Press.
——— (1986), *Forces of Production: A Social History of Industrial Automation*, Oxford University Press.
Parker, Geoffrey (1995), ed., *Warfare: The Triumph of the West*, Cambridge University Press.
——— (1995a), "Ships of the Line 1500-1650", in Parker, ed. (1995).

——— (1995b), "Dynastic War 1494-1660", in Parker, ed. (1995).

Serfati, Claude (2003), "La guerre sans limites à l'ère de la mondialisation du capital", http://www.france.attac.org/, 15 Jan. 2003 (국역: 『마르크스의 '경제학 비판'과 대안세계화 운동』, 공감, 2003에 실림).

Smith, Dan and Ron Smith (1983), *The Economics of Militarism*, Pluto Press.

Snyder, Anna (2006), "Fostering Transnational Dialogue: Lessons Learned from Women Peace Activists", *Globalizaations*, Vol. 3, No. 1.

Thompson, William, ed. (1983), *Contending Approach to World System Analysis*, Sage.

——— (1988), *On Global War*, University of South Carolina Press.

——— (2000), *The Emergence of the Global Political Economy*, Routledge.

Vasi, Ion (2006), "The New Anti-war Protests and Miscible Mobilizations", *Social Movements Studies*, Vol. 5, No. 2.

Wallerstein, Immanuel (1982), "Cyclinical Rhythms and Secular Trends of the Capitalist World-Economy: Some Premises, Hypotheses, and Questions", in I. Wallerstein and T. K. Hopkins, *World System Analysis: Theory and Methodology*, Sage.

——— (1984), "The Three Instances of the Hegemony in the History of the Capitalist World-Economy", in *The Politics of the World-Economy: The States, The Movements, and the Civilizations*, Cambridge University Press.

——— (2000), "Long Waves as Capitalist Process", in *Essential Wallerstein*, The New Press.

성별화된 군대, 성별화된 전쟁*)

니라 유발-데이비스

기든스(Giddens, 1989: 340, 346-7)가 주장한 것처럼, 국가 없는 사회에는 전쟁이 존재하지 않는다. 그러한 사회에서는 체계적이고 장기적인 무력충돌과 군대를 유지하기에 충분한 잉여가치가 생산되지 않는다. 그러나 국가가 존재하지 않는 수렵·채집사회에서 출현한 것으로 여겨지는 남성성과 여성성의 상징적 구성은 군대와 전쟁에서 성적 분업을 자연화하는 기초가 되어 왔다. 존 케이시(John Casey)는 다음과 같이 주장했다.

> 성과 관련된 경제적·생리적 차이로 인해 남성이 동물 사냥꾼으로서 선택될 가능성이 높았다. 바로 그 차이 때문에 남성이 인간 사냥꾼으로 선택되기가 쉬웠고, 남성은 전사의 역할을 맡도록 선택되었다 (Kazi, 1993: 15에서 재인용).

게다가 나이트(Knight, 1991)는 남성이 월경으로 나타나는 여성의 마법적 힘에 대항하여 피를 나눈 형제애로 자신을 방어하기 위해 동

---

*) Nira Yuval-Davis, "Gendered Militaries, Gendered Wars", in *Gender & Nation*, Sage, 1997 (이태훈·이현 옮김).

맹을 맺고 사냥꾼과 전사로서의 역할을 발전시켰다고 주장했다!

그럼에도 불구하고, 이 글에서 나는 군대와 전쟁이 단지 '남성의 영역'만은 아니었다고 주장한다. 여성은 군대와 전쟁에서 경우에 따라 결정적일 수 있는 특정한 역할을 항상 수행했던 것이다. 물론 여성이 남성과 평등하고 차별 받지 않은 상태에서 그러한 역할을 수행했던 것은 아니다. 군대에서의 성적 분업은 민간영역에서의 성적 분업보다 훨씬 더 공식화되었고 또 엄격했다. 이러한 사실은 매우 중요하다. 왜냐하면 페미니스트나 반(反)페미니스트는 모두 여성의 군복무가 여성이 완전한 시민권을 획득하기 위한 전제조건이라고 종종 주장해왔기 때문이다. 조국을 위해 희생하는 것이 시민의 궁극적인 의무이기 때문에 시민권은 이 의무를 수행할 준비가 되었는가에 달려 있다는 것이다. 그럼에도 불구하고 민간 노동시장으로의 진입과 마찬가지로 군대 노동시장으로의 진입도—앞으로 살펴볼 것처럼 여성이 형식적 평등을 달성한 경우에서조차—노동과 권력에서의 성적 분업의 맥락을 부분적으로 변화시켜 왔을 뿐 완전히 제거하지는 못했다.

이 글은 비공식적(informal) 해방투쟁 및 현대적[공식적] 군대에서 여성의 참여를 살펴보고 그것이 여성의 사회적 지위에 대해 더 폭넓은 함의를 갖게 되는 방식을 검토한다. 성별(gender)과 민족의 다른 모든 측면과 마찬가지로 군대에서 여성과 남성은 동질적인 존재가 아니다. 여성과 남성이라는 서로 다른 집단은 서로 다른 방식으로 배치되어 서로 다른 방식으로 군대와 전쟁에 참여한다. 전쟁과 관련된 다른 어떤 측면보다도 이 측면이 더 강조되어야 한다. 왜냐하면 전사(warrior)로서 남성—그리고 돌보는 사람(worrier)으로서 여성—이라는 자연화된 구성이 모든 사회적 분할을 관통하기 때문이다.

그러나 이것이 전사로서의 여성이라는 구성 또는 이미지가 역사적으로 존재하지 않았음을 뜻하지는 않는다. 아마존 전사부터 걸프전쟁의 미국 여군까지 여성 전사의 이미지들이 존재해왔다. 그러나 이러한 이미지들은 대체로 전사로서 여성은 부자연스럽다는 상징적 구성을 강화했거나 아니면 그 여성 전사를 배출한 사회에 존재하는 여성성 및 남성성에 관한 더 일반적인 통념과 공모하는 방식으로 형성되었다.

현재의 사회에서 민간영역과 군사영역은 밀접하게 상호작용한다. 그리고 그러한 상호작용이 여성성과 남성성에 관한 통념과 표상에 국한되는 것은 아니다. 예를 들어, 장군과 지휘관은 주로 전쟁의 개시에 더 신중한 사람이 맡는다는 사실이 널리 알려져 있다(Giddens, 1989). 전쟁의 강도와 예측불가능성으로 인해 거대 관료조직이 된 현대의 군대는 종종 원활히 작동하지 않을 수도 있다. 군사기구의 지도자의 관점에서 볼 때, 걸프 전쟁 같은 소규모의 '안전한' 전쟁이 신무기뿐만 아니라 통신과 조직 같은 군사작전의 또 다른 차원도 시험하는 데 매우 유용하게 사용될 수 있지만 말이다. 현재 특히 중요한 것은 쿡(Cooke, 1993)이 '포스트모던 전쟁'이라고 부른 전쟁이다. 레바논, 소말리아, 그리고 구유고슬라비아 등에서 그러한 전쟁이 발생했는데, 여기서 전쟁 당사자는 국가가 아니라 국가 내부에 존재한다. 그러한 전쟁, 그리고 그 전쟁에서 대립하는 진영, 즉 아군과 적군은 대부분 지속적으로 재협상되고 재정의된다. 그 전쟁은 탈식민주의와 탈냉전의 직·간접적 결과물로 간주될 수 있다. 이 글은 군대와 전쟁의 성별화된 차원들을 다룬다. 특히 후자는 최근까지 체계적 연구가 거의 진행되지 못했던 주제다(Jones, 1994).

남성이 전쟁과 연관된 것으로 자연스럽게 구성되었다면, 여성은 평화와 연관된 것으로 자연스럽게 구성되었다. 전쟁에 저항하는 여성의 이미지는 적어도 기원전 5세기경 『리시스트라타』(*Lysistrata*)가 아테네에서 최초로 상연된 이후 서양의 공적 가상 속에 존재해 왔다. 아리스토파네스가 쓴 이 그리스 희극은 남성 사이의 전쟁이 중단될 때까지 남편에 대해 섹스 파업을 선언하기 위해 아테네, 스파르타, 코린토스의 여성이 집결하는 과정을 묘사한다. 페미니즘 운동 내부의 중요한 논쟁 중 하나는 페미니즘 행동주의가 어느 정도까지 평화 행동주의와 자동적으로 연계되어야 하는가의 문제였다. 이 글의 마지막 부분에서는 이 논쟁이 여성의 시민권에 어떤 함의를 갖는지에 대해 검토한다.

병역과 시민권

물리적·언어적 수단 또는 다른 수단에 의한 분쟁은 (거의) 보편적인 사회적 행위인 것처럼 보인다. 프로이트는 공격성과 성욕이 모든 인간사회에서 다양한 방식으로 통제·규제되어 온 보편적인 인간본능이라고 주장했다. 어떤 사회적 위계질서를 유지 또는 변화시키기 위한 의례화된 분쟁 또는 영토자원이나 수자원에 대한 접근을 안정화하기 위한 분쟁은 다양한 갈등을 해결하는 다른 수단과 함께 인간 역사에서 반복되어 온 사회 현상에 해당한다. 여성이 언제나 직접 분쟁에 참여한 것은 아니었지만(물론 여성의 직접적 참여가 이례적인 것은 아니었다), 그들은 사상자 처리·간호나 육체적 전리품의 형태로 언제나 전투에서 특정한 역할을 수행했다. 때때로 두 가지 역할이 동시에 병행되기도 했다. 엔로(Enloe, 1983)는 새뮤얼 허튼(Samuel Hutton)을 인용했는데, 그는 17세기에 병사를 간호할 여성에 대한 수요가 매우 높았다고 묘사했다. 아름다운 스코틀랜드 여성인 케이트 케이스(Kate Keith) 같은 훌륭한 간병인은 군인이었던 전남편이 죽은 뒤 미망인 생활을 이틀도 채 지속하지 못했다. 이와 유사하게 이란-이라크 전쟁 당시 아야톨라 호메이니(Ayatollah Khomeini)는 전쟁 미망인에게 상이군인과 결혼하여 간병인이 되도록 지시했다.

그러나 전쟁에서의 확연한 성적 분업은 '전선'(battle front)과 '국내전선'(home front)의 구분이 모호해지면 대체로 사라진다(Yuval-Davis, 1985). 예를 들어, 스페인 정복자는 잉카와의 전투에서 남성과 나란히 투석기를 들고 싸우는 여성을 보았다고 진술했다. 그러나 드란자트(Dransart, 1987)가 지적한 것처럼 그 사회의 집단적 노동과정에서 남성과 여성 모두 공통적으로 투석기를 사용했고, 따라서 전쟁의 와중에 여성이 생존을 위해 싸웠던 방식이 잉카 여성의 일상적인 군사적 역할을 대표한다고 볼 수는 없다. 이와 유사하게 로마인의 예루살렘 점령 기간 동안 유다 여성은 로마 병사에게 뜨거운 기름을 붓는 등의 방식으로 전투 활동에 참여했다. 이 또한 일종의 적응일 뿐 일상적인 사회적 역할은 아니다.

일단 '전방'(front)과 '후방'(rear)이 분리되며, 사회가 전쟁을 유지하고 전사가 빠져나간 '국내전선'을 감내할 만큼 충분한 잉여생산물을 축적하게 되면, 이웃 부족과 촌락에 대한 계절적 약탈이 행해지는 기간이 짧더라도 군대 내부에서 더 일상화된 성적 분업이 등장한다.

[1세기 로마의 침략에 저항한 영국 노퍽/서퍽지방 부족장의 부인인] 보아디케아(Boadicea)나 잔다르크(Jeanne d'Arc)처럼 남성을 전투로 이끈 신화적·역사적 여성이 서양의 집단적 가상 속에 수세기 동안 존재해 왔다. 그러나 아마존의 경우와 유사하게 그러한 가상의 주된 기능은 여성이 남성처럼 전투적 영웅주의를 실현할 수 있음을 지적하기 위한 것이 아니었다. 오히려 그것은 그녀를 낭만적이면서도 부자연스러운 여성으로 구성하기 위한 것이었다(물론 그녀가 마녀로 간주되지 않는다면 말이다). 그러나 20세기에 들어와서 여성이 민족해방군, 민족국가의 군대 또는 제국의 군대 등에 공식적으로 통합되기 시작했기 때문에 여성 영웅의 낭만적 이미지가 더 일반화되었다. 예를 들어, 난민촌의 여류 시인이었던 헝가리계 유다인 시온주의자 카나 세네쉬(Khana Senesh)는 2차 세계전쟁 당시 영국군의 명령을 받고 적진에 낙하산으로 침투했다가 생포되어 고문을 받다가 결국 처형되었다. [나의 조국인] 이스라엘에서 시온주의자들은 수백만 명의 유럽계 유다인을 '도륙당한 양떼처럼' 나치에 의해 멸종되어 가고 있는 것으로 전형화하는 동시에 그러한 이미지에 대항한 영웅적 이미지로 그녀를 찬양했다. 러시아의 이리나

시브로바(Irina Sibrova)는 2차 세계전쟁 당시 독일군에 대항하는 1006번의 임무에서 생존한 폭격기 조종사였고, 팔레스타인의 레일라 칼레드(Leila Khaled)는 1970년대 요르단에서 암만행 미국 여객기를 납치한 영웅으로 추앙받았다.

그러나 군대에서의 성별을 생각할 때 간과할 수 없는 사실은 군대의 안팎에서 군사적 역할을 수행하는 사람들이 사회의 모든 남성과 여성을 포괄하지는 않는다는 것이다. 군대와 관련된 그러한 역할에 누가 포함되고 누가 배제될 것인가를 결정할 때 종족·계급·연령·장애([dis]ability) 등이 결정적인 역할을 한다. 물론 앞에서 지적한 것처럼 전쟁이 '국내전선'에서 벌어지면 이러한 차이가 모호해진다. 예를 들어, 1994-95년의 체첸에 대한 러시아군의 공격 보고서에 따르면, 그 작전이 민족독립을 요구하는 체첸인을 겨냥한 것이었음에도 불구하고 지역주민 전체에 대한 체계적인 파괴로 인해 그 지역에 거주하는 러시아인도 공격을 받았다.

『종족적 군인』(*Ethnic Soldiers*)은 엔로의 선구적인 연구 중 하나(Enloe, 1980)다. 그녀는 이 저서에서 군대가 특정한 종족적·인종적 소수자를 특정한 방식으로 어떻게 이용하는가를 보여준다. 다양한 유형의 소수자는 다양한 방식으로 이용될 수 있다. 예를 들어, 앨리슨 번스틴(Alison Bernstein)은 어떻게 해서 (일본계 미국인 다음으로) 아메리카 원주민이 2차 세계전쟁에서 다른 어떤 종족적·인종적 집단보다 더 높은 전투참가율을 보여주었는가를 묘사한다. 이것은 그 전쟁 동안 전방에서 사실상 배제되었던 흑인의 경우와 완벽한 대조를 이룬다(WREI, 1992). 이스라엘에서 [이슬람교 시아파의 과격종파인] 드루즈파 종족공동체의 군인은 대체로 신분이 낮지만 국경수비대에서 매우 위험한 부대에 소속된다. [사막에서 유목생활을 하는] 베두인족은 수색대로 이용되는 반면, 다른 종족·종교 집단 출신의 팔레스타인 출신은 이스라엘 시민이면서도 사실상 군대에서 완전히 배제된다.

다양한 제국의 군대는 종종 종족적으로 구별되는 부대로 편성되었다. 이 부대는 대체로 제국과 계약을 맺은 특정 지휘관에 충성했다. 이 지휘관이 황제에게 패배한 군대의 일부인 경우도 있었다. 예를 들어, 알렉산드로스 대왕의 군대에서 페르시아 장군은 그리스 장군의 몇몇 파벌의 견제에도 불구하고 상당한 영향력을 행사했다. 군대의 규모가 커질수록 다양한 민족과 집단이 군대로 통합되었고 부대의 이질성도 커졌다.

그러나 제국의 군대가 지원자로만 이루어진 것은 아니었다. 여기에는 이데올로기적·경제적 이유가 있었다. 종종 특정한 종족적·종교적 집단이 '대포밥'(cannon fodder)의 할당량을 채워야 했고, 충분한 지원자가 없을 경우에는 강압적 수단이 사용되었다. 터키군, 러시아군, 프랑스군, 영국군 등 거의 모든 군대에서 사정은 마찬가지였다(Peled, 1994).

이러한 역사적 사실은 병역이 자동적으로 시민권을 부여해준다는 이데올로기적 구성과 상충되기 때문에 매우 중요한 의미를 갖는다. 시민권과 병역의 결합은 프랑스혁명 이후 그리스의 폴리스적 전통이 부활하면서 형성되었다. 그러나 프랑스혁명을 전후한 시기에 병역은 국가의 시민 사이에서조차 보편적인 것이 결코 아니었다. 게다가 당시에 시민이 국가 영토 내의 모든 주민을 포괄한 것도 아니었다. 시민권과 병역의 상응 관계가 설령 존재했다고 하더라도 그것은 단지 부분적인 것일 뿐이었다. 반면 전선에서 싸우던 사람은 귀향하자마자 후방에 남아있던 사람이 자신에게는 없는 경제적·정치적 자원을 축적했다는 사실을 깨달았다. 이는 전쟁이 끝난 뒤 시민병 사이에서 반복되었던 주제 중 하나였다.

군사력은 국가가 특정한 영토 및 인민을 통치할 수 있는 국내외적 정당성을 지지하는 강제력의 기초가 된다. 이 때문에 특히 국가의 정당성이 의문시되는 나라에서 통치자와 정부는 군대를 완전히 배제할 수 없다. 만약 그들이 군사력을 배제한다면, (1차 세계전쟁 당시 러시아에서 일어난 것처럼) 혁명이나 더 직접적으로는 (1950년대 이후 아프리카와 라틴 아메리카의 탈식민화과정에서 일어난 것처럼) 군사 쿠데타에 따른 지위 상실의 위험을 감수해야 한다. '인민의 군대'를 설립하거나 국민개병제를 도입하는 것은 다양한 개인과 집단에게 특정한 체제와 정부의 정당성을 확립하는 중요한 방법이다.

이처럼 병역과 시민권의 직접적 연관성이 반드시 존재하는 것은 아니다. 누군가의 권리와 지위를 결정하는 것은 그 사람의 군복무 여부가 아니다. 오히려 어떤 능력을 갖고 있고 또 민간 권력의 어떤 대안적 원천을 갖고 있는가가 그 사람의 권리와 지위를 결정한다. 징집을 회피할 수 있는 특정 집단의 가능성은 종종 그들이 사회적·정치적 저항의 권력을 증대시키고 있음을 나타내는 징후가 된다. 1차 세계전쟁 당시 영국이 아일랜드와의 분쟁을 회피하기 위해 강제 징집을 중단한 것이 그러한 사례에 속한다. 반면 미국 군대에서 흑인의 수적 증가와 지위 상승은 일반적인 시민적 지위의 강화를 나타낼 뿐만 아니라 [군대가 아닌] 민간사회에서 신분상승 기회가 그 대부분에게 극히 제한적이라는 사실을 반증하기도 한다. 베오그라드의 '검은옷을입은여성'(Women In Black)이 보고한 흥미로운 사실은 세르비아 군대에 입대한 최초의 여성이 난민캠프 출신이었다는 것이다.

여성의 군대로의 형식적 통합은 사회적 권력 강화와 부분적으로만 관련되며 그러한 사회적 변화를 가져온 정치 프로젝트의 성격에 좌우된다. 여기서 의미심장한 것은 서양, 특히 미국에서 여성 병역의 양과 질이라는 문제가 제기된 것이 시민권의 상징으로서의 병역, 즉 국민개병제가 중단된 시점이라는 사실이다.

현대 전쟁과 여성의 군대로의 통합

현대 군대는 잠재적으로 모순적인 두 가지 역할을 수행했다. 한편으로 군대는 계급적·종교적·종족적 차이, 그리고 때때로 세대적·

성적 차이를 초월한 민족적 결속과 애국주의의 초점이 되었다. 특히 민족적 위기나 전쟁의 시기에 그러한 경향이 강화되었다. 다른 한편으로 군대는 현대적인 효율적 조직체로 발전했고 가장 효율적이고 혁신적인 방식으로 살상력과 파괴력의 완벽성의 방향으로 진전·구조화되었다. 이 두 가지 목표 중에서 어느 것이 헤게모니적인 정치적 우선권을 갖는가에 따라 여성의 군대로의 통합은 매우 상이한 형태를 취할 수 있다.

여성은 종종 현대성의 상징적 담지자가 되기도 한다. 터키를 현대적 민족국가로 재구성하는 것을 목적으로 한 아타튀르크(Atatürk, 무스타파 케말파샤의 별명)의 1917년 터키혁명에서 여성의 베일을 벗긴 것은 현재 서아시아의 이슬람 근본주의자가 여성에게 베일을 씌우는 것만큼이나 중요한 의미를 가졌다. 리비아, 니카라과, [1933년에 에티오피아연방에서 분리·독립한] 에리트레아의 사례를 볼 때, 여성의 군대로의 통합도 이와 유사한 역할을 했다. 이러한 조건에서 여성의 군대로의 통합은 두 가지 메시지를 담고 있었다. 첫째로 여성이 적어도 상징적으로는 민족 집단의 평등한 구성원이라는 것이었다. 그러나 더 중요한 것은 둘째로 적어도 상징적으로는 민족 집단의 모든 성원이 군에 복무한다는 것이었다.

여성을 군대로 통합하는 이러한 상징적 구성은 현재의 북대서양조약기구(NATO) 군대의 사례, 특히 미군의 사례에서 여성을 통합하는 방식과는 매우 다르다. 여기서는 민족적 징병제가 중단되고 군대가 완전히 직업화된 바로 그 시점에서 여성의 대량 진출이 장려되고 있다. 여기서 여성은 사회적 개방성의 상징이라기보다는 오히려 산업예비군으로서 가장 하자가 적은 집단의 상징이다. 여성을 대규모로 모집하려고 결정한 가장 중요한 이유 중 하나는 징병제보다는 모병제를 채택함으로써 베트남전쟁에 반대한 대중적 반란과 유사한 저항의 재발을 막는 것이었다. 달리 말하자면, 여성의 군대로의 통합은 여성의 시민권의 강화를 목적으로 한 것이 아니라 병역을 시민의 의무에서 '직업'으로 전환시키고 군대가 전체 시민(남성과 여성)의 협력에 덜 의존하게 만드는 것을 목적으로 했다.

내(Yuval-Davis, 1991)가 언급한 바 있는 편지에서 엔로는 '지원병'(voluntary)에 기초하여 군대를 재편하기로 결정하고 나서 여성에게 문호를 개방할 때 가장 중요하게 고려한 사항은 군대가 흑인으로 '넘쳐나는' 것을 방지하는 것이라고 주장했다.

> 미군이 비백인(non-white) 군대가 될 것이라고 예측되면서 이에 대한 견제용으로 여성이 검토되었다.(…)여성의 모병은 1973년에 확대되었다. 당시 많은 백인·흑인 정책결정자는 군대를 남성 위주로 두면서 완전모병제로 전환할 경우 흑인 남성이 군대의 다수를 차지하게 될 것이라고 예측했는데, 왜냐하면 베트남전쟁 이후 미국에서 흑인 청년에게 입대 이외의 경제적 대안이 없었기 때문이다.

이러한 유형의 성차별주의적/인종주의적 사고는 일반적인 현상이었다. 벨 훅스(bell hooks, 1981)는 그러한 상징적 구성에는 모든 흑인은 남성이고 모든 여성은 백인이라는 가정이 깔려 있다고 주장했다. 그러나 당시 여군의 48%는 흑인이었다.

그러나 여성이 점점 더 많은 군사적 업무에 대중적으로 참여할 수 있게 된 가장 중요한 요인은 변화하는 현대 전쟁의 성격이다. 앞에서 논의한 것처럼 여성은 언제나 군대에 필수불가결한 특정 역할을 담당해왔지만, 공적 군사영역에서는 배제되어 왔다. 현대 전쟁의 등장과 함께 무엇보다도 (군대의) 유지·지원 수단을 공식화·통제할 필요성이 대두되었다. 나폴레옹은 '행군은 군량 보급에 달려 있다'고 선언했다. 군대의 현대화에 따라 식량, 의복, 간호사, 사무직, 통신수단, 탄약 생산, 성적 서비스가 군대와 적절한 수준의 공식적 관계를 맺는 것이 요구되었다.

무엇보다도 군사기술의 지속적인 발전과 함께 군사행위에서 백병전의 비중이 점차 줄어들었다. 이로 인해 여성의 평등한 병역 참여를 가로막는 요인으로서 남녀간 물리적 힘의 차이가 갖는 중요성이 줄어들었다.

모든 군대가 동일한 경로에 따라 여성을 통합한 것은 아니었다. 다른 곳에서 내(Yuval-Davis, 1985)가 검토한 것처럼, 전체 군인의 수와 여군의 수를 비교하기 곤란하게 만드는 요인 중 하나는 민간 업무와 군사업무의 구분이 군대마다 다르다는 사실이었다. 예를 들어, 1980년 서독에서는 단지 50명의 여성 군의관만이 공식적으로 군대의 일부로 간주되었고, 군대에 봉사하는 모든 여성 사무직 종사자는 민간인으로 간주되었다(Chapkis, 1981). 반면 이스라엘에서는 모든 사무직 종사자가 군인으로 간주되었고, 의사와 간호사는 민간인으로 간주되었다. 달리 말하자면, 군대 내 여성 수의 피상적 차이는 군대의 경계에 관한 관료적·이데올로기적 정의의 결과에 지나지 않았던 것이다. 또 다른 사례는 독립 이후 알제리처럼 예비군 등록자 수에 기초한 통계자료였다. 헬리-루카스(Helie-Lucas, 1987)가 지적한 것처럼 예비군 등록에 요구되는 서류가 상당히 복잡해서 문맹인 농민이나 노동자의 상당수가 등록에 어려움을 겪었다. 특히 여성은 그 정도가 더욱 심각했다. 왜냐하면 상당수의 여성이 문맹이었고 사회적으로 격리되었을 뿐만 아니라, 등록의 일차적인 동기였던 유급고용의 혜택이 그 여성 대다수에게는 무관한 일이었기 때문이다.

군대의 무기·운송·통신체계가 정교해지고 관료체계가 정밀해지는 동시에 군인이 전문화·직업화되면서 군대의 조직은 점점 더 민간거대기업의 조직과 유사해졌다. 그러한 조건에서 '인민의 군대'라는 포괄적 정의는 부적합하고 낭비적인 것으로 여겨졌다. 애국주의와 군사주의의 연계는 낡은 것이 되었다. 예를 들어, 이스라엘에서는 (특히 여성을 포함하는) 이른바 '개병제'를 폐지하고 더 신축화되고 더 전문화된 직업군대를 구성하자는 목소리가 높아지면서 군대의 성격을 둘러싼 논쟁이 촉발되었다.

상대적으로 소규모인 직업군인과 대규모의 정규군으로 구성된 이스라엘 군대는 민족의 형성과 재생산에서 핵심적인 역할을 담당했다. 2-3년의 정규군 복무를 끝낸 다음 남성은 50세까지 1년에

1-2개월의 예비군 복무를 계속했다. 여성 또한 법에 의해 징집되었지만 남성에 비해 복무기간이 상대적으로 짧았고, 예비군 복무는 결혼하거나 임신하면 중단될 정도로 최소화되었다. 내(Yuval-Davis, 1985)가 다른 곳에서 상세히 살펴보았듯이, 이스라엘에서 군복무는 유다인 남성에게조차 결코 모두를 포괄하는 보편적인 것이 아니었다. 초정통파(ultra-orthodox) 유다인 남성은 신학 연구를 계속하면서 군복무를 회피할 수 있었던 것이다. 이는 이스라엘 유다 민족의 구성과정의 주요 모순—민족이라는 세속적 집단의 경계를 정통파 종교의 정의에 의존했던 모순—이 협상되고 봉쇄된 결과였다(물론 시간이 흐르면서 그 방식 자체에 고유한 모순도 등장했지만 말이다). 여성과 관련하여 징병제는 그 형식적 포괄성에도 불구하고 현실적으로 징집 연령에 속한 유다인 여성의 60%를 포함했고 비유다인 여성은 제외시켰다. 중요한 것은 여성이 민족적·종교적 이유나 재생산의 이유(이것들은 물론 종족적·계급적 배경에 따라 여성들에게 차별적인 정도로 작용했다)뿐만 아니라 '질적'인 이유에서도 배제되었다는 점이다. 민족적 봉사의 부름을 받기 위해서 여성은 남성보다 더 높은 교육 수준을 요구받았던 것이다. 이스라엘의 군대는 남성의 교육에 투자했던 것만큼 여성의 교육에 투자하려고 하지 않았다.

그러나 최근 이스라엘에서는 이 같은 남녀의 차이조차 불충분한 것으로 간주되고 있다. 여성의 병역 의무를 철폐할 것을 요구하는 여론이 군대의 안팎에서 일어나고 있다. 그 주창자들은 컴퓨터 같은 기술의 발전이 군대에서 사무직에 대한 수요를 감소시킨다고 지적하면서 여성의 병역 의무가 은폐된 실업과 군대내 비효율성의 원인이라고 주장한다. 이스라엘 군대를 '인민의 군대'에서 군이 '요구하는 사람'을 충원하는 전문화된 군대로 변화시킬 것인가에 관한 토론은 의회내 외교안보위원회의 의제가 되었다. 그러한 변화를 반대하는 중요한 주장은 다음과 같다.

지난 5년간 70만명의 이민자를 흡수한 사회에서 군대는 이스라엘 사회로 그들을 흡수하고 동일화하는 과정의 중요한 부분이다(일간지 『다바르』(*Davar*) 1995년 2월 13일자에 소개된 의회 외교안보위원회 의장 오어(Or)의 발언).

정규군 복무 연령대 이상의 새로운 여성 이민자가 남성 이민자와 달리 입대를 요구받지 않았다는 사실은 주목할 만하다.

'인민의 군대' 내에서 '인민'의 구성은 사회적 관계의 성별화된 측면을 주요하게 반영한다. 형식적으로 평등한 접근이 존재하는 것으로 가정되는 드문 사례에서도 마찬가지다.

병사로서 여성

여성이 항상 군대생활의 필수적 부분을 이루어 왔다는 사실에도 불구하고 병사로서 여성의 군대로의 통합은 수많은 편견과 남성적 공포에 직면했다. 압도적 다수의 여군이 담당하는 역할이 (대체로 비서, 간호사, 교사가 되는 것을 의미하는) 민간 노동시장의 성별화를 반영한다는 사실에도 불구하고 편견과 공포는 사라지지 않았다. 특수하게 군사적인 역할 그리고/또는 군대의 핵심적인 '업무'와 직접적으로 관련된 역할, 즉 전투와 살인을 담당하는 여성은 극소수다(Enloe, 1983, 1989, 1993; Yuval-Davis, 1985, 1991). 비록 페미니즘 혁명은 아니지만, 컴퓨터 혁명이 이러한 사실을 서서히 변화시키고 있음에도 불구하고 말이다.

필립 로스(Philip Roth)의 유명한 소설 『포트노이의 병』(*Portnoy's Complaint*)에서 끊임없이 색을 밝히는 유다계 미국인 영웅이 이스라엘 여군과 성관계를 시도할 때 발기불능이 되는 것은 우연이 아니다. 군대의 경험이 '소년을 남자로 만드는' 것이라면, 그러한 가상은 여성성을 쉽게 통합할 수 없다. 콕(Cock, 1992)은 인종분리정책을 둘러싼 남아프리카공화국 내전의 두 진영에서의 여군을 연구하면서 군대에서 여성혐오와 동성애혐오가 남성 병사의 훈련에서 적극적 요인으로 작용하는 과정을 묘사한다. 제대로 임무를 완수하지 못하는, 즉 기준에 미달하는 신병에게는 종종 '호모' 또는 '유방' 같은 낙인이 찍혔고 '엄마한테 가서 계집애하고나 놀아라'는 비난이 쏟아졌다(WREI, 1992). 길버트(Gilbert, 1983)는 1차 세계전쟁 당시 군대의 여성 간호사가 어떻게 구원의 천사로 그려지는 동시에 전능함과 사악함[즉 팜 파탈]의 이미지를 불러일으켰는가('남성의 죽음이 여성 간호사를 흥분시키는가?')를 묘사했다.

여성 병사에 대한 이러한 이분법적 이미지는 여성이 군대에 통합되는 방식의 핵심에 위치했다. 여성성을 강조함으로써 여성을 통제하고 남성 군인과 구별시키지 않으면, 그녀는 위협적 존재가 된다. 예를 들어, 여성이 정규군으로 징집되는 유일한 국가인 이스라엘에서 여군은 히브리어로 '매력'을 의미하는 '켄'(Khen)이라는 이니셜로 불린다. 어떤 이스라엘 군관계자가 묘사한 것처럼, 켄 성원의 공식적 임무 중 하나는 '부대의 사기를 진작시키고 부대의 병사를 돌보는 것'이다(Yuval-Davis, 1985). 조직체계상·업무상 여성의 분리가 상당히 철폐된 미군에서는 여성에 대한 강간과 성추행의 비율이 매우 높다(최근의 언론 보도에 따르면 군대 내 강간 비율이 여성 병사의 1/3에 이른다). 이러한 현상이 전능한 여성 병사로부터 거리를 유지하고 공포를 억제하려는 남성 병사의 의도에서 기인한다는 주장도 제기된다.

민족해방군은 군대의 위계적·조직적 틀이 훨씬 덜 공식화되어 있다. 또 강력한 이데올로기적 입장의 공통성으로 인해 이러한 긴장이 어느 정도 초월될 가능성도 존재한다. 특히 여기서는 여성의 해방이 인민 전체의 해방을 상징하는 것으로 간주된다. 그럼에도 불구하고 에리트레아 민족해방군의 사례에서 드러난 것처럼, 이러한 군대에는 교제금지(non-fraternization)나 강간을 저지른 병사에 대한 처형 같은 엄격한 규칙이 존재하며, 이는 '정치적 정당성'의 이데올로기적 요소를 강화하는 데 필수적인 요소다(Zerai, 1994; Urdang, 1989).

나는 남성의 가상화 속에 위치한 '남성을 거세시키는 여성'이라는 역할을 수용하는 여군은 거의 없다고 생각한다. 그러나 여성이 입대하는 중요한 동기 중 하나가 자신을 육체적·감정적으로 강화시킬 기회의 획득이라는 것은 명백하다.

> 남성과 여성이 쓴 수많은 텍스트에 따르면, [1차 세계]전쟁의 '뒤죽박죽된' 역할 전도가 만들어낸 혁명적 변화가 여성의 분노를 해방시켰을 뿐만 아니라 여성의 리비도적 에너지를 분출시켰다. 남성은 대체로 그것이 불안함을 유발하는 것이라고 생각했고, 여성은 종종 그것이 활기를 부여하는 것이라고 생각했다(Gilbert, 1983: 436).

여군, 특히 다양한 민족해방군에 참여한 여성과의 인터뷰에 따르면, 상당수는 식민지군대나 매판군대 그리고/또는 가족으로 인해 견딜 수 없는 개인적 상황에서 탈출하고자 게릴라 진영에 참여하게 되었다(Bennett et al., 1995; Zerai, 1994). 그녀는 군대에서 자신이 신봉하는 대의를 위해 투쟁할 뿐만 아니라 새로운 동일성을 형성하고 기술을 습득하면서 존중받는 사회적 지위를 누릴 수 있었다.

골디 혼(Goldie Hawn)의 영화 『벤저민 일병』(*Private Benjamin*)은 그러한 관점에서 입대하는 상황을 그리려고 노력했다(Chapkis, 1981). 이 영화는 따돌림으로 외롭다고 느낀 '작고 불쌍한 부잣집 소녀'가 미군에 입대하여 거친 군사훈련을 견뎌냄으로써 구원을 받는 이야기다. (그러나 에리트레아 군대의 여성과 벤저민 일병의 차이는 군대에서의 그녀의 위치가 미군에서 실제로 벌어지는 일의 맥락이 아니라 순전히 개인적 관점에서 묘사된다는 점이다.) 『벤저민 일병』에서 군대는 대다수 서양 군대의 선전물과 마찬가지로 순전히 훌륭한 직업 이동이라는 관점에서, 즉 훈련을 받고 세상에 눈을 뜨고 다른 직업보다 더 높은 소득을 올릴 수 있는 기회로 그려진다.

아디스(Addis, 1994)의 연구에서 드러난 것처럼, 사실 여성은 군인이 됨으로써 경제적·개인적·집단적 이득을 얻는 경우가 많다. 그녀는 임금을 기준으로 할 때 군대가 대체로 평등한 기회를 제공하는 고용기관이며 여군의 상대적 이득은 민간 노동시장에서의 남녀 간 임금격차에서 의존한다고 주장한다. 남성은 군인이 됨으로써 그러한 소득상의 이득을 얻지 못하기 때문에 여성이 그렇게 됨으로써 얻는 한계이익이 더 크다. 게다가 여성이 훈련을 받을 기회를 얻고 제대 후 민간 노동시장으로 이동할 때 상향이동의 가능성이 높아지는 한, 여군은 전체 노동시장에서 여성의 집단적 이득에 기여한다.

아디스는 군복무로 인해 여성이 남성보다 더 많은 이익을 얻는 또 다른 이유를 제시한다. 즉 여성은 전투 참여가 금지됨으로써 살해되거나 불구가 될 위험이 남성보다 더 적다는 것이다. 이것은 논쟁적 쟁점이다. 왜냐하면 시간이 지나면서 군사기술이 발달함에 따라 전투의 정의가 점점 더 협소해지고 무의미해지기 때문이다. 뿐만 아니라 기술발달로 인해 전선에서 타격당할 가능성이 후방보다 더 높다는 관념은 현실성을 상실했다. 걸프전쟁 당시 대부분의 미군 사상자는 이라크 자체에 대한 공격과정에서 발생한 것이 아니라 이라크 미사일이 사우디아라비아의 벙커에 명중한 결과였다.

군대에서 여성의 평등한 권리를 위해 투쟁하는 페미니스트들은 전투 역할에서 배제되기 때문에 여성이 군대 내부에서 (그리고 결과적으로는 군대 외부에서도) 남성과 동일한 승진 기회를 완전히 누리지 못하고 있다고 주장한다. 최근 미국에서 여성이 전투에 참여할 권리에 관한 법적 투쟁이 벌어졌다. 여기서 특히 여성 조종사의 권리가 쟁점이 되었다. 페미니스트들은 걸프전쟁 당시 여성 조종사가 수행한 폭격기 공중급유 같은 비전투적 역할뿐만 아니라 적군에 대한 폭격에 참여할 권리를 옹호했다. 정치적 로비와 진상조사를 위한 대통령 직속자문기구의 설립 같은 길고 험난한 과정을 거친 끝에 클린턴 정부는 여성이 보병과 잠수함을 제외한 전투의 모든 역할에 참여할 수 있는 권리를 승인했다. 이 정책이 얼마나 실행될 수 있는가는 여전히 열려진 문제로 남아 있는데, 특히 의회에서 공화당이 승리한 후에 상황은 더 모호해졌다.

미국에서 여성의 지위에 대한 일반적인 반격(backlash)을 감안할 때 이러한 법적 투쟁이 여성권의 향상을 위해 얼마나 중요한 성과로 평가될 수 있는가는 얼마간 불확실하다(Faludi, 1992). 게다가 2차 세계전쟁에서 러시아의 여성 조종사들이 수천 번의 폭격임무를 수행했고, 수많은 여성들이 생존하여 그 무용담을 전해주고 있음을 상기할 때 이 쟁점은 새로운 각도에서 조명될 필요가 있다. 그녀들의 별명이 '밤의 마녀'였다는 사실은 그리 놀랍지 않을 것이다(예브게니 칼데이(Yevgenny Kaldei)의 전시회(Riverside Studios, London, May 1995)). 그러나 이 이야기에서 더 중요한 것은 2차 세계전쟁이 끝난 후에 여성이 소련의 모든 중요한 지위에서 실질적으로 배제되었다는 사실이다.

전쟁 또는 민족해방 같은 민족적 위기 이후에 여성의 군복무의 성격이 이처럼 역전되는 것은 특이한 현상이 아니다. 그러나 해방군이라고 하더라도 애초에 여성을 투쟁에 동참시켰던 방식에서는 차이가 있다. 모가댐(Moghadam, 1997)은 두 가지 유형의 혁명운동을 구별했다. 하나는 여성을 해방과 현대화의 상징으로 이용하는 것인데, 이 경우 여성은 군대에 적극적으로 참여할 것을 권유받는다. 다른 하나는 여성을 복원되어야 할 민족문화와 전통의 상징으로 이용하는 것인데, 이 경우 여성은 공식적 참여에서 실질적으로 배제되고 그 보조적 역할도 엄격히 통제된다.

따라서 전투/비전투, 전방/후방이라는 이분법을 중심으로 여군의 지위를 구성하는 것은 여성을 전투병의 역할에 포함시키는 것이 어렵다는 객관적 사실에 근거하는 결정이 아니라, 사회 내부에서 여성성과 남성성에 관한 이데올로기적 구성의 결과다. 미사일 발사나 폭탄 투하를 위해 버튼을 누르는 일에 남성 고유의 완력이 필요한 것은 아닐 것이다. 그러나 콘(Cohn, 1993: 227-46)이 북미지역 핵방어학자 및 안보분석가 공동체에 관한 현장조사에서 발견한 것처럼, 미국의 국가안보정책 담론은 다양한 성별 담론으로 표출된다. 여기서는 이른바 남성적 가치가 우월한 것으로 간주되고, '객관적'인 비감성적·비도덕적 사고를 유지하지 못하는 사람에게는 '겁쟁이' 또는

'계집애' 같은 모욕적인 별명이 붙여진다.

여성의 군복무와 관련하여 해결되지 않은 논쟁 중 하나는 여성이 별도의 부대에 소속되어야 하는가 아니면 일반적인 (즉 남성적인) 부대의 일원이 되어야 하는가에 관한 것이다. 한편으로 별도의 여성부대에서 혼성부대로의 이동은 (그 수행을 통해 적절한 보상과 승진을 얻을 수 있는) 특정 군사업무에서 여성을 배제시키는 장벽을 제거함으로써 여성이 군인으로서 동일한 잠재력을 인정받는 것을 의미해 왔다. 예를 들어, 이러한 발전의 징후 중 하나는 특정 전투임무에 대한 적성을 선험적으로 군인의 성별에 따라 결정하지 않고 그 임무에 고유한 적성검사방법을 고안하는 것이었다. 그러나 이 분야의 경험자들이 지적한 것처럼(WREI, 1992), 어떤 검사를 선택할 것인가에 대한 결정이 종종 정치적이기 때문에 적성검사 자체만으로는 남녀의 평등한 기회가 보장되지 않는다. 예를 들어, 여성이 남성보다 우월한 스트레칭의 기준은 하향 조정되는 반면, 남성이 더 우월한 근력의 기준은 높게 유지된다. 특정한 군사업무를 성공적으로 수행하기 위해서는 두 가지 능력이 모두 필요하다고 주장할 수 있는 데도 말이다.

별도의 여성부대의 폐지에 반대하는 이들은 이 부대가 여성에게 더 안전하고 편안한 사회 환경을 제공한다고 지적한다. 여성은 특히 혼성부대에서 소수로 존재하는 경향이 있기 때문에 자신이 남성과 평등함을 보여주기 위해서는 종종 자신이 남성보다 우월함을 증명해야 한다. 예를 들어, 팔마크(Palmakh)(국가 형성 이전에 노동자 시온주의(labour Zionism)의 부대였던 하가나(Hagana) 부대)에서는 혼성전투부대에 포함되는 권리를 얻기 위한 오랜 투쟁이 성공했다. 그러나 그 후 여군은 회합을 열어 혼성부대의 경험을 평가하고 별도의 여성부대를 다시 요구하기로 결정했다(Yuval-Davis, 1985).

물론 이 문제의 이면에는 혼성부대에 더 만연한 성추행 문제가 존재한다. 이스라엘 군대에서 여군을 위한 보호수단 중 하나는 여군의 규율을 남성 장교가 아니라 여성 장교가 담당하도록 하는 것이다. 이는 여군이 성적인 접근으로 인해 좌절을 당했을 때 상관의 변덕에 덜 의존하도록 만들기 위한 것이다. 그러한 부분적·형식적 분리에 대한 대안은 교제에 엄격한 규칙을 적용하는 것이다. 예를 들어, 에리트레아 해방군에서는 남녀의 교제가 엄격히 금지되었으며 강간에 대한 처벌은 사형이었다(Zerai, 1994).

여성부대의 분리와 관련된 문헌에서 언급되는 또 다른 요인은 이런 부대가 편안하게 레즈비언 문화를 발전시키기에 더 용이하다는 것이다. 여성과 남성의 동성애는 최근 서양 군대의 중요한 쟁점 중 하나였다. 게이로 '밝혀진' 자는 모두 방출했던 미군과 영국군의 관행은 평등한 권리라는 원리에 위배된다는 이유로 법정에서 도전받고 있다.

그러나 동성애라는 쟁점은 서양에서 결혼과 모성처럼 인간의 (그러나 특히 여성의) '정상생활'의 다른 측면을 군대로 통합시키는 것과 관련된 수많은 공적 논쟁 중 가장 최근의 논쟁에 불과하다. 영국군은 임신했다는 이유로 군대에서 자동적으로 방출된 여성에게 수백만 파운드의 보상금을 지불해야 했다. 오랜 세월 동안 대부분의 군대는 양육을 비롯한 지원활동의 수행을 '군인의 아내'에게 의존해 왔다. 에리트레아나 팔레스타인의 게릴라 전쟁 같은 몇몇 사례에서는 해방군이 자녀와 전쟁고아를 집단적으로 양육하기도 했다. 그러나 대부분의 군대에서 여군의 모성을 '정상화'하는 것은 군대를 직업화하는 과정, (남성 시민의) 시민적 의무에서 단지 또 다른 직업 경력으로 전환하는 과정의 한 측면에 불과하다.

병역과 여성권

아디스(Addis, 1994)는 여성의 군복무가 또한 여성의 일반적인 사회적 지위에 유리한 경제적 효과를 미친다고 주장한다. 왜냐하면 많은 국가에서 군대는 남성의 가장 큰 고용기관 중 하나이며 만일 군대와 동일한 수준의 재정지출 프로그램이 여성고용을 위해 사용된다면 여성의 실업은 극적으로 감소할 것이기 때문이다. 더구나 많은 남성이 군대 노동시장에 고용됨에 따라 민간 노동시장에서 남성의 상대적 희소성이 나타나고 임금이 상승한다.

또한 군대에서의 높은 지위가 일반적으로 사회에서 확실한 지위 상승을 보장하는 경로라면, 군대에서 승진한 여성은 더 높은 경제적 지위, 그리고 훨씬 더 중요하게는 더 높은 정치적 지위를 획득할 수 있는 기회를 더 많이 갖는다고 가정할 수 있다. 실제로 에리트레아나 남아프리카공화국처럼 혁명을 거친 몇몇 사회에서 게릴라 전사로 활동했던 여성은 상당한 사회적·정치적 권위를 얻었다. 그러나 다른 국가에서는 아직 소수이지만 그 수가 점차 증가중인 전국적 수준의 여성 정치지도자가 남성 정치지도자와 달리 병역을 거치지 않고 자신의 지위를 획득했다. (그러나 그 중 골다 메이어, 마가렛 새처, 인디라 간디 같은 상당수의 여성은 '남성만을 내각에 기용한다'는 악평을 받았고 친군사적 정책을 추구하는 경향이 있었다.)

여군을 여성의 자율성과 세력화(empowerment)의 모델로 구성하는 것은 걸프전쟁 동안 정점에 달했다. 미국 방송은 단지 '우리의 아들'이 아니라 '걸프 지역에 있는 우리의 아들과 딸'이라고 말하는 법을 배웠고 사우디아라비아의 여성은 그곳에 주둔한 여군의 존재에 고무되어 여성의 운전 금지를 타파하려고 시도했다. 걸프전쟁에서 여군의 참전을 통해 알려진 사실 중 하나는 민간인과 군대의 관계, 그리고 군대가 민간인의 일상생활에 미치는 영향이 지역공동체에 따라 매우 다양하다는 점이었다. 미국의 어떤 지역은 걸프지역으로 파병된 사람이 사실상 아무도 없었던 반면, 다른 지역은 참전자가 인구의 상당한 비율을 차지했다. 예를 들어, 걸프전쟁 동안 흑인 활동가들은 그곳에 파병된 '자신의 형제·자매를 옹호하기 위해' 반전운동에 대해 반대했다. 또한 상대적으로 높은 비율의 남성과 여성이 군대에 소속된 특수한 지역공동체가 많다. 그러한 지역공동체는 필시 군인이 전혀 없거나 소수인 공동체와 매우 다른 방식으로 그 지역의 정치·군사중심지와 관계를 맺게 될 것이다.

인구의 상이한 부분이 군대와 서로 다른 관계를 맺는 사회적 현상은 국민개병제의 종식과 군대의 직업화의 결과다. 이러한 현상은 남성보다는 여성 사이에서 더 광범위하게 나타난다. 왜냐하면 이스라엘을 제외한 모든 곳에서 여성은 군대에 자원 입대하기 때문이다. 남성이 국민개병제에 의해 징집되는 국가에서도 여성은 자원 입대한다.

대규모 군사기지 주변지역에서 상당수의 민간인이 군대에 친인척이 있거나 자신이 예비군에 소속되어 있는 지역공동체가 출현할 가능성이 높다. 자녀를 남겨두고 걸프지역으로 파병된 여군의 대다수는 남편도 군인이라는 사실이 지적되었다(Wheelwright, 1991). 따라서 부모와 떨어져 있는 아이를 돌보는 책임은 아버지가 아니라 주로 할머니가 맡았다. 또한 군대가 오랫동안 주둔한 지역에서는 언제나 다양한 성관계, 심지어는 다양한 결혼형태가 나타난다는 것은 주지의 사실이다. 예를 들어, 2차 세계전쟁 동안 영국 소녀가 미군 흑인병사의 아이를 임신하면서 초래된 사회적 효과에 관한 수많은 이야기가 알려져 있으며, 유사한 일이 독일과 베트남 등지에서 일어났다.

물론 결혼과 자발적 성관계는 군대가 장기간 주둔한 지역에서 병사의 성욕이 야기할 수 있는 효과의 한 가지 측면에 불과하다. 엔로(Enloe, 1983, 1989)는 필리핀에서 집창촌의 형성이 지역공동체에 미친 장기적 효과에 관해 서술한 바 있다. 물론 군사 기지와 인근 민간인의 관계의 정확한 성격과 형태는 무엇보다도 그들 사이의 상대적인 정치적·경제적 세력관계에 의해 결정될 것이다. 최근 일본에서는 18세의 미군 병사가 12세의 소녀를 강간한 사건으로 재판에 회부된 이후에 미군기지에 대한 대규모 반대운동이 일어났다(*The Guardian*, September 30, 1995). 사이프러스에서도 이 섬의 한 관광객을 강간한 뒤 살해한 병사에 대한 재판 이후 영국군기지에 대해 이와 유사한 정서가 표출되었다.

주민의 군사화는 가정폭력을 비롯한 사회적 폭력의 일반적 수준을 상승시킨다는 사실이 종종 발견되었다. 군대가 현대의 정교한 산업체와 점차 유사해지고 있지만, 군대는 여전히 명시적으로 공격과 복종의 원리에 따라 조직된다. 일단 군대가 사회에서 우위를 점하게 되면, 군대 내부의 개인적 동일성과 개인간·성별간 행위양식이 시민사회로 확산될 수밖에 없다.

여성이 군인이 됨으로써 얻는 잠재적 이익에 관한 논의는 민간 노동시장과 달리 군대의 궁극적인 기능이 전쟁에서 싸우는 것이라는 사실을 종종 망각한다. 전쟁은 인간의 생명과 사회적 조직 및 물리적 환경의 대량파괴를 초래한다. 그리고 상이한 군사적 갈등과 전쟁은 각자 아주 차별적일 수 있지만, 그 효과는 언제나 고도로 성별화되는 경향이 있다.

성별화된 구성으로서 전쟁

여군의 생활과 직업에서의 평등한 권리에 대한 여군의 열망에 관한 논의에서 그 직업의 본성이 쉽게 망각된다. 여성 퇴역소장인 진 홀름(Jeanne Holm)은 워싱턴에서 조직된 여군에 관한 한 회의에서 참가자들에게 다음과 같은 사실을 상기시키려고 노력했다.

> 남성이든 여성이든 입대를 생각하는 사람은 누구나 서약 전에 군복무가 모병 선전문구와 달리 제복이나 행진 또는 혜택이나 모험이 아니라는 사실을 반드시 깨달아야 한다. 군대는 전쟁에 나가는 것이고 전쟁은 살인을 하는 것, 어쩌면 조국을 위해 죽는 것이다 (WREI, 1992).

사실 1992년에 걸프지역으로 파병된 여군 중 몇몇이 실제로 전투를 위해 해외에 파병되었다는 사실을 깨닫고 얼마나 충격을 받았는지가 언론에 보도된 바 있다. 그 대다수는 체력을 단련하고 가외의 수입을 얻으며 생활에서 약간의 모험을 해볼 목적으로 주방위군에 입대했던 것이다.

그러나 걸프전쟁에서 미군의 경험은 그 전쟁의 상대방이었던 이라크의 군인과 민간인은 물론이고 다른 전쟁에 참가했던 미군과도 매우 달랐다. 미국이 걸프전쟁에 참전하려고 그토록 열망했던 주된 이유 중 하나는—사담 후세인이 전쟁 이후에도 이라크를 계속 지배했다는 사실과 구유고슬라비아와 소말리아 등지에서 미군과 북대서양조약기구 및 유엔의 군대가 서투르고 무기력하게 개입했다는 사실에도 불구하고—'서아시아의 베트남전쟁'에서 승리하려는 것이었다(Boose, 1993). 2차 세계전쟁과 걸프전쟁의 폭격기 조종사의 경험을 비교한 흥미로운 연구는 2차 세계전쟁에서 조종사의 지배적인 감정이 공포였던 반면, 걸프전쟁에서는 오락실에서 게임을 즐기는 흥분이었다는 것을 발견했다(Boose, 1993).

콘(Cohn, 1993)의 연구에 따르면 단지 정교한 기술뿐만 아니라 국가안보담론이 이 같은 차이를 만들어 냈다. 그러한 기술과 담론은 마치 오락실의 게임처럼 목표물의 정확한 위치가 완벽하게 파악되어 있어서 유도미사일이 예정된 목표물을 명중시킬 수 있고 또 사람이 아니라 단지 물체만 타격한다는 환상을 창조했다. 실제로 공식적인 담론은 폭격을 받은 사람에 대해서는 결코 언급하지 않았고, 단지 '부수적 피해'(collateral damage)만을 거론했다.

또한 걸프전쟁에 관한 공식적 담론은 이전 전쟁의 담론보다 성별에 대해 훨씬 더 중립적이었다. 당시에 지적되었던 것처럼 전투복을 입은 여군은 몇 겹의 보호장비 때문에 남성과 거의 구분되지 않았다. (보스니아에 대한 영국군의 파병에서도 유사한 이미지가 다시 나타났다.) 또한 전쟁에 관한 통상적 담론과 달리 걸프전쟁은 남성이 '여성과 아이'를 위해 싸우는 것이 아니라 '우리의 아들과 딸'이 수행하는 전쟁으로 구성되었다(Enloe, 1990). 사실 걸프전쟁은 이스라엘의 '아들'이 전투에 나가지 못하고 '여성과 아이'와 함께 대피소에 갇혀 있어야 했던 최초의 전쟁이었다. 이는 민족 전체에게 깊은 정신적 외상(trauma)을 남겼고 신속히 억압되었다. 이스라엘에서 가정폭력을 비롯한 폭력에 대한 보도가 크게 증가한 동시에 무적의 초인적 영웅으로서 이스라엘 전사의 남성중심주의적 이미지는 심각하게 손상되었다. 아마도 이것이 라빈 정부로 하여금 팔레스타인해방기구(PLO)와의 '평화협상'에 착수할 수 있는 여지를 만들었을 것이다. 비록 제한적이고 파괴적(subversive)이기는 했지만 말이다.

그러나 대부분의 전쟁은 걸프전쟁과 매우 다르게 경험된다. 유고슬라비아내전에서 보스니아의 세르비아인은 몇몇 국제연합 직원을 포로로 잡아 인간방패로 사용함으로써 정교한 기술과 기술 담론을 완전히 무력화하고 공습을 중단시켰다. 적은 탈인간화될 수 있지만(어떤 사람은 적이 필연적으로 탈인간화된다고 말한다), 누군가의 '아들'이 '인간방패'가 될 때는 사태가 완전히 달라지는 것이다.

'누군가의 아들'에 대한 이러한 의리의 감정은 참전한 남성의 경험에서 중요한 역할을 한다. 전쟁의 맥락이나 규모에 상관없이 병사가 전투에 수반되는 엄청난 수고와 고통을 감내할 수 있는 이유가 무엇인가를 논의하는 모든 사람은 거의 대부분 '남성적 유대'로 종종 언급되는 '전사의 동지애'를 강조한다. 한편으로는 이데올로기적인 애국적 확신이 그리고 다른 한편으로는 물질적·사회적 보상이 전투의 다양한 경험에서 얼마간 중요한 기능을 할 수 있다. 그러나 전사의 일상생활에서 끊임없이 자양분을 공급하는 감정으로 거론되는 것은 자신이 생사가 교차하는 상황에서 동료병사와 서로에 대한 의리에 의존할 수 있다는 감정이다. 많은 이스라엘인이 이스라엘의 지속적인 팔레스타인 영토 점령이나 레바논 침략에 반대함에도 불구하고 계속해서 예비군에 복무하는 주된 이유로 제시하는 것도 바로 동료 병사를 배신하지 않으려는 의리다.

동일한 방식으로 미국의 장성들은 '남성적 유대'가 붕괴될 것이라는 두려움을 근거로 제시하면서 (그때까지 남성에게만 국한되었던) 군대의 전투병 역할에 여성을 투입하는 것에 반대했다. 대다수의 병사가 하나의 성으로 사회화되는 본성을 감안할 때 사실 그러한 유대감은 남성이나 여성만으로 구성된 집단에서 더 쉽게 달성된다. 그러나 (군대처럼 격렬한 전투를 수반하지는 않지만) 민간 노동시장에서 그런 것처럼, 장기간의 공동 훈련과 직업정신에 대한 교육을 통해 그러한 감정을 상당히 중립화시킬 수 있다. 남녀간의 교제를 금지하는 규칙이 어느 정도까지 그러한 훈련·교육과정을 촉진 또는 후퇴시킬 수 있는가는 열려진 문제다.

그런데 평시의 군대생활이 전시의 군대생활과 다를 수 있는 것처럼, 전투 경험도 전쟁에 따라 매우 다양할 수 있다. 참전이 '임무를 수행하는' 짧고 조용한 기간으로 경험될 수도 있고, 참호나 벙커에서 생활하는 끝없는 나날로 경험될 수도 있으며, 사지를 절단하고 절단당하는, 죽고 죽이는 생존투쟁의 필사적이고 혼란스런 지옥 같은 상황으로 경험될 수도 있다. 또한 참전이 전장의 안팎에서 전투를 지원하는 것으로 경험될 수도 있다. 어떤 연구는 2차 세계전쟁 동안 단 한번이라도 총을 쏴본 군인이 15%에 불과하다는 것을 발견했다(Janowitz, 1960). 현대적 전쟁기술의 성격을 고려한다면, 아마도 현재는 그 비율이 더 낮을 것이다. 물론 게릴라전이나 다른 소규모 전투에서는 상황이 매우 다르다. 전투가 없을 때 전사는 음식을 준비하고 교육을 제공하는 군대유지활동을 스스로 수행할 필요가 있는 것이다.

전쟁은 또한 '국내전선'에 있는 사람의 생활에 여러 가지 다른 방식으로 영향을 줄 수 있다. 한쪽 극단에서는 전쟁이 후방에서 멀리 떨어진 곳에서 벌어지고 관련된 군대가 직업적이며 사상자가 극소수일 때, 전쟁은 거의 또는 아무런 효과도 미치지 않을 수 있다. 식민지국가의 대다수의 경험은 그러한 성격을 띠었다. 군인, 특히 장교 남편을 둔 여성이 가끔 방문했지만, 성별화된 지원망의 대부분은 군대 안팎의 지방 주민과 소수의 식민지 여성으로 구성되었다.

다른 한쪽 극단에서는 전쟁이 그 나라 인민의 생활을 완전히 변형시키고 종종 파괴하는 총체적 경험이 된다. 전쟁 이전에 한 사람의 일상사와 개인적 동일성을 결정해온 대부분의 요소 또는 심지어 모든 요소—직장·재산·가정·개인소지품, 그리고 최악의 경우에는 친구·친인척·가족—가 단 몇 시간 안에 사라질 수도 있다. 설령 적에 의해 부상·학대·고문당하지 않았다고 하더라도 가장 친밀하고 사랑했던 모든 것이 무자비하게 파괴된다면, 그것은 비록 영구적이지는 않더라도 오랫동안 인민의 생활에 파괴적인 결과를 가져온다. 이 경우 생활은 단지 생존에 다름 아닌 것이 된다.

난민이 되는 것은 성별화된 경험이다. 전체 난민의 최대 80%가 여성과 아이로 구성된다(이것은 서방국가로 오는 데 성공한 난민의 비율과 구별해야 하는데, 그 대부분은 남성이다). 존즈(Jones, 1994)가 지적한 것처럼, 이러한 비율은 전쟁에서 살해자뿐만 아니라 살해당하는 자도 [남성으로] 성별화된다는 사실의 결과다. 여성과 아이가 살해당하지 않기 때문이 아니라, 구유고슬라비아의 인종청소처럼 선별적 살해가 발생할 때 선별되는 것은 주로 남성이기 때문이다. 남성은 끌려가서 '사라진' 후 때로는 임시수용소에 다시 나타나기도 하지만 많은 경우에는 공동묘지에서 발견된다.

남성은 선별적으로 체포되고 살해되는(나는 '정당한 전쟁'이라는 공식적 담론에 매몰되어 거의 '처형되는'이라고 쓸 뻔했다) 경우가 아니더라도 종종 모습을 감춘다. 왜냐하면 전쟁이 국지적일 때조차도 전투부대에 징집될 수 있고 또 징집되지 않기 위해 잠적할 수 있기 때문이다(Jones, 1994: 120-9). 결국 여성과 노인이 마을에 남아 아이를 돌보고 농사를 지으며 지역공동체의 사회구조를 유지한다.

마을에 남겨진 여성은 적군의 강간에 취약하게 된다. 특히 보스니아의 세르비아인에 의한 체계적인 강간이 언론에 폭로된 이후 전시 강간에 관한 많은 저술이 지난 몇 년 동안 발표되었다(Amnesty International, 1995; Pettman, 1996; Zajovic, 1994). 르완다(Bonnet, 1995)와 1981년의 방글라데시전쟁(1995년 5월 3일에 채널4에서 방영된 지타 사갈(Gita Sahgal)의 영화 『전쟁 범죄 파일』(*The War Crimes Files*))에서도 유사한 사례들이 보고되었다. 론다 코펠론(Rhonda Kopelon) 같은 페미니스트 인권활동가가 1994년에 비엔나에서 개최된 국제연합인권회의 비정부기구포럼의 토론에서 지적한 것처럼, 제네바협정에서 강간은 의미심장하게도 고문방식의 일종이 아니라 '명예'에 대한 범죄로 규정되었다. 여기서 '명예'는 반드시 여성 자신의 것이라기보다는 오히려 남성과 공동체의 것이다.

그럼에도 불구하고 구유고슬라비아의 '검은옷을입은여성'이 지적한 것처럼, 여성이 전쟁에서 겪는 가장 파괴적인 경험은 강간이 아니라 이전 생활의 모든 기반을 상실하는 것이라는 점이 인식되어야 한다(Zajovic, 1994). 비록 전시 강간이 전쟁의 성별화된 효과 중 가장 극단적인 사례이기는 하지만 말이다. 전시 강간이 임신을 초래하는 경우에는 그 결과가 더욱 더 파괴적일 것이다. 역설적이지만 그러한 임신이 공적으로 알려지면 명예와 수치에 관한 전통적 관념에 의해 그 여성은 살아남은 가족과 지역공동체로부터 지원과 대접을 받지 못하기 때문이다. 따라서 기혼 여성은 종종 강간당한 사실을 은폐한다. 그 결과 체계적인 강간의 보고된 사례의 압도적 다수는 기혼자보다는 미망인이거나 독신자의 사례다.

난민의 경험은 매우 다양할 수 있다. 얼마간의 물질적 자원을 갖고 떠났거나 국내외 다른 지역에 자신을 기꺼이 환대하고 후원할 수 있는 다른 가족이 있는 난민은 훨씬 더 수월하게 새로운 생활을 시작할 수 있다. 그렇지 못할 경우 국제지원조직의 자선 이외에 다른 어떤 재산도 없이 난민캠프에 발이 묶이거나 매일 매일의 생존투쟁을 위해 자신의 정신적·육체적인 능력을 모두 사용해야 한다(Forbes Martin, 1992). 그러나 개인적 상황이 어떻든지 간에 대부분의 난민에게 공통적으로 나타나는 현상은 '영속적인 임시성'의 상태, 즉 전쟁과 강제추방 이전의 생활과 동일성이 영속적인 정당성을 획득하게 되어 어떤 새로운 생활도—아무리 오랫동안 지속된다고 해도—그런 생활과 동일성을 대체할 수 없게 되는 상태다. 새로운 생활공간에서 영속적인 '국외자'가 되면서 그러한 감정은 지속된다. 그러한 감정은 종종 2세에게 이전될 수도 있다. 예를 들어, 레바논의 팔레스타인 난민캠프에서 태어난 아이는 부모가 추방되었던 마을을 자신의 고향으로 동일시할 수 있다. 그 마을이 30-40년 전에 없어졌다고 하더라도 '귀향'의 꿈은 여전히 한 사람의 동일성이 구성되는 강렬한 정서다.

전쟁과 그 결과에 관해 토론할 때, 그것이 대개 계급에 기초하며 성별화된 경험이라는 점을 기억하는 것이 중요하다. 예를 들어, 1차 세계전쟁에서 자매와 형제의 경험을 비교한 어떤 연구는 이 같은 요인을 매우 강조했다(Woollacott, 1993). 또한 레바논 전쟁의 성별화된 성격도 마찬가지다(Accad, 1990).

그러나 남성과 여성은 단지 전쟁 경험만 다른 것이 아니다. 엔로(Enloe, 1989, 1993)와 다른 연구자들이 지적한 것처럼 전쟁에서 군사화된 여성성의 이미지—여성이 가정에 머무르면서 훌륭한 아내와 어머니가 되는 이미지이든 아니면 군수산업에 자원해서 '리벳공 로지'(Rosie, the Riveter)가 되는 이미지이든—는 군사화된 남성성의 이미지—이 또한 그 자체로 다양할 수 있다—에 필수적이다. 전쟁은 '여자와 아이'를 위해 싸우는 것으로 간주되어 왔고, 전투에 참여한 남성은 '자신의 여자'가 벽난로에 불을 피워 놓고 그가 집으로 돌아오기를 기다리고 있다는 사실에 위안받고 안심했다.

탐구할 필요가 있는 흥미로운 질문 중 하나는 전쟁 담론에 매우 필수적인 이러한 여성성의 이미지가 페미니즘적인 반전운동과 다른 반전운동에 핵심적인 여성과 평화의 연관에 대해 어떤 관계를 맺는가라는 것이다.

여성의 정치와 반전운동

영국의 '그린햄코먼여성그룹'(Greenham Common Women's Group)(Roseneil, 1995), 아르헨티나의 '실종자녀어머니회'(Mothers of the Disappearing Children) (Fisher, 1989), 그리고 이스라엘·이탈리아·구유고슬라비아의 '검은옷을입은여성'(Lentin, 1995; Zajovic, 1994)

등은 지난 15년 동안 활동해온 여성 집단 중 더 잘 알려진 일부에 불과하다. 이 집단들은 반군사주의를 여성만의 쟁점이 아니라 보편적인 사회적 쟁점—다만 여성은 사회에서 차지하는 특수한 위치 때문에 전파해야 할 특수한 메시지가 있고, 그 메시지를 중심으로 남성과 분리되어 조직되어야 한다—으로 구성해 왔다. 이 운동과 다른 운동의 일부 여성이 '평화로운 성으로서 여성'이라는 본질주의적 관념과 결탁한 반면, 운동에 참여한 대부분의 여성은 여성성에 관한 군사주의적 구성에 만연한 그러한 관념을 거부했다(Enloe, 1983, 1989; Leonardo, 1985; Pettman, 1996).

남성을 공격적·폭력적으로 구성하는 본질주의는 남성이 '여자와 아이'를 위해 싸운다는 민족주의적-군사주의적 신화(Enloe, 1990), 즉 '보호자-피보호자' 신화와 쌍을 이룬다. 스팀(Stiehm, 1989) 같은 일부 페미니스트가 이 신화를 분쇄하는 가장 좋은 방법은 여성이 남성과 동등한 자격으로 입대하는 것이라고 주장한 반면, 특히 자이퍼트(Seifert, 1995) 같은 많은 독일 페미니스트는 여성의 입대에 대해 지속적으로 반대했다. 버지니아 울프 이래 많은 페미니스트는 남성이 여성을 위해 싸운다는 주장을 공개적으로 거부하고, 그러한 주장에 대한 지원과 정당화를 철회해야 한다고 주장했다. 예를 들어, 1982년의 레바논전쟁 동안 이스라엘에서 '침묵에대항하는어머니'(Mothers against Silence)라는 이름으로 조직된 집단은 이스라엘의 생존에 필수적인 것이라고 합의되지 않은 점령을 위해 자신의 아들을 전쟁에 내보내서 생명을 희생시키는 국가를 더 이상 지지하지 않겠다고 선언했다.

모성은 페미니즘적인 반(反)군사주의적 사고에서 매우 중요한 역할을 했다. 러딕(Ruddick, 1983, 1989)은 이 진영에서 가장 발전되고 이론적으로 정교화된 논의를 제시했다. 그녀는 모성의 이데올로기와 실천에 내재한 몇 가지 특징이 반군사주의적 운동의 기반이 될 수 있다고 주장했다. 그녀는 이를 '모성적 비폭력: 형성 중인 진리'(Ruddick, 1989: Chapter 7)라고 지칭했다. 그녀에 따르면 모성의 임무에서 생명보존의 중심성은 평화를 만드는 실천과 결합되고 생명파괴에 대립된다.

러딕은 자신의 주장이 본질주의적이라는 것을 부정하지만, 그녀의 주장은 그린햄코먼 지방의 평화운동 초창기에 그곳 미군 미사일 기지의 철조망을 기저귀로 장식했던 것과 유사한 본질주의적 색채를 띤다. 러딕이 주장하는 모성적 역할과 반군사주의의 내재적 관련성 중에서 특히 문제가 되는 것은 그녀가 생명보존을 친족제와 연결시킨다는 점이다. 러딕은 그녀에게 영감을 준 길리건(Gilligan, 1982)과 마찬가지로 여성의 도덕을 구성할 때 명백한 역설을 보여준다. 한편으로 러딕은 여성의 정신(psyche), 특히 어머니의 정신이 종족·계급·연령·문화 등에 의해 역사적으로 [특수하게] 구성된 것이 아니라 보편적[일반적]인 것이라고 제시한다. 러딕은 모든 여성이 그녀의 예상대로 행동하지는 않는다는 점을 인정하면서도 계속 총칭명사(generic, 일반명사)로서 '여성'을 사용하는데, 이는 그녀가 '스타일상의 게으름'이라고 부른 것에서 비롯될 뿐만 아니라 비폭력을 추구하는 많은 여성에 대한 '존경심에서'(Ruddick, 1989: 163-4) 비롯된다. 러딕이 '성취(achievement)의 관용어'(Ruddick, 1989: 164)라고 부른 이런 어법에서 여성은 남성의 세계관이 구성되는 추상적이고 보편주의적인 방식과 달리 [구체적이고] 특수주의적인 방식으로 세계를 보고 판단하는 것으로 간주된다. 그러나 만약 여성의 세계관이 그렇게 특수주의적 것이라면, 가족, 지역공동체, 종족적·민족적 집합성이 남성보다 여성에게 훨씬 더 중요한 문제가 되어야 할 것이다. 모성을 그렇게 구성하는 것의 전형은 전시에 오직 자기 자식의 생존에만 관심을 갖고 오직 그것만을 위해 투쟁하는 베르톨트 브레히트의 억척어멈이다. 러딕의 표현대로 '생명보존적인 어머니의 사랑'을 영웅적인 것으로 구성하는 것이 가능하더라도, 그것이 결코 전쟁에 반대하는 여성의 반군사주의적 평화운동의 기초가 될 수는 없다. 평화운동은 자기 자식뿐 아니라 '적'까지 포함하는 인간 생명에 대한 포괄적인 염려(worry, 돌봄)에 기초하기 때문이다.

물론 현실에서는 자기 자식에 대한 사랑을 초월하는 '생명보존적 사랑'을 가진 여성과 어머니가 많다. 이와 관련된 최근의 사례는 자신의 아들들인 러시아 병사들에게 잔혹 행위를 중단할 것을 설득하기 위해 모스크바를 떠나 체첸을 방문한 체첸 주둔 러시아군의 어머니들이다. 그러나 이들은 바로 그 병사들에게 비웃음을 받으며 쫓겨났다(전국평화위원회(National Peace Council)가 1995년에 발행한 리플렛).

평화운동에서 여성의 특수한 지위는 생물학적·사회적으로 여성을 어머니로 구성하는 것과 매우 다른 몇 가지 이유로 설명될 수 있다. 첫째, 남성과 달리 여성은 실질적으로 어느 곳에서도 징집되지 않으며 자신이 동의하지 않는 전쟁에서 싸울 것을 강요받지 않는다. 여성을 징집하는 이스라엘에서조차 여성은 군대의 대부분을 구성하는 예비군에 동원되지 않으며 전방에서 복무하지 않는다. 구엘라 코헨(Guela Cohen) 의원은 모든 이스라엘 여성은 병사가 아니더라도 병사의 어머니·누이·아내이며, 이 때문에 군대체계에 확고하게 소속되어 있다고 지적했다. 그러나 민간인 여성은 군대의 구성원이 실제로 받는 것과 동일한 압력과 구속을 받지 않기 때문에 약간은 더 자유롭게 군사주의와 전쟁에 저항할 수 있다.

둘째, 일부 여성은 자신의 더 일반적인 페미니즘적 확신의 일환으로 반전·반군사주의 운동에서 여성의 자율적 조직화를 선호한다. 즉 자율적 조직에서 여성이 더 단호해질 수 있고 혼성조직에서처럼 남성에 의해 은폐당하거나 위협당하지 않을 수 있다는 것이다. 그러나 그러한 신념에도 불구하고 이러한 조직은 동일한 목적을 갖는 남성조직 및 혼성조직과 긴밀하게 협력하는 경향이 있다.

셋째, 일부 반전·반군사주의 여성집단은 자신의 반군사주의 투쟁을 남성우월주의와 폭력이 지배하는 가부장제적 사회체제 전체에 대한 투쟁의 선봉으로 간주한다. 그린햄코먼 여성의 슬로건 중 하나인 '남자아이로부터 장난감을 빼앗자'는 구호는 이러한 접근법의 전형일 수 있다.

이러한 입장은 페미니즘과 반군사주의 및 평화주의를 자동적으로 연결시킨다(Feminism and Nonviolence Study Group, 1983). 종종 제1세계와 제3세계 페미니스트가 함께 국제회의에 참석할 때마다 이 문제에 대한 논쟁이 벌어지곤 한다. 제3세계 출신의 페미니스트가 단순화된 형태로 보편화된 '테러리스트'라는 통념에 반대하고, 나아가 누가 그리고 왜 폭력적인 활동을 하는가를 고려하지 않고 모든 폭력행위를 자동적으로 비난하는 것에 반대하는 것은 무리가 아니다(Morgan, 1989). 제3세계 페미니스트는 또한 억압받는 자의 민족해방이 오로지 무장투쟁을 통해서만 달성될 수 있기 때문에 군사주의에 반대하는 사치를 누릴 수 없다고 주장한다. 흥미롭게도 러딕은 '아무런 권력이 없거나 낙인찍힌 집단에게는 싸울 수 있는 권리가(…)중요하다'는 이유로 이 주장에 공감한다(Ruddick, 1983). 그러나 이러한 양보는 여성이 폭력을 사용하여 가부장제에 저항하는 것을 고취하는 것으로 해석될 수도 있는데, 이것은 그녀의 전반적인 정치적 입장과 거리가 멀어 보인다.

여기서 이 논쟁을 세밀하게 검토할 여유는 없다. 그러나 폭력을 통해 '자신의 남성다움을 부활시킬 것'을 요구하는 피억압자의 파농주의적(Fanonite) 이데올로기는 많은 흑인 및 제3세계 여성에게 질곡이 되어 왔다. 이러한 폭력적 감정에 대한 대다수의 해석은 남성중심주의적 이데올로기를 뒷받침했고, 여성은 그 이데올로기에 중심적인 여성혐오로 인해 고통받았다. 힘없는 자의 투쟁이 사회의 권력관계를 변혁하기보다 오히려 권력을 획득하는 것에 국한되는 한, 이른바 '민족해방'은 종종 새로운 사회질서 내에서 여성을 비롯한 불리한 집단에게 더 많은 억압을 초래할 뿐이다. 때로는 무장투쟁이 억압과 점령에 대항할 수 있는 유일하게 가능한 방법일 수 있지만, 중요한 것은 그러한 투쟁이 조직되는 방식, 그 목적과 사회적 조직이다.

결론

이 글에서 나는 군대와 전쟁의 성별화된 특징에 관해서 검토했다. 여성이 군대에 공식적으로 통합되는 수준이 다양한 것처럼 여성이 서로 다른 역사적 맥락에 따라 서로 다른 군대에서 수행하는 특수한 임무도 다양하다. 그러나 남성과 여성의 차별적 권력관계가 제거되는 경우는 매우 드물었고, 사회적으로 가장 진보적인 방식으로 조직되는 민족해방군이나 서양의 직업군대에서도 거의 사라지지 않았다. 더구나 에리트레아 같은 몇몇 해방군의 사례를 제외할 때 여성은 단지 '남성의 역할'을 얼마간 수행하도록 '허용'되었을 뿐이었으며, 현대 전쟁의 기술혁신으로 인해 여성에 대한 배제를 생물학적으로 합리화할 수 없게 되는 상황에서조차 일부 성적 분업은 여전히 유지되었다. 그러한 기술혁신의 결과 전투병의 역할에서 물리적 힘은 크게 중요하지 않게 되었고 군대에서 여성이 전통적으로 담당해 왔던 단순사무직의 역할도 대부분 불필요해졌지만 말이다.

그런데 이러한 사정은 대부분의 현대 전쟁, 특히 쿡(Cooke, 1993)이 포스트모던 전쟁이라고 부른 것에서도 여전히 별로 중요하지 않다. 이 전쟁에서도 전투에 참가하고 살해당하는 것은 대부분 남성이고, 여전히 사회생활의 다른 모든 측면을 유지하는 것은 여성이다. 여성은 종종 난폭한 공격과 강간을 당한 뒤에 난민촌으로 이송되고 그곳에서 자신과 아이의 생존을 위해 계속 분투해야 한다.

페미니스트는 여성이 군대가 제공하는 사회적 권력과 자원에 접근하고 마셜(T. H. Marshall)이 말하는 '공동체의 완전한 구성원'이라는 의미에서의 시민이 되기 위해 남성과 평등한 자격으로 군대에 진입하려고 투쟁해야 하는가라는 질문을 둘러싸고 견해가 나뉘어 왔다. 어떤 페미니스트는 여성이 군사주의와 전쟁에 대항하여 지역공동체와 국가에 영향력을 행사하는 특수한 역할을 해야 한다고 주장했다. 반면 러딕 같은 다른 페미니스트는 두 가지 모두를 요청했는데, 군대가 군사주의적으로 되는 것을 저지하기 위해 여성이 군대에 지원해야 한다는 것이다.

> 많은 사람은 징집병이 지원병보다 전투에 덜 적극적일 것이라는 근거로 징병제를 지지한다. 여성 징집병은 특히 전투를 주저할 것이며, 그 가족은 특히 전장에서 그녀를 만날까봐 두려워할 것이다. '평화로운' 군대는 오직 가장 필수적이고 명백히 정당한 전투에만 참여할 것이고, 가능한 단기간에 가능한 인간적으로 전투를 수행할 것이며, 나아가 더 파괴적인 재래식 무기나 핵무기의 사용으로 전투가 확대될 가능성을 높이는 어떤 행위도 시도하지 않을 것이다 (Ruddick, 1983: 476).

물론 이는 여성성에 관한 극단적으로 이상화된 관념에 불과하다. 권력관계에서 여성의 지위가 남성과 평등할 때에도 그러한 여성의 행동은 남성과 별반 다를 것이 없었다는 점이—굳이 마가렛 새처를 지목하지 않더라도—누차 확인된 바 있다.

그러나 이것이 군대에서 여성의 존재가 여성의 사회적·정치적 역할에 아무런 영향도 미치지 않는다는 것을 의미하는 것은 아니다. 전쟁이 '여성과 아이'를 위해 싸우는 것이 되면, 남성과 평등한 관계였던 여성의 존재는 최소한 그러한 남성우월적 신화의 일부로 평가절하될 것이다(Enloe, 1990; Stiehm, 1989). 나는 (많은 페미니스트가 그렇게 생각하는 것처럼) 여성이 '자신의 애국적 의무를 수행하는 것'과 완전한 시민의 자격을 획득하는 것 사이에 필연적인 관계가 있다고 생각하지는 않는다. 그러나 나는 공동체의 완전한 자격으로서 시민권이 특수한 역사적 맥락에서 국민개병제에 결부된 책임과 의무를 수반한다고 생각한다. 또 나는 여성이 민간 노동시장에서 야간교대와 이른바 위험직종에서 제외되는 것과 마찬가지로 군대에서 제외되는 것은 가부장제적인 것이며 종종 여성의 사회적 지위를 손상시킨다고 생각한다.

그러나 군대에서의 성적 관계에 관한 어떤 토론도 '여성'과 '남성'에 관한 일반적 수준에 머무를 수는 없다. 민족·종족·인종·계급·지역·연령·장애에 따른 분할은 군대와 전쟁에서 특정한 개인과 집단으로서 여성에게 지위를 부여하는 데 결정적이다. 물론 남성의 경우도 마찬가지다. 그러한 특수한 사회적 관계를 탐구하지 않는다면, 우리는 여성 또는 남성이 그런 중요한 사회적·정치적 장소에서 어떻게 영향을 주고받는지에 관해 오직 부분적이고 잘못된 방식으로 이해할 수밖에 없을 것이다.

참고문헌

Accad, Evelyne (1990), *Sexuality and War: Literary Mask of the Middle East*, New York University Press.

Addis, Elizabetta (1994), "Women and the Economic Consequences of Being a Soldier", in Elizavetta Addis, Valeria Russo, and Lorenza Sebesta, eds., *Women and Soldier: Images and Realities*, Macmillan/St. Martin's Press.

Amnesty International (1995), *Human Rights Are Women's Rights*, Amnesty International.

Bennett, Olivia, Jo Bexley, and Kitty Warnock, eds., (1995) *Arms to Fight, Arms to Protect: Women Speak Out about Conflict*, Panos.

Bonnet, Catherine (1995), "Rape as a Weapon of War in Rwanda" *European Forum of Left Feminists Newsletter*, July.

Boose, Lynda (1993), "Techno-Masculinity and the 'Boy Eternal': From the Quagmire to the Gulf", in Cooke and Woollacott, eds. (1993).

Chapkis, Wendy (1981), *Loaded Questions: Women in the Military*, Transnational Institute.

Cock, Jacklyn (1992), *Women in War in South Africa*, Open Letters.

Cohn, Caroline (1993), "Wars, Wimps, and Women: Talking Gender and Thinking War", in Cooke and Woollacott, eds. (1993).

Cooke, Miriam (1993), "WO-man, Retelling the War Myth", in Cooke and Woollacott, eds. (1993).

——— and Angels Woollacott, eds. (1993), *Gendering War Talk*, Princeton University Press.

Dransart, Penny (1987), "Women and Ritual Conflict in Inka Society", in Sharon Macdonald, Pat Holden, and Shirley Ardener, eds., *Images of Women in Peace and War*, Macmillan.

Enloe, Cynthia (1980), *Ethic Soldiers: State Security in Divided Societies*, Penguin.

——— (1983), *Does Khaki Become You?*, Pluto Press.

——— (1989), *Bananas, Beaches, Bases: Making Feminist Sense of International Politics*, Pandora.

——— (1990), "Womenandchildren: Making Feminist Sense of the Persian Gulf Crisis", *The Village Voice*, 25 September.

——— (1993), *The Morning After: Sexual Politics at the End of the Cold War*, University of California Press.

Faludi, Susan (1992), *Backlash: The Undeclared War against Women*, Chatto and Windus.

Feminism and Nonviolence Study Group (1983), *Piecing It Together: Feminism and Nonviolence*, Calvert.

Fisher, Jo (1989), *Mothers of the Disappeared*, Zed.

Forbes Martin, Susan (1992), *Refugee Women*, Zed.

Giddens, Anthony (1989), *Sociology*, Polity.

Gilbert, Sandra (1983), "Soldiers' Heart: Literary Man, Literary Women, and the Great War", *Signs*, Vol. 8, No. 3 (Special Issue on Women and Violence).

Gilligan, Carol (1982), *In a Different Voice: Psychological Theory*

and Women's Development, Cambridge University Press.
Heli-Lucas, Marieme (1987), "The Role of Women during the Algerian Liberation Struggle and After", Paper Presented at the Conference "Women's and Men's Liberation Testimonies of Spirit", Greenwood.
hooks, bell (1981), *Ain't I a Woman: Black Women and Feminism*, South End Press.
Janowitz, Morris (1960), *The Professional Soldiers: A Social and Political Portrait*, Free Press.
Jones, Adam (1994), "Gender and Ethic Conflict in ex-Yugoslavia", *Ethic and Racial Studies*, Vol. 17, No. 1.
Kazi, Seema (1993), "Women and Militarization: A Gender Perspective", MA Dissertation, Institute of Social Studies, The Hague.
Knight, Chris (1991), *Blood Relations: Menstruation and the Origin of Culture*, Yale University Press.
Lentin, Ronit (1995), "Woman—The Peace Activist Who Isn't There: Israel and Palestinian Women Working for Peace", Paper written for the Irish Peace Institute Research Center, University of Limerick.
Leonardo, Micaela di (1985), "Morals, Mothers, Militarism: Antimilitarism and Feminist Theory", *Feminist Studies*, Vol. 11, No. 3.
Moghadam, Valentine (1997), "Revolution", in *Women's Studies Encyclopedia*, Simon and Schuster.
Morgan, Robyn (1989), *The Demon Lover: On the Sexuality of Terrorism*, Methuen.
Pettman, Jan Jindi (1996), *Worlding Women: A Feminist International Politics*, Routledge.

Peled, Yoav (1992), "Ethnic Democracy and the Legal Construction of Citizenship: Arab Citizens of the Jewish State", *American Political Science Review*, Vol. 86, No. 2.

Roseneil, Sasha (1995), *Disarming Patriarchy: Feminism and Political Action at Greenham*, Open University Press.

Ruddick, Sara (1983), "Pacifying the Forces: Drafting Women in the Interest of Peace", *Signs*, Vol. 8, No. 3.

——— (1989), *Maternal Thinking: Towards a Politics of Peace*, The Women's Press.

Seifert, Ruth (1995), "Destructive Constructions: The Military, the Nation, and Gender Dualism", in Erika Haas, ed., *Feminismus und Dekonstruktion*, Profil Verlag.

Stiehm, Judith Hicks (1989), *Arms and the Enlisted Woman*, Temple University Press.

Urdang, Stephanie (1989), *And Still They Dance: Women, War, and the Struggle for Change in Mozambique*, Monthly Review Press.

Wheelwright, Julie (1991), "Women at War", *The Guardian*, 24 January.

Woollacott, Angela (1993), "Sisters and Brothers in Arms: Family, Class, and Gendering in World War I Britain", in Cooke and Woollacott, eds. (1993).

WREI (1992), *Women in the Military: International Perspectives*, Woman Research and Education Institute, Proceedings of the Conference, Washington, DC, 30 April.

Yuval-Davis, Nira (1985), "Front and Rear: The Sexual Division of Labour in the Israeli Army", *Feminist Studies*, Vol. 11, No. 3.

——— (1991), "The Gendered Gulf War: Women's Citizenship and Modern Warfare", in Haim Bresheeth and Nira Yuval-Davis, eds., *The Gulf War and the New World Order*, Zed.

Zajovic, Stasa, ed. (1994), *Women for Peace*, Women In Black.

Zerai, Worku (1994), "Women in the Eritrean Military", Unpublished Project for a Course *Gender and Nation*, Institute of Social Studies, The Hague.

'과천연구실 세미나' 개관

I. 일반화된 마르크스주의와 성적 차이의 페미니즘

윤소영, 『마르크스주의의 전화와 '인권의 정치': 알튀세르를 위하여』, 과천연구실 세미나 1, 문화과학사, 1995; 『마르크스의 '경제학 비판'』, 과천연구실 세미나 15, 공감, 2001; 『마르크스의 '경제학 비판'과 소련 사회주의』, 과천연구실 세미나 16, 공감, 2002; 『마르크스의 '경제학 비판'과 평의회 마르크스주의』, 과천연구실 세미나 18, 공감, 2003; 『마르크스의 '경제학 비판'과 대안세계화 운동』, 과천연구실 세미나 20, 공감, 2003.

윤소영, 『알튀세르를 위한 강의: '마르크스주의의 일반화'를 위하여』, 과천연구실 세미나 3, 공감, 1996; 『일반화된 마르크스주의 개론』, 과천연구실 세미나 28, 공감, 2006; 『역사적 마르크스주의: 이념과 운동』, 과천연구실 세미나 22, 공감, 2004; 권현정, 『마르크스주의 페미니즘의 현재성』, 과천연구실 세미나 17, 공감, 2002; 권현정 외, 『페미니즘 역사의 재구성: 가족과 성욕을 둘러싼 쟁점들』, 과천연구실 세미나 19, 공감, 2003.

에티엔 발리바르, 『마르크스의 철학, 마르크스의 정치』, 과천연구실 세미나 2, 문화과학사, 1995; 에티엔 발리바르·피에르 마슈레, 『스피노자의 철학, 스피노자의 정치』 (윤소영, 『알튀세르의 현재성: 마르크스, 프로이트, 스피노자』, 과천연구실 세미나 5, 공감, 1996에 실림); 에티엔 발리바르 외, 『'인권의 정치'와 성적 차이』, 과천연구실 세미나 21, 공감, 2003; 뤼스 이리가레 외, 『성적 차이와 페미니즘』, 과천연구실 세미나 8, 공감, 1997.

II. 포스트구조주의 비판

윤소영, 「발리바르의 『마르크스의 철학』에 관하여」 (윤소영, 『알튀세르를 위한 강의: '마르크스주의의 일반화'를 위하여』, 과천연구실 세미나 3, 공감, 1996에 실림); 「알튀세르와 라캉: 마르크스주의 전화를 위한 쟁점들」 (루이 알튀세르 외, 『알튀세르와 라캉: '프로이트-마르크스주의'를 넘어서』, 과천연구실 세미나 4, 공감, 1996에 실림); 「뤼스 이리가레의 '성적 차이의 윤리'」 (윤소영, 『마르크스주의의 전화와 '인권의 정치': 알튀세르를 위하여』, 과천연구실 세미나 1, 문화과학사, 1995에 실림); 「데리다의 『마르크스의 유령들』에 관한 단상들」 (윤소영, 『알튀세르를 위한 강의: '마르크스주의의 일반화'를 위하여』, 과천연구실 세미나 3, 공감, 1996에 실림); 「스피노자-마르크스주의와 포스트구조주의 비판」 (메이너드 솔로몬 외, 『베토벤: '윤리적 미' 또는 '승화된 에로스'』, 공감, 1997에 실림).

윤소영, 『알튀세르의 현재성: 마르크스, 프로이트, 스피노자』, 과천연구실 세미나 5, 공감, 1996.

에티엔 발리바르, 『마르크스의 철학, 마르크스의 정치』, 과천연구실 세미나 2, 문화과학사, 1995; 에티엔 발리바르·피에르 마슈레, 『스피노자의 철학, 스피노자의 정치』 (윤소영, 『알튀세르의 현재성: 마르크스, 프로이트, 스피노자』, 과천연구실 세미나 5, 공감, 1996에 실림); 메이너드 솔로몬 외, 『베토벤: '윤리적 미' 또는 '승화된 에로스'』, 공감, 1997; 루이 알튀세르 외, 『알튀세르와 라캉: '프로이트-마르크스주의'를 넘어서』, 과천연구실 세미나 4, 공감, 1996; 뤼스 이리가레 외, 『성적 차이와 페미니즘』, 과천연구실 세미나 8, 공감, 1997; 에티엔 발리바르 외, 『'인권의 정치'와 성적 차이』, 과천연구실 세미나 21, 공감, 2003.

III. 신자유주의 비판

윤소영, 「쉬잔 드 브뤼노프의 신자유주의 비판」 및 「뤼스 이리가레의 '성적 차이의 윤리'」 (윤소영, 『마르크스주의의 전화와 '인권의 정치': 알튀세르를 위하여』, 과천연구실 세미나 1, 문화과학사, 1995에 실림); 『일반화된 마르크스주의와 역사적 자본주의 분석』, 과천연구실 세미나 6, 공감, 1998; 『이윤율의 경제학: 헨릭 그로스만(1881-1950)을 위하여』 (『이윤율의 경제학과 신자유주의 비판』, 과천연구실 세미나 13, 공감, 2001에 실림); 『마르크스의 '경제학 비판'』, 과천연구실 세미나 15, 공감, 2001.

윤소영, 「브뤼노프의 신자유주의 비판」 및 「이리가레의 '성적 차이의 윤리'」 (윤소영, 『알튀세르를 위한 강의: '마르크스주의의 일반화'를 위하여』, 과천연구실 세미나 3, 공감, 1996에 실림); 『신자유주의적 '금융 세계화'와 '워싱턴 콘센서스': 마르크스적 비판의 쟁점들』, 과천연구실 세미나 11, 공감, 1999; 『신자유주의 비판』 (『이윤율의 경제학과 신자유주의 비판』, 과천연구실 세미나 13, 공감, 2001에 실림); 『일반화된 마르크스주의 개론』, 과천연구실 세미나 28, 공감, 2006; 김석진 외, 『자본주의의 위기와 역사적 마르크스주의』, 과천연구실 세미나 14, 공감, 2001; 이미경, 『신자유주의적 '반격' 하에서 핵가족과 '가족의 위기': 페미니즘적 비판의 쟁점들』, 과천연구실 세미나 12, 공감, 1999.

장 로블랭 외, 『세계화와 신자유주의 비판을 위하여』, 과천연구실 세미나 7, 공감, 1997; 조반니 아리기 외, 『발전주의 비판에서 신자유주의 비판으로: 세계체계론의 시각』, 과천연구실 세미나 9, 공감, 1998; 다이앤 엘슨 외, 『발전주의 비판에서 신자유주의 비판으로: 페미니즘의 시각』, 과천연구실 세미나 10, 공감, 1998; 에티엔 발리바르 외, 『'인권의 정치'와 성적 차이』, 과천연구실 세미나 21, 공감, 2003.